얼굴 읽어주는 여자
인상 바꿔주는 남자

얼굴 읽어 주는 여자
인상 바꿔 주는 남자

얼굴은 바뀐다! 성공을 원하는 당신을 위한 인상 개선 프로젝트

주선희 | 진세훈 지음

오픈하우스

얼굴경영은 인생경영이다

사람 얼굴에는 60여 개 이상의 근육이 있다. 그중 44개 근육을 잘 움직여 기분 좋게 생활하면 밝은 표정, 웃는 인상을 갖게 된다. 이렇듯 우리 얼굴은 노력에 의해 얼마든지 바뀔 수 있다. 인상학을 얼굴경영학, 마음경영학이라 부르는 것도 이 때문이다. '웃으면 복이 와요'라는 말처럼 밝은 인상은 행운을 불러들인다. 얼굴경영학은 성공하는 인생경영학이다.

〈코메디닷컴〉 이성주 사장으로부터 인상읽기 칼럼을 써달라는 부탁을 받았을 때 사실은 주저하는 마음이 없지 않았다. 사람 얼굴이 '이렇게 생기면 이런 성격, 이런 운명'이라고 얘기하면 자칫 독자들이 자신의 얼굴을 콘크리트처럼 바뀔 수 없는 운명으로 받아들여 지레 좌절하지 않을까 염려해서다. 오래전부터 알아온 사이인지라 거절할 수 없어 10회 정도만 연재 해야겠다 생각하고 시작한 칼럼에서 수십여 명의 얼굴을 독자와 함께 읽게 된 건 독자들의 뜨거운 반응 덕분이었다.

독자들이 '유명인들의 인상학'에 끌리는 이유는 자신들이 잘 아는 사람의 얼굴과 그 인상이 만드는 운명에 대한 특별한 호기심이 크기 때문이다. 인상풀이를 읽으면서 그 원리를 자기 얼굴에 적용해 보는 재미도 있었을 것이다.

인상학에 깊은 관심을 보이는 사람들은 대부분 자기 관리와 상대와의 관계를 잘하려 애쓰는 사람들이다. 인상학의 출발은 제왕학이었다. 하루하루 생계를 꾸려가기에도 바빴던 서민들에게 제왕학은 분수에 넘치는 사치품처럼 여겨졌을 것이다. 그러나 인재를 등용해 적재적소에 배치하고 관리해야 하는 왕에게는 나라를 다스리는 데 절대적으로 필요한 학문이었다.

요즘은 두 명이 모이면 그중 한 명은 '관리자'이다. 자기 관리는 기본이므로 모든 사람이 '관리자'라고도 할 수 있다. 그러므로 자기 삶과 일에 성공하는 관리자가 되고 싶은 사람들은 인상학을 비켜갈 수 없다.

이 칼럼을 성형외과 의사와 함께 쓰게 된 이유는 〈코메디닷컴〉 측의 제의도 있었지만 인상학자와 성형외과의의 관점이 어떻게 다른지 알아보고 싶은 생각을 평소 필자도 갖고 있었기 때문이다. 이 책을 읽으면서 인상학자와 성형외과의의 얼굴 해석이 다른 점을 종종 발견하게 될 것이다. 인상학자의 시각과 성형외과의의 시각이 다를 수 있음을 이해해 주기 바란다.

요즘은 딸을 낳으면 통장을 두 개 만들어야 한다는 말이 있다. 하나는 혼수 비용, 다른 하나는 성형 비용을 마련하기 위해서다. 이렇듯 성형이 보편화되고 있는 것이 현실이다. 사람들이 필자에게 많이 하는 질문 중 하나가 "성형을 하면 운명이 바뀌나요?"이다. 답은 "yes"일 수도

"no"일 수도 있다. 성형 후 원하던 대로 얼굴이 예뻐져서 그에 만족해 세상을 향한 자신감이 생겼다면 답은 긍정이다. 그 자신감으로 마음을 경영해 밝은 인상, 환한 찰색, 좋은 운기를 불러들일 것이기 때문이다.

하지만 타고난 얼굴의 균형과 조화를 깨뜨린 성형이 된다면 답은 부정이다. 예를 들어 눈빛이 희미한 사람이 쌍꺼풀 수술을 하게 되면 그 희미한 눈빛이 다른 사람들의 눈에 더 잘 띄게 돼 오히려 마이너스 효과가 난다. 그러므로 성형을 할 때는 균형과 조화에 대한 인식이 확실한 의사에게 수술을 맡겨 얼굴 전체의 균형이 깨지지 않도록 해야 한다. 좋은 인상, 행운을 부르는 인상을 만들기 위해서는 마음경영이 최선의 방법이며 성형은 차선의 방법이라 할 수 있다. 외국에서 '성형을 한 후 운이 좋아졌는가'에 대한 연구가 있었는데 설문응답자의 50% 이상이 부정적으로 답변했다고 한다.

후학들에게는 실제 사례를 통해 인상학을 보다 구체적으로 배우는 기회를 제공하고, 일반 독자들에게는 흥미를 주는 것에서 나아가 보다 성공적인 자기 관리와 타인 관리 그리고 인생 관리를 위해 도움이 되었으면 한다. 10개월에 걸쳐 매주 밤늦게까지 글을 붙들고 있었다. 글에 담은 이런 마음이 독자들의 마음에 닿았으면 좋겠다.

햇볕이 반가워지는 겨울, 주선희

인상을 바꾸다

겉으로 보이는 얼굴이 인상의 대부분을 좌우한다. 그래서 사람들은 얼굴을 바꾸면 인상도 바뀔 것이라는 생각으로 성형수술을 한다. 아름다워 보이기 위해 성형을 하고 매일 화장을 하면 인상도 저절로 개선된다고 생각하는 것이다. 누군가를 만났을 때는 상대방의 얼굴을 눈에 불꽃이 튀도록 유심히 관찰하며 도대체 어떤 사람일까 가늠해본다. 이는 상대방도 마찬가지다. 좀 더 예뻐지기를 바라는 욕망을 가슴에 품은 채, 다른 사람의 얼굴은 물론이고 얼굴이라는 가면 뒤에 숨겨진 속마음, 심지어 그들의 과거와 미래까지도 알아내고자 두뇌회전을 하기 시작한다. 하지만 상대방을 관찰하고 뭔가 알아내고 싶어하는 것은 모든 인간의 본능이므로 나 못지않게 상대방도, 어쩌면 나보다 더 예리한 시선으로 나를 살펴보고 있다는 것을 알아야 한다.

우리가 성형을 하는 이유는 무엇일까? 미모로 타인의 관심을 끌기 위해서? 보기 싫은 흉터를 지우기 위해서? 주름과 함께 나이 들어 보이는 모습을 극복하기 위해서? 그 이유야 필자가 성형수술을 하는 횟수보다 많을 것이고, 다른 사람의 어떤 기막힌 이유보다 내 사정이 절실한 건 당연한 일일 것이다.

주름 개선 수술을 하기 위해 내원하신 장노년층 어르신들은 병원 로비에서 상담을 기다리는 젊은이들을 못마땅하게 여긴다. "성형은 우리 같은 나이 든 사람이나 어쩔 수 없이 하는 거지, 젊은 사람들이 전부 허영심만 가득해서는!", "젊다는 것 자체가 얼마나 아름다운 건데……." 필자가 저 젊은이들 중에는 흉터 수술 때문에 온 사람도 있다고 말씀드려도 "흉터는 '흉'하긴 하지만 주름같이 '추'하진 않잖아"라고 하신다.

마찬가지로 젊은 사람들은 앞서 나간 어르신들의 뒷모습을 흘겨보며 "노화는 자연스러운 현상인데, 욕심은……"이라고 말한다. 함몰 흉터와 깊은 주름을 주사로 간단히 개선하는 방법을 연구하고 특허까지 내게 된 건 이런 배경과 관련이 없지 않다.

여자들은 남자가 성형한다고 하면 남자가 무슨 성형이냐며 비난하기 일쑤지만 남자들의 생각은 또 다르다. 얼굴마저도 경쟁력인 요즘 세상에서 수술을 해서라도 남보다 잘나 보여야 세상을 헤쳐나갈 수 있다고 믿는 것이다.

한 지인의 이야기다. 대기업 고위 임원이었던 그 선배는 어느 날 회장님의 호출을 받았다. 부장 직급의 직원 12명 중 3명을 해고하라는, 소위 구조조정의 방침이 내려졌다. 선배는 20년 이상 동고동락하면서 다들 실력도 엇비슷한데 도대체 누구를 해고해야 할지 고민하다가, 보고시한이 가까워지자 결국 나이 들어 보이는 순서대로 정리해고자를 결정했다고 한다. 그러면서 자기도 늙어 보여서는 안 된다는 생각에 당장 피부관리를 받으러 왔다고. 아마도 정리해고 당하신 분들이 보면 저승사자가 성형수술 받으러 왔다고 욕할지도 모를 일이다.

단순히 예뻐지기 위해서든 흉터 치료를 위해서든 혹은 깊은 주름을 제거하기 위해서든 성형수술을 받으면 더 예뻐지기는 한다. 그러나 성형에도 분명히 한계는 있다. '원판 불변의 법칙'이란 게 있기 때문이다. 그러나 같은 형태의, 비슷해 보이는 얼굴이라도 좋은 인상과 나쁜 인상은 확실히 구분된다.

결국 마음의 문제다. 아무리 성형수술을 해서 예뻐진다 한들 마음까지 바뀌지 않으면 수술한 의사 역시 보람이 느껴지지 않을 뿐 아니라 마음도 편치 않다. 성형수술의 목적이 객관적이고 그에 대한 확신이 있는 환자가 아니면 가급적 성형을 해주지 않는 이유도 그래서이다. 상담하러 오시는 분들 중에 필자를 돈 벌기 싫어하는 의사로 오해하는 경우도 가끔 있는데, 성형수술을 통해 돈을 버는 게 업이더라도 돈 자체만을 벌기 위한 장사꾼으로 기억되는 건 싫다. 이 책을 읽는 독자들도 부디 필자의 이런 마음을 잘 헤아려서 성형수술이라는 중요한 결정을 내리기 전에 많은 고민의 시간을 가졌으면 한다. 그리고 성형수술을 했다면 예뻐진 얼굴에 어울리는 고운 마음을 갖기 위해 노력하고 전보다 긍정적인 마음으로 세상을 살아가기를 바란다. 그러다 보면 어느 순간, 가만히 있어도 웃는 인상을 지닌 자신의 얼굴과 만나게 될 것이다.

진성형외과의원 원장, 진세훈

차 례 ○○○

1 복을 불러오는 환한 이마
인맥을 만드는 정갈한 눈썹

2 빛나는 눈 속에 들어 있는
건강한 정신

얼굴 부위에 해당하는 나이 찾기

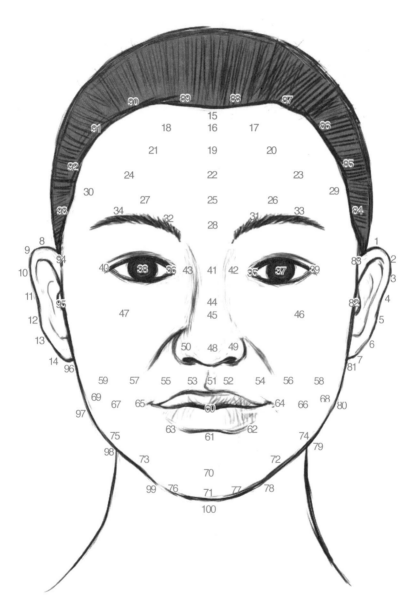

• 여자는 반대로 본다

얼굴 부위의 명칭과 부위별 운 찾기

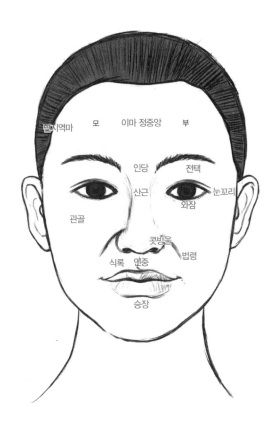

이마 부모·국가·조직·윗사람과의 인연

이마 정중앙 관록, 총명

변지역마 양 눈썹 끝 옆쪽. 이동성, 먼 곳과의 거래 관계

눈썹 형제·동료·대인 관계

양 눈썹 위 이마 부·모운

인당(미간) 양 눈썹 사이 부분. 일의 성사·희망을 보는 자리

눈 건강, 성격, 감정, 정신적인 상태

눈꼬리 옆 부부 인연

전택 눈두덩 부분. 부동산, 믿음, 애정운

외잠 눈밑 애교살 부분. 성性적 능력, 자녀운

코 재물의 유무, 자신의 위상, 성취를 위한 의지력

산근 눈과 눈 사이. 질병, 초년에서 중년으로 넘어가는 운기

콧방울 정보 교환 능력, 다른 환경에 대한 접촉성

뺨 활발한 대인 관계 유무, 대·소장 건강 상태

관골 광대뼈. 명예, 자존심, 활동력, 독창성을 위한 저항 의지

법령 입가 미소선. 준법정신, 안정권

인중 가문, 자손, 자신의 흥미 표현

식록 인중 양옆. 현재의 경제적 상태

입 금전 관계, 정서생활, 감정 변화

턱 지구력, 자녀·부하·만년운

승장 입술 아래 오목한 곳. 비·위장, 약물중독 여부

귀 집안 환경, 조직력, 신장·방광 기능, 양심(귀의 색)

1

복을 불러오는 환한 이마
인맥을 만드는 정갈한 눈썹

상안上顏에 해당하는 이마와 눈썹은 인생의 초년운을 보여준다. 이마는 부모운을 나타내며, 둥글고 상처 없이 환한 이마가 가장 좋다. 눈썹으로는 사교운을 판단할 수 있는데 흔히 말하는 초승달 모양의 눈썹이 좋다. 1장에서는 이마 또는 눈썹의 힘으로 지금의 자리에 오르게 된 유명인들의 인상을 살펴본다.

김 수 현

◯◯◯

연기력으로 승부하는
근성 있는 사나이

주 선 희   지고는 못 사는 근성과 아낌없이 주는 순정

　　드라마『해를 품은 달』에서 왕 '이 훤' 역으로 최고의 스타 자리에 오른 배우 김수현. 이후 김수현은 영화와 광고 등에서 치명적인 매력을 발산하며 폭넓은 연령대의 여성들로부터 뜨거운 인기를 구가하고 있다.

　　20세 때 시트콤『김치 치즈 스마일』에서 수영부 막내로, 드라마『크리스마스에 눈이 올까요』에서 고수의 아역으로,『자이언트』에서는 박상민의 아역으로 출연했으며『드림하이』에서는 고등학생 '송삼동' 역

으로 출연하면서 내로라하는 중견 연기자들 사이에서도 밀리지 않는 연기력으로 주목을 받았다. 하지만 20대 중반의 나이가 되었음에도 불구하고 아역 스타의 이미지가 강했기 때문에 『해를 품은 달』에서 왕의 카리스마를 보여줄 수 있을지 적잖은 우려를 자아내기도 했다. 하지만 그 우려가 기우에 불과했음을 증명하면서 그는 성인 연기자로서도 당당히 신고식을 치렀다. 그의 인상을 읽어보면 그가 지난 드라마에서 보여주었던 인물의 성격들이 그 안에 고스란히 담겨 있음을 보고 새삼 놀라게 된다. 그 경이로운 탐험을 시작해보기로 하자.

김수현의 얼굴 골격을 보면 갸름하고 선이 곱지만 그 안에 담긴 눈썹, 눈, 코, 입이 모두 굵직하고 목도 두꺼우며 몸도 크다. 양陽의 기질이 매우 강한 사람으로 속에 폭발적 에너지를 지니고 있다.

귀와 이마가 잘생긴 걸 보면 집안도 좋은 편이고 어린 시절도 그런대로 유복했을 것이다. 이마를 드러내면 상당히 지적으로 보이는 얼굴로 공부에 승부를 걸어도 좋은 사람이다. 이마가 잘생겼기에 20대에 스타로 우뚝 서게 된 것이다. 대부분의 사진 속 그는 이마를 가린 헤어스타일인데, 이마를 가리면 지적인 느낌은 가려지고 어려 보이면서 반항적 이미지는 강해진다. 불우하지만 근성 있는 아역과 고교생 등 어린 역할을 주로 해온 그에게 적합한 헤어스타일이다.

눈썹이 매우 진하면서 눈썹 근육이 발달하여 솟아오른 것을 보면 대단히 적극적이며 밀어붙이는 힘이 강할 것이다. 크고 화려한 쌍꺼풀 눈이 아닌데다 눈이 길기 때문에 자신의 열망을 겉으로 드러내지 않고 속으로 숨겨두다가 조용히 뭔가를 보여주는 사람이다. 지금 스타의 자리는 어느 날 갑자기 주어진 것이 아니라 본인의 강한 의지와 각고의 노력, 다각적인 꾸준한 준비를 통해 이루어낸 결실일 것이다. 이 눈썹을 지녔기에 『크리스마스에 눈이 올까요』에서 언제나 일등을 했던 고수의 아역, 『자이언트』에서 복수의 칼날을 갈던 박상민의 아역에 딱 어울리는 기질을 누구보다 잘 표현해낼 수 있었다. 눈썹과 눈썹 사이에 핏줄이 보이는 걸 보면 성격은 매우 예민하다.

가늘고 긴 눈은 관조하면서 멀리 내다보는 성격으로 나이는 어리지만 남을 배려할 줄 안다. 눈꺼풀 위에 가는 주름이 있어 실수하지 않으려고 돌다리도 두들기며 가는, 매우 세심한 성격이다. 눈의 크기에 비해 눈동자가 커서 연기자에게 필수적인 풍부한 감성을 지니고 있다.

눈꼬리가 올라가 있는 걸 보면 지고는 못사는 사람이다. 지지 않으려고 늘 긴장하다보니 올라붙은 눈꼬리가 내려올 줄을 모른다. 끊임없이 도전하고 시합을 즐기는 눈으로 어디서도 기죽지 않으며 정면승부를 택하고 눈앞에서 쟁취해내야 직성이 풀린다. 아역 드라마들은 물론 『드림하이』에서 보여준 저돌적인 시골 소년의 모습 그대로다. 긴장이 풀어진 웃는 눈을 보면 '내가 봐줄 테니 이제부터 평화다'라고 말하는 듯하다. 눈 밑 살이 도독하여 스태미나가 좋고 결혼하면 자녀운이 좋겠다.

산근(콧마루와 두 눈썹 사이)이 약간 들어가 코가 짧아 보이는데, 이런 사람은 성격이 급하긴 하지만 순발력이 뛰어나고 민첩하며 유머가 있다. 지금의 낮은 산근을 굳이 세울 필요는 없다. 코가 짧아 귀여워 보이는데 이 느낌이 사라질 수 있기 때문이다. 다만 산근에 해당하는 41~43세 사이에 큰 변화를 맞을 듯하다. 눈썹의 기질로 보면 이때 일을 크게 벌일 수 있는데, 그만큼 위험부담도 커지게 되므로 꼭 멘토를 옆에 두고 조언을 받아가면서 신중하게 해야 한다.

코가 굵고 콧방울이 큼직하여 자신의 위상도 든든하고 몸도 튼튼하다. 이런 사람은 사업도 통 크게 올인하며 이성과도 '아낌없이 주련다'식 사랑을 한다. 『드림하이』에서 혜미를 향한 송삼동의 순정과 『해를 품은 달』에서 연우를 사랑하는 훤의 일편단심 사랑은 연기뿐 아니라 바로 김수현 자신 안에도 내재되어 있는 사랑의 모습이다. 코끝 전반이 통통하여 재물복도 있으므로 사업가로 변신해도 성공할 수 있다. 코끝이 약간 내려와 있는데 이런 코는 예술적 감성이 풍부하다.

측면에서 보면 귀 옆까지 연결된 광대뼈와 올라간 눈꼬리가 어울려 상당히 강한 인상이다. 반항적 카리스마로 젊은이의 우상이 되었던 '제임스 딘' 같은 연기나 영화 『친구』의 '유오성' 같은 역을 연기해도 좋은 이유가 이 부분에도 담겨 있으니 김수현의 또 다른 팔색조 연기 변신을 기대해도 좋을 듯하다.

입이 크고 입술이 통통한 것은 입안의 근육이 발달하여 밀려나온 것이다. 아마 김수현의 집안은 '장수將帥'와 '장수長壽' 집안일 것이다. 입술에 살이 많아 입이 다물어지지 않고 느슨해 보일 정도의 이런 입을 가지면 보기보다 다부지고 인내심도 매우 강하며 저력이 있어 '마

지막에 이기는 사람'이다. 공직이든 연예계든 어떤 분야에서건 처음엔
눈에 띄지 않다가도 마지막에 두각을 나타내는 사람들을 보면 주로
이런 입을 가졌다. 입꼬리가 살짝 올라가 있는 것은 그가 많이 웃으며
행복하게 살아왔음을 의미한다. 향후 법령(입가 미소선)도 넓어지면서
오래도록 스타 연기자로서 빛을 발하게 될 것이다.

귀 아래쪽 턱뼈는 각이 지면서 약간 앞으로 나온 듯한데 사막에 던
져놔도 살아나올 정도로 생명력과 지구력이 대단하며 운동성도 뛰어
나다. 나이 들어서도 철인 3종, 5종 경기를 끝까지 잘 해내는 사람들
중에 이렇게 생긴 턱이 많이 있다. 『크리스마스에 눈이 올까요』에서
추운 날씨에도 강물에 30번이나 빠지는 온몸 열연, 『드림하이』 연기
를 위해 3개월간 엔터테인먼트 회사에서 연습생 생활을 해낸 그의 '억
척스러움'은 이 턱에 담겨 있다. 이런 근성과 생명력으로 김수현은 만
년까지 자신의 분야에서 장수長壽하는 장수將帥로 남게 될 것이다.

진세훈 다양한 감정 담은 눈과 입술, 강한 흡인력

『해를 품은 달』 이후 훌쩍 성장한 배우 김수현에게 쏟아지
는 관심이 식을 줄 모른다. 팬들의 호응이 이어지고 있는 이유가 얼굴
이 잘생겼다거나 체격이 늠름하다거나 하는 외모 조건 때문만은 아니
다. 배우로서 가장 바람직하다고 할 수 있는 연기를 잘한다는 것이기

에 남다른 의미를 지닌다고 하겠다. 따라서 배우로서 김수현은 이미 누구에게 어떤 평가를 받든 상관없이 최고의 주인공이라는 사실에 스스로 뿌듯함을 느낄 만하다고 생각한다. 성형외과 의사가 진행하는 얼굴의 미학적 분석은 차치하고라도 말이다.

얼굴을 분석하기에 앞서 『해를 품은 달』 속 다양한 표정이 빚어내는 감정선을 잠시 따라가보자. 형을 만나 이야기할 때는 친근하고 천진한 어릴 적 모습을 보인다. 그러다가 사랑하지 않는 중전을 향해서는 조롱하는 듯 저주스런 감정을 강렬한 눈빛에 담아 내뿜는다. 지극히 사랑하던 세자빈을 떠나보내고 절절한 그리움과 애절함을 가슴에 묻은 아픈 표정, 한 나라를 경영할 능력을 갖추고도 세도가들이 짜고 있는 권력 시스템을 무너트리지 못해 제 뜻을 펼치지 못하는 임금의 고뇌 어린 카리스마. 이런 모든 연기를 뒷받침해주는 표정이 과연 그의 얼굴 어디에서 어떻게 나타나고 있는지 성형미학적으로 분석해보고자 한다.

우선 이마는 반듯하고 굴곡이 없어 보이는데, 좌우 폭이 좁아서 얼굴이 길어 보이게 하는 역할을 하고 있다. 이마가 앞으로 발달한 편인데, 이럴 경우 뇌과학에서는 감성적 부분이 발달했을 것이라고 말한다. 눈썹이 짙고 풍성하여 남성미를 표현하는 대표적인 강점으로 자리를 잡고 있다. 눈썹 부분의 뼈가 높지 않아 거칠어 보이지 않는다.

눈썹과 눈의 거리는 짧지 않은데도 눈이 깊은 편이어서 입체적인 이미지를 연출하고 있다. 눈꺼풀이 얇고, 쌍꺼풀이 없는 듯하여 동양적인 느낌을 준다. 눈은 깊고 나뭇잎 모양으로 끝이 올라가 있으며 속 쌍꺼풀은 없는 듯 살짝 보인다. 가로 길이가 길어서 눈이 커 보이고, 눈 아래 붙은 애교살이 표정에 따라 다양하게 변하는 것이 한층 매력을 돋보이게 한다.

코는 높고 크다. 코 뿌리가 시작하는 곳이 미간이 아니라 양쪽 눈 안쪽 꼬리 사이에서 시작되고 있어 자칫 코가 짧아 보일 수 있다. 이는 동양인의 코가 가진 평균적 특징이다. 하지만 코끝이 길게 내려오고 코끝 자체가 둥글고 아래로 숙여져 있기에 전체 코의 길이가 좀 더 길어 보인다.

콧방울 부분이 크고 둥근데다 두꺼운 편인데, 이 부분이 얼굴 전체에서 유일하게 투박한 듯 남성적인 인상을 주고 있다. 코끝이 날카롭지 않아서 아쉽다고 말하는 사람들이 있으나 이런 모습이 다양한 연기를 할 수 있는 조건이 되기도 한다. 요즘 인기를 끄는 '조각 미남'에 맞는 기준을 고려해 본다면 코끝을 뾰족하게 하기를 원할 수도 있을 것 같다.

코 모양을 바꾸려고 할 경우에는 먼저 코끝을 나비 모양으로 절개하고 양쪽 콧방울 부분의 연골을 드러나게 한다. 그다음 연골의 코끝 부분을 비흡수성 봉합사(녹지 않는 실)로 꿰맨 뒤 뾰족하게 만든다. 그와 함께 양쪽에서 만들어진 코 날개 부분 연골의 뾰족한 끝을 다시 묶어서 코의 측연골막에 걸어준다. 이렇게 하면 코끝이 약간 뾰족하게 만들어지면서 코끝 자체도 약간 위로 올라가서 날렵한 모양을 만들

수 있다. 하지만 지금의 코도 충분히 매력적이므로 굳이 수술을 권하고 싶지는 않다.

입을 보면 웃을 때 입꼬리가 위로 올라가고 치아 전체가 드러나는 밝은 웃음을 짓는다. 특히 잇몸이 드러나지 않아 품위 있는 웃음이라고 할 수 있어 임금의 역할도 어울린다. 윗입술은 조금 짧은 듯하나 인중이 깊고 입술이 도톰하며 아랫입술이 약간 더 두껍다. 이런 요소들 덕분에 입술과 아래 얼굴이 조화를 이루고 있어 전체적인 균형감을 준다.

붉은 입술의 경계 부분이 깔끔해 보이지는 않는다. 그러나 이 같은 특징이 지나치게 깔끔한 도시의 깍쟁이 같아 보이지 않아 여유로운 느낌과 함께 호감을 준다. 그 결과 남성적인 매력을 드러내고 있다. 남성과 여성을 혼합한 듯한 유니섹슈얼 미남이 많은 연예계의 요즘 추세와 다른 점이다.

얼굴 측면을 이루고 있는 미용선의 기준에 따라 살펴보면 턱은 날카롭지 않고 둥글어 미용선에 어느 정도 일치하고 있다. 잘생긴 남성의 미모 조건을 충족시키는 점이다. 광대뼈 역시 그다지 높지 않다. 얼굴 전체에서는 가로 폭이 짧고 세로 길이가 길어서 얼굴의 가로세로 비율이 한국인의 평균비율인 1:1.3이 아니라 서구형인 1:1.4에 가까운 모습이다. 이것이 큰 키와 함께 8등신에 가까운 멋을 풍기고 있다.

그렇다면 배우 김수현의 얼굴이 풍기는 매력은 어디서 나오는가. 사람마다 보는 관점은 다르겠지만 대체로 일치하는 부분이 있다. 그의 매력 포인트는 눈과 입술이다. 눈의 크기, 눈을 뜨는 정도, 눈에 힘을 가한 모양, 애교주름의 양과 크기 등으로 다양한 감정을 나타낸다. 또한 입술을 얇게 만들거나 두껍게 만들기도 하고, 입술을 단정하게 하거나 풀어진 듯한 느낌으로 보이게도 한다. 또한 입술을 팽팽하게 만들기도 하고 느슨하게 늘어지게 하기도 한다. 이처럼 눈과 입술의 연기로 장면의 분위기를 압도하는 능력이 있다. 배역의 감정을 명확하게 시청자에게 전달하는 능력이 뛰어나다.

멋있는 코, 아름다운 눈, 잘생긴 이마, V라인의 턱 등의 조건을 갖춘 경우 '아름답다·멋있다·잘생겼다'는 등의 찬사와 함께 '조각 미남'이라는 평가를 받을 수 있다. 이는 형태학적으로 미남이랄 수 있는 얼굴의 구조적인 모양에 대한 평가라고도 하겠다. 그러나 최고의 탤런트, 최고의 배우로 최고의 영원한 사랑을 누릴 수 있는 사람은 언제 어떤 모습으로도 우리를 감동시킬 수 있는 최고의 연기력을 가진 사람일 것이다. 아름다운 사람, 잘생긴 사람을 보면 즐겁고 행복하긴 하지만 감동까지 전해 받지는 못하기 때문이다.

다양한 표정 연기로 나이를 뛰어넘는 감동을 주는 배우 김수현, 앞으로 더욱 원숙한 모습으로 더 큰 감동과 더 큰 예술의 멋을 우리에게 전해줄 것을 기대한다.

○○○

일본 열도를 들썩이게 만든
새로운 한류스타

주 선 희 완소애완남 혹은 야성 마초

요즘 가장 핫한 한류스타를 꼽으라면 누굴까? 바로 장근석이다. 도쿄돔에서 열린 공연의 티켓 6만 장이 5분 만에 동이 났다고 한다. '아시아 프린스' 장근석은 일본 열도에서 욘사마가 누리던 인기를 위협하면서 지금 일본 여성들의 심장에 불을 지르고 있다. 한편 요즘 가장 쿨한 스타를 꼽으라면? 그 또한 장근석이다. 모 설문조사에서 '이성친구와 가장 쿨한 관계를 즐길 것 같은 스타 1위'에 쟁쟁한 후보들을 제치고 등극할 정도다.

6세에 아동복 모델로 데뷔, 동글동글 예쁜 얼굴과 미소로 아역 얼짱, 완소애완남을 거쳐 풋풋한 초식남으로 따끈따끈한 인기를 누리던 장근석. 그런데 어느 순간 그는 쿨한 성격으로 변신, 하늘 높은 줄 모르고 치솟는 인기를 구가하고 있다. 드라마 『베토벤 바이러스』, 『미남이시네요』, 『매리는 외박중』에서 보여준 반항적, 냉소적, 직선적, 즉흥적, 결벽증 등의 삐딱한 모습이 새로운 매력으로 어필, 그의 연기 인생에 극적인 전환점을 가져온 것이다.

이렇듯 그의 상반된 이미지는 과연 그가 만들어낸 연기일 뿐일까? 그 답을 찾아가는 흥미로운 얼굴 탐험을 지금 떠나보기로 하자.

장근석의 귀를 보면 안쪽 뼈가 귓바퀴 바깥으로 튀어나와 있다. 귀는 초년 운을 일러주는 부분으로 이때 엄마가 힘들었거나 본인이 병치레를 하는 경우가 많다. 어쩌면 아역모델이나 배우로 사는 일이 어린 나이에 겪어내기에는 결코 만만치 않은 고생길이었을 수도 있겠다. 이 귀는 튀어나온 눈썹근육, 튀어나온 이마와 함께 결코 온순하지만은 않은 '튀는' 성향을 보여준다.

동그랗게 튀어나온 듯한 이마는 부모로부터 도움을 받기보다는 스스로 고생을 견디며 노력해온 세월을 대변한다. 남들이 보기엔 예쁜 얼굴로 일찌감치 스타로서의 길을 무난하게 걸어온 것 같겠지만 자신의 잣대로는 만족스럽지 않았을 수 있다. '영치기 영차' 해가며 적극적으로 노력해온 덕분에 솟아오른 눈썹근육은 아시아 프린스가 될 수 있는 저력의 보고寶庫에 다름 아니다.

눈썹 양쪽 끝에서 올라가는 이마 부위를 보면 머릿속까지 뼈가 둥그스름하게 개발되어 있는 것을 알 수 있다. 그가 일본을 넘어 세계적 인기를 누리게 된 이유가 담긴 부분으로 이런 이마를 가진 사람은 사막에 내놓아도 잘 산다.

요즘은 스모키 화장을 해서 매우 강해보이지만 그의 본래 눈은 부드러운 느낌의 긴 눈이다. 어릴 때부터 이미 멀리 내다보는 지혜가 있었을 것이다. 10년, 20년 후를 계획하는 사람으로 이런 눈을 가진 사람과 함께하면 절대 손해 보지 않는다. 작은 욕심을 버리고 큰 욕심을 취하는 사람인데, 이때 큰 욕심이란 바로 사람 욕심이다.

콧대가 굵고 튼실하여 진한 눈썹과 함께 건강함과 강한 남성미를 보여준다. 예쁘기만 한 게 아니라 섹시한 남성적 매력을 보여주는 코이다. 더불어 드높은 자신의 위상을 보여주기도 한다. 동그란 콧방울을 보면 재물운도 매우 좋다. 쭉 뻗은 코는 쭉 뻗은 중년을 기약한다.

입술과 뺨이 두둑한 이유는 많이 웃어주었기 때문이다. 연기 때문에라도 어릴 적부터 많이 웃어온 습관이 지금의 얼굴을 만든 것이다. 입꼬리가 잘 짜여 있는 입은 말도 예쁘게 하여 사랑을 많이 받게 되며, 다물어도 두둑한 입은 큰 스케일을 말해준다. 특히 법령이 뚜렷한데, 이는 혼자 있을 때 입을 굳게 다물며 결심을 새롭게 하면서 발달한 선으로 누가 시키지 않아도 매사 스스로 처리하는 성격을 말해준다.

턱이 잘 발달하여 지구력도 강해 무던하게 밀고 나가는 성격을 지니고 있다. 후배들을 잘 챙기며 후배들 역시 잘 받쳐준다. 반항적인 내면 연기는 바로 이 턱에서 나오는 것이다. 장근석의 얼굴에서 흥미로운 반전은 턱이 잘 보이는 옆모습에서 나타난다. 앞모습은 초식남이지만 옆모습은 람보 같은 마초다. 코도 높고 입술도 두툼하게 솟아오른 데다 특히 턱뼈가 발달한 옆모습은 미술시간 소묘의 모델이었던 강한 인상의 조각상을 연상케 한다. 앞모습이 사회생활의 모습이라면 옆모습은 사생활의 모습이다. 예쁜 웃음 뒤에 숨은 강한 투지, 이 두 가지 매력을 다 가진 얼굴이다. 그가 『베토벤 바이러스』 이후 맡은 배역에서는 바로 이 측면의 기질이 연기로 나타난 것이다.

측면 스타일 연기가 히트하면서 장근석은 진한 스모키 화장으로 야성적 매력을 더 강조하는 성향을 보이고 있다. 하지만 인상학자로서 더 오래가는 인기의 비결을 일러준다면 그래도 '생얼' 이미지로 승부하라는 것이다. 장근석의 트레이드마크는 누가 뭐래도 예쁜 얼굴이다. 친근하고 편안한 얼굴로 환한 웃음을 보여줄 때 그는 진정한 롱런 스타로 우리 곁에 남게 될 것이다.

진 세 훈 남녀의 매력과 신비성을 함께 갖춘 스타

"적당히 짙은 눈썹, 사람을 응시하는 깊고 커다란 두 눈동자, 반듯하게 솟아 있는 콧날, 아름다운 여인을 떠올리게 하는 섬세한 입술 주위로 퍼지는 미소. 참 아름다운 사내다. 관옥과 같이 준수하다는 말은 이 사

내를 위한 표현이 아닐까.”

어느 무협지의 한 단락을 빌어 와 펼쳐놓으니 딱 들어맞는 것 같다. 최근 한류스타 반열에서 선두 자리에 우뚝 선 장근석. ‘욘사마’ 배용준을 뛰어넘은 것은 물론, 일본뿐 아니라 아시아 전역에서 인기몰이를 하고 있다. 182cm의 키에 63kg의 가냘픈 몸매의 소유자로 6세 때 이미 모델로 활동했다니 대중을 끌어당기는 매력은 타고났다고 하겠다.

전체적으로 보아 장근석의 얼굴은 상하와 좌우가 모두 미학적 황금분할을 이루고 있다. 얼굴을 위아래로 보았을 때 이마 길이, 코 길이, 인중에서 턱끝 길이가 3분의 1씩을 차지한다. 좌우로 보았을 때는 눈의 넓이, 코의 넓이, 눈끝에서 귀까지의 넓이가 모두 같아서 정확히 5분의 1씩을 차지한 균형미가 돋보인다. 또한 얼굴의 좌우 넓이에 비해 상하 길이가 길어 서양인의 기준인 1:1.5에 가깝다. 머리도 앞뒤로 긴 편이어서 뒷머리가 둥글고 예쁘다. 대체로 한국인들은 옆에서 보았을 때 입이 나와 보이는 경향이 있다. 하지만 장근석은 얼굴의 가운데 부분이 잘 발달되어 있어 그런 문제가 없다.

그의 얼굴은 지금까지 미남으로 분류된 이들과는 분명히 다른 매력을 지닌다. 남성성과 여성성을 아우르는 유니섹슈얼unisexual한 분위기가 그의 강점이다. 미술사학자들에 따르면 레오나르도 다빈치가 그린 〈모나리자〉는 최고의 미인상이라는 칭송을 받지만 남자인 다빈치 자신의 얼굴이 들어 있으며, 남성적인 아름다움의 극치라는 미켈란젤로의 〈다비드 상〉에서는 여성의 얼굴을 볼 수 있다고 한다. 장근석도 그런 예에 해당한다.

우선 남성적 매력을 보자. 이마가 넓은데다 뒤로 눕지 않고 바로 서 있어 시원하고 반듯해 보인다. 남성적인 매력을 느끼게 하는 요소다. 눈썹 사이인 미간 부위, 그리고 눈썹 쪽의 뼈가 평균보다 높게 솟아 있다. 강한 인상은 여기서 나온다. 이는 얼굴 전체를 입체적으로 돋보이게 만들어주는 요소이기도 하다.

미간 바로 아래에서 시작되는 코의 뿌리가 넓고 조금 높은 편이며 코의 위아래 길이가 길다. 한편 코의 옆쪽 넓이를 결정하는 콧방울 부분의 연골은 별로 발달하지 않았다. 그 결과 코의 가로 폭이 눈보다 긴 평균적 동양인과 달리 양자가 비슷한 길이를 이룬다. 그의 코는 한마디로 서양 남성의 것이다. 이것이 바로 얼굴의 눈, 코 넓이가 각각 가로로 5분의 1씩을 차지하는 균형미의 원천이다.

그의 얼굴은 신비한 분위기를 풍긴다. 이는 높은 미간 아래 쌍꺼풀 짙은 큼지막한 눈이 깊게 자리한 데서 온다. 깊숙이 자리 잡은 눈의 신비함이다. 눈이 크고 눈꼬리가 상현달처럼 아래를 향하고 있어 인상이 선하게 보인다. 눈 밑 애교살은 이제 거의 모든 연예인들이 갖추고 있는 기본적인 미적 요소다.

여성적인 매력은 아래턱과 피부에서 나온다. 치아궁(치아의 배열 형태)의 폭이 좁고 치아도 크지 않아서 아래턱이 V라인으로 갸름하게 빠졌다. 장동건이나 원빈 같은 남성적 미남과는 턱선이 완전히 다르다. 또한 얼굴의 피하지방이 발달해서 피부가 통통해 보이는 것도 여성적 매력을 느끼게 한다. 그의 사진 중에는 미녀라고 보아도 될 만한 여성적 아름다움을 느끼게 하는 것들이 있다. 이는 갸름한 턱과 통통한 뺨, 크고 아름다운 눈 때문이다. 얼굴 전체가 환해지는 밝은 웃음과 큰 눈에 긴 손가락, 발달된 얼굴의 피하지방층은 부드럽고 귀티 나는 이미지의 원천이다.

다만 입가의 팔자주름은 넘치는 감성을 표현하는 좋은 면도 있으나 다소 깊다는 점이 걱정이다. 나이가 들면서 입 주변 근육이 발달하면 달라진 얼굴 모습이 확연히 드러날 것이다. 이때 필러 시술을 하는 경우가 많으나 이는 일시적인 해결 방법에 지나지 않는다. 그보다는 깊어진 부분의 진피층을 자가진피회생술로 두껍게 만드는 것이 장기적인 해결책이다. 그러면 지금의 젊은 모습으로 되돌릴 수 있다.

결론적으로 장근석의 남다른 매력을 꼽자면 얼굴은 강한 남성미와 부드러운 여성미를 동시에 갖춘 유니섹슈얼한 분위기와 깊은 눈의 신비감이라고 하겠다. 그가 굵은 저음의 목소리에 강렬하고 정열적인 연기를 곁들이면 자신만의 야성 넘치는 남성스러움을 충분히 드러낼 수 있다. 여기에 여성스러운 매력을 공존시키는 신비감을 지켜나가면 남성과 여성뿐 아니라 동서양을 넘나드는 인기를 얻을 것으로 믿는다.

관옥 같이 준수한, 신비한 아름다움의 장근석. 그가 앞으로도 동서양을 아우르는 독특한 매력을 발휘하여 세계를 무대로 활동하는 멋진 배우가 되기를 바란다.

윤 아

○○○

남자들의 마음을 흔드는
소녀시대의 보물

주 선 희 사슴 · 여자 · 또순이의 삼색 아프로디테

사슴처럼 선하고 맑으며 촉촉한 눈망울로 삼촌 팬들의 보호본능을 자극하고 있는 '사슴 윤아'. 『패밀리가 떴다』 촬영을 위해 방문한 군부대에서 섹시한 춤과 자태로 1400여 장병을 쓰러뜨린 '군부대 여신'. 드라마 『너는 내 운명』의 고아 소녀 '새벽이'와 드라마 『신데렐라 맨』의 동대문시장 억척 처녀 '서유진'. 이 모든 별명과 배역이 고스란히 담겨 있는 윤아의 다채로운 얼굴을 인상학적으로 탐구해보기로 하자.

윤아의 이마를 보면 양 옆으로 머리털이 많아 좌우 폭이 좁아 보인
다. 이런 이마를 지닌 사람은 일찌감치 집을 떠나거나 집 밖에서 많은
시간을 보내게 된다. 공부할 나이에도 책상 앞에 앉아 있기보다는 골
목길에서 배회하게 된다. 이런 사람이 예능 쪽으로 진로를 선택한다면
자기 길을 잘 찾아간 것이 된다. 이마는 일생에서 초년에 해당하는 부
분으로 초년에 해당하는 10대에 스타가 되었다 하더라도 사실은 혹독
한 연습과 훈련 같은 숨은 고초가 있었음을 시사하고 있다.

어릴 적 사진을 보면 양쪽 눈썹 끝 윗부분의 이마가 약간 튀어나와
있다. 이런 이마는 부모와 인연이 약할 수가 있다. 그래서 13세라는
어린 나이에 부모와 떨어져 '소녀시대'가 되기 위한 합숙생활에 들어
가게 되었을 것이다.

스타가 되기 위해 적극적으로 연습과 훈련을 거듭하면서 눈썹 근육
에 살이 붙게 되고, 대중 앞에서 눈썹을 올리며 많이 웃으면서 위로 근
육이 붙어 이마가 도톰하게 솟아올라 요즘은 이마가 많이 둥글어졌다.
이마는 인상학에서 국가와 조직, 신의 영역이라 일컫는다. 땅의 별인
스타에게 팬은 '모셔야 할 윗사람'에 해당되는 것이다. 팬의 지지와 인
기를 얻게 되면서 이마도 그에 걸맞은 모습을 찾게 된 것이다.

약간 부족한 듯한 이마에도 불구하고 어린 나이에 눈부신 스타의
자리에 오른 것은 얼굴빛에 그 비밀이 있다. 윤아의 얼굴에서는 광채
가 나는데 이는 오장육부가 '정말 살맛 난다'고 외치고 있음을 의미한
다. 이렇게 피부는 그 빛깔로 '소녀 전성시대'를 웅변하고 있다.

윤아의 눈썹은 가늘지만 진한 편이다. 진한 눈썹은 특히 눈에 띄는 눈 밑 애교살과 함께 강한 체력을 보여주고 있다. 가녀린 몸으로도 빡빡한 스케줄과 힘든 훈련을 견뎌내는 강단은 여기서 나온다.

눈은 화장을 잘해서 균형이 맞아 보이지만 자세히 살펴보면 왼쪽이 오른쪽보다 약간 큰 것을 알 수 있다. 왼쪽 쌍꺼풀 쪽에 주름이 한 줄 더 있는 것은 매사 신중한 성격임을 나타내며, 왼쪽에 비해 약간 작은 오른쪽 눈은 내성적인 성격을 드러낸다. 필요에 따라 외향적으로 활동하고 있긴 하지만 이는 사회가 만든 성격이다. 눈의 크기에 비해 눈동자가 까맣고 큰 편이다. 눈동자가 커서 화려한 것을 좋아하고 감성적이지만 한편으로는 상당히 현실적이다. 어릴 때부터 어떻게 하는 것이 본인이 성공하는 길인지 잘 파악하고 판단해서 현실에 대처해가는 타입이다. 바로 이 눈에 '사슴 같은 청순가련형'과 '야무진 또순이형'의 이중나선이 교차하고 있는 것이다.

많이 웃어주면서 발달한 것은 위쪽으로는 이마이고 아래쪽으로는 코이다. 어릴 적 사진을 보면 코가 작고 낮아 보인다. 네티즌들은 성형 의혹을 제시하지만 성형이 아니라도 후천적인 근육 운동으로 콧등에 살이 붙어 높아질 수 있다. 이 코는 높아진 위상과 재물운을 보여준다. 동글동글하여 더 사랑스러워 보이는 코끝과 그 양 옆의 빵빵한 콧방울을 보면 말 그대로 돈을 잘 모으는 '복코'이다. 코가 특히 잘생겼기 때문에 초년보다 더 멋진 중년을 맞게 될 것이다. 지금이 스타로서의 전성기라면 코의 끝에 해당하는 48~50세에 이르면 바야흐로 부와 안정을 누리는 인생의 황금기를 맞게 될 것이다.

치아를 보면 아랫니가 안쪽을 향해 있다. 힘들어도 이를 악물며 말 없이 참아낸 세월의 깊이가 흡사 오랜 기간 보철을 한 듯한 효과를 낸 것이다. 역시 끝까지 버티며 해내는 강단을 보여주는 부분이다. 윗입술은 가늘어 보이지만 아랫입술은 가운데가 갈라지면서 양쪽으로 도톰하게 솟아오른 모습으로 섹시한 매력을 돋보이게 한다.

역시 어릴 적 사진을 보면 법령(입가 미소선)이 뚜렷하여 어릴 때부터 어른이 시키는 대로 하기보다는 스스로 자기 일을 잘 처리해나갔을 것이다. 하지만 지금은 법령이 흐려져 있어 자기 고집보다는 단체를 따르는 성격으로 변해 있다.

체상은 가늘고 여린 것 같아 보이지만 사실은 쇄골이 옆으로 벌어져 있다. 이런 체형은 기가 세고 힘도 세다. '힘윤'이라는 그녀의 별명은 결코 엉뚱한 것이 아니다. 그 기질로 춤을 추고 무대를 장악하는 것이다. 고개를 갸우뚱하거나 가슴을 내미는 모습 등을 보면 남성 팬들을 열광시키는 섹시한 매력을 만들어 내는 능력도 뛰어나다.

이렇게 보호해주고 싶은 '사슴'과 사랑하고 싶은 '여자' 속에 당찬 '또순이'를 품고 있는 삼색 아프로디테 윤아. 대개의 스타들이 그렇듯이 그녀 역시 대중 앞에 있을 때와 혼자 있을 때의 얼굴이 상당히 다를 것이다. 대중 앞에서는 화사한 표정이지만 혼자 있을 때는 어쩌면 나무토막 같은 표정이 될 수도 있다. 인상학자로서 굳이 조언을 한다면 혼자 있을 때도 늘 자신이 스타임을 떠올리고 사람들을 의식하면서 행복한 표정을 짓는 '자기 최면'을 게을리 하지 말라는 것이다. 그래야 드라마 속 '장새벽'처럼 긍정의 힘으로 세상을 열어가며 끊임없이 인기를 누리게 될 것이다.

진 세 훈 보조개 상큼한 동양미인

고운 손 포도를 따네요/별빛 눈 수줍게 내리깔고/볼우물에 띄운 빨간 꽃잎……

시인 김파의 「포도 넝쿨 아래서」라는 시다. 윤아는 동양적인 청초한 아름다움에다가 별빛 눈에 보조개까지 팬 그야말로 시적詩的 미인이다. 요즘 과학계에서 빛보다 빠른 물질의 존재의 발견을 두고 '시간 여행의 가능성'에 대해 논쟁 중인데, 현재 TV에서 활동 중인 미인 가운데 타임머신을 타고 19세기 조선시대로 간다면 윤아가 가장 미인 대접을 받을 것 같다.

미인은 세 가지로 분류할 수 있을 듯하다. 첫째는 미학적 조건을 만족해서 가수 신중현이 노래한 대로 '한 번 보고 두 번 보고 자꾸만 보고 싶고, 모두 사랑하는' 미인이다. 둘째, 미학적으로는 모르겠는데 왠지 끌리는 미인이다. 대학 동아리나 직장에서 처음에는 잘 몰랐는데 보면 볼수록 기분 좋게 만드는 그런 미인이다. 셋째는 뭔가 말로 표현할 수 없는 섹시함이 철철 넘치는 그런 미인이다.

21세의 '꽃사슴' 윤아는 완벽에 가까운 '미학적 미인'이면서 얼굴에 고상함, 우아미, 청초미가 녹아 있다는 점에서 '감성 미인'의 요소도 갖추고 있다. 또 키 167cm에 47kg의 이상적 몸매와 뇌쇄적 표정, 상큼한 율동에서 '뇌간 미인'의 요소도 발견할 수 있다.

윤아의 얼굴은 하얀 바탕에 위 얼굴, 가운데 얼굴, 아래 얼굴의 세 부분이 절묘한 균형을 이루고 있다. 좌우 역시 거의 완벽에 가깝게 대칭적이다. 무엇보다 옆모습에서 이마, 코, 입, 턱으로 이어지는 미용선이 이상적이다. 동양인은 대체로 옆얼굴의 미용선에서 자신감을 갖지 못하는데 윤아는 예외다. 미용선이 시원한 일직선을 그린다. 얼굴의 가로 세로 비율은 한국인의 평균인 1:1.3을 넘어 1:1.4의 비율로 보기 좋게 갸름한 얼굴이다. 턱은 갸름하면서도 피하지방층이 적절히 발달해 뾰족하게도 통통하게도 보이지 않는다.

윤아의 눈은 쌍꺼풀이 얇아서 정숙한 느낌을 준다. 코의 폭은 한쪽 눈의 길이보다 짧아서 누가 봐도 넓지 않다는 느낌이다. 코는 미간과 안쪽 눈꼬리 중간 지점에서 시작해서 부드러운 아름다움이 느껴진다.

윤아의 입술은 안젤리나 졸리의 두꺼운 입술과 달리 얇으면서도 아름답다. 동양미를 완성하는 입술이라고나 할까? 윤아는 하얀 윗니를 모두 드러내며 밝게 웃는데, 이때 윗입술이 짧고 얇아 보여서 단정하고 정숙한 이미지를 풍기지만 후덕하다는 느낌은 다소 부족하다.

윤아처럼 단아한 윗입술을 갖고 싶다면 윗입술 가장 아래 부위를 절개해서 근육과 점막조직을 제거하고 다시 꿰매는 수술을 받으면 된다. 수술 시간은 40분 정도 걸리고 1주일 정도 회복 기간이 필요하다.

윤아의 멋진 웃음에서 결코 지나칠 수 없는 것이 바로 보조개다. 미소 지으면 보일 듯 말 듯하고 활짝 웃으면 선명하게 드러난다. 의학적으로 보조개는 구륜근(입둘레근), 입꼬리 당김근 등의 근육다발이 비정상적으로 피부 진피층과 연결돼 이 근육다발이 수축될 때 생기는 것으로 설명할 수 있다. 보조개는 동서양 모두에서 여인의 '섹시 포인트'였다. 오죽하면 '정들면 얽은 자국도 보조개'라는 속담이 있을까? 요즘 수술로 보조개를 만들어달라고 요구하는 여성이 적지 않다. 대략 10년 전까지는 양쪽 볼에 수술했지만 요즘은 한쪽에만 수술하는 것이 유행이다. 수술 부위가 조금씩 입술 가까이로 이동하는 경향이 있는 듯하다.

수술은 간단하다. 입안을 절개해서 입 부근 근육과 피부 진피층을 짧게 연결해주면 된다. 수술 시간은 30분 정도 걸리고 4~5일이면 부기가 빠져 웃을 때 '감쪽같은 보조개'가 생긴다. 그러나 보조개는 나이가 들면 입가 주름으로 발전할 소지가 있다는 점을 염두에 두어야 한다. 완벽 미인 윤아가 지금은 성형외과를 찾을 일이 없겠지만, 수십 년 뒤에 주름살 때문에 필자 같은 주름살 제거 전문의를 찾을지도 모르겠다. 그때 진료실 문을 열고 들어설 50대 중반의 윤아는 어떤 모습일까? 어쩌면 원숙한 동양미가 최고조에 이르러 어느 성형외과 의사의 가슴을 쿵쾅쿵쾅 뛰게 할지도 모르겠다.

○○○

범접할 수 없는
아름다움의 소유자

주 선 희 조선판 여신으로 등극한 동안 미모

드라마 『해를 품은 달』에서 배우 한가인이 여주인공 '허연우' 역으로 확정되었을 당시, 함께 연기할 남자 배우들이 실제 그녀보다 5~6세 정도 어리다는 이유로 캐스팅 논란에 휩싸였었다. 10년이 넘게 배우로 살아왔지만 이렇다 할 연기력을 보여주지 못했기에 『해를 품은 달』의 성공 여부는 그녀의 연기력이 관건일 것이라는 우려의 목소리도 있었다. 하지만 연우로 분한 한가인이 드라마에 처음 등장한 이후 네티즌들은 '조선판 여신', '존재감 폭발', '나이를 가늠할 수 없는 뱀파이어 미모'라고 극찬했다. 이처럼 완벽에 가까운 아름다움과 청초한 아우라를 지니고 있는 배우 한가인.

그녀가 『해를 품은 달』의 남자 주인공인 김수현이나 정일우와의 나이 차를 극복할 수 있는 동안 미모로 드라마를 무리 없이 이끌어갈 것이며, 연기력 우려도 무난히 잠재울 수 있을 것임을 필자는 어렵지 않게 예견할 수 있었다. 얼굴에 그 답이 담겨 있기 때문이다.

연예인이 된 후 예전 얼굴과 사뭇 달라진 여타 연예인들과 달리, 한가인은 지금과 거의 다르지 않은 고교 졸업 사진으로 '모태 미인'임을 입증하고 있다. 스스로 인기 스타로서의 자신감과 즐거움을 지니고 살아서인지 표정은 한결 더 밝아졌다.

한 피부클리닉에서 실시한 여대생이 생각하는 '피부결 좋은 백설공주녀' 설문조사에서 한가인은 당당히 1위를 차지하며 '백설공주녀'로 뽑혔다. 요염한 섹시미와는 거리가 먼 하얀 피부에 바르게 정시하는 눈을 지닌 그녀는 삼성 하우젠 세탁기의 '깨끗하고 똑똑한' 이미지에 가장 적합한 모델로 섭외되기도 했다.

한가인의 얼굴에서는 '달'처럼 훤한 이마가 가장 먼저 눈에 들어온다. 연예인으로서는 보기 드물게 잘생긴 이마로, 이마를 보면 상당히 지적인 사람이다. 그런데 왜 학문 쪽이 아닌 연예인을 택했을까? 이마가 위로는 높지만 양옆 잔털을 가지고 있는 것을 보면 책상 앞보다는 바깥에서 활동하는 쪽이라는 게 이유가 될 수 있겠다. 이마 위쪽이 약간 뒤로 넘어가 있어서 어려서부터 일이 많았을 것이다. 영리해서 어떤 일이든 시키면 바로 알아듣고 잘 해내기 때문에 이래저래 일이 많은 것이다. 아마 친정에서도 아들 노릇을 하는 딸일 수 있겠다.

연예계로 진출하게 된 보다 분명한 이유는 귀에 있다. 귀의 가운데 연골이 약간 튀어나온 데다 귓바퀴가 예쁜 편이 아니다. 이런 경우 튀는 성격과 함께 조직에 어울리지 않는 성향을 가지고 있다. 그러므로 자유롭게 활동하는 연예계로 나오게 된 것이다.

큰 눈과 큰 눈동자 역시 큰 표현구를 의미하므로 눈으로 말하는 사람이다. 아름답고 맑은 눈과 눈동자가 그녀의 연기 생활을 이끌고 있으며 더불어 사람들 속에서 스포트라이트를 받게 한다. 이렇게 빛나고 큰 눈동자를 가지고 있는 사람은 혹 미팅 상대에게 바람을 맞게 되더라도 누군가 더 멋진 상대가 나타나 그를 대신해줄 정도로 늘 좋은 사람들 속에 산다. 한가인은 사람을 흘겨보거나 옆으로 보지 않고 정시하므로 바르고 맑은 사람이다.

눈동자가 약간 돌출되어 있어 관찰력이 뛰어나고, 한 번만 봐도 잘 기억할 만큼 눈썰미가 좋은 총명한 눈이다. 눈 밑 살이 도톰하여 건강이 좋고 자녀궁도 좋다. 눈썹이 매우 진하고 눈썹털이 차분히 잘 누워 있는 걸 보면 늘 깨어 있고 지혜로운 사람이다. 항상 마음관리를 하기 때문에 다툼이 없으며 자신이 베풀고 배려하므로 대인 관계가 매우 좋다. 일은 사람과 하는 것이기 때문에 이렇게 대인 관계가 좋으면 오랫동안 일을 한다. 하지만 눈썹 앞쪽 털이 살짝 서 있어서 자신에겐 엄격하다. 자주 스스로를 되돌아보며 자신의 자리를 살피는 사람이다.

연기도 그렇게 살피면서 할 것이다. 눈썹 바로 위 이마 부분이 그녀가 결혼한 나이인 26세 무렵인데 매우 깨끗하여 좋은 결혼을 한 것으로 보인다.

광대뼈가 커서 적극적이며 누가 시키지 않아도 알아서 일을 잘한다. 스스로 방향을 잘 잡아서 나가는 사람이며 넘어간 이마와 마찬가지로 일이 많다. 이마가 넓으면서 눈이 크고 관골이 큰 사람은 사랑과 명예를 우선시한다. 누가 '못 한다'고 나무라면 참지 않고 할 말은 하겠으나 좋은 어른을 만나 칭찬을 받으면 받을수록 그 진가는 더 빛나는 사람이다.

산근(콧마루와 두 눈썹 사이)이 낮아 코가 짧아 보이는데, 이런 산근을 지니면 순발력이 뛰어나고 애교가 있으며 유머와 재치가 있다. 『해피투게더』에 출연한 남편 연정훈이 "둘만 있을 땐 한가인이 애교를 부린다"고 말한 건 방송용 멘트가 아니다. 산근이 낮은 사람과 함께 사는 사람은 관계에 문제가 생길 때 빨리 풀어내라고 조언하고 싶다. 산근이 낮은 사람은 오래 속을 끓이기보다는 빨리 결정을 내려서 정리해버리는 쪽을 택하기 때문이다. 서로가 이렇게 문제를 빨리 해결하면서 산다면 모범적 연예인 커플로 해로하며 살게 될 것이다.

코가 짧아 나이가 들어도 귀여운 동안으로 보이므로 『해를 품은 달』에서 나이 어린 남자 주인공과도 어울리는 상대역을 맡게 된 것이다. 코끝이 살짝 갈라져 있는 게 보이는데, 이런 사람은 매우 부지런하고 매사 열심이며 끈기도 있다. 낮에는 놀다가도 밤에 집에서 밤새우고 공부하는 타입이다. 연기 연습도 아마 대단히 열심히, 스스로 만족할 때까지 끈기 있게 할 것이다.

코끝에 보이는 점은 돈이 좀 나가는 점인데, 좋게 보면 주변에 베풀고 나누어줄 줄 아는 점이다. 아직 콧방울은 빵빵하게 발달되지 않았는데 이는 지금까지 저절로 일이 잘 풀려왔기 때문에 굳이 악착같이 자신을 챙기지 않아도 되었기 때문일 것이다. 나이가 들어가면서 이마가 낮아지고 볼살도 여위게 되면 그때는 자신을 챙겨야 하므로 콧방울이 발달할 것이다.

인중이 길어 젊은이치고 신중한 데가 있겠다. 인내도 잘하고 한 우물을 파며 자녀 교육도 잘 시키는 좋은 어머니의 인중이다. 인중 주위가 도독하여 항상 지갑에 돈이 있다. 입꼬리가 야무지고 입술선이 뚜렷하여 좋고 싫은 건 분명하게 얘기한다. 싫은데 일부러 좋은 척 하지 않고 매사에 정확하다. 이성 관계도 맺고 끊음이 분명하여 스캔들이 없는 사람이다. 턱이 좋아서 지구력이 좋고 좋은 자녀를 둔다.

한가인의 얼굴은 상하로 나누어 보면 두 가지 인상을 준다. 이마와 눈을 가리고 입과 턱 부분을 보면 매우 후덕한 현모양처형이다. 반대로 아래쪽을 가리고 넓은 이마와 눈을 보면 감정 표현이 적극적인 연기자의 얼굴이 된다. 그녀는 만년으로 갈수록 더 빛을 발하게 될 것이며 만년에는 후덕한 배역을 잘 소화해내는 연기자로서 활약하게 될 것이다.

청순하고 단아함이 돋보이는 동양적 얼굴

한국 사회에서도 서구적인 이미지나 섹시함을 갖추고 사회생활도 잘해내는 화려한 커리어우먼 같은 여성상이 돋보이고 있다. 그 때문인지 동양적인 차분함과 단아하고 청초함을 그려낼 여배우가 흔하지 않은 것도 사실이다. 한가인은 요즘 젊은 여배우들 중에 찾아보기 힘든 한국적 이미지를 가졌다. 그녀의 미모를 성형외과의 입장에서 살펴보기로 하자.

우선 얼굴을 상하 삼등분했을 때, 위 얼굴은 다른 얼굴에 비해 다소 길다. 하지만 이마가 반듯하고 바로 서 있으며 앞으로 둥글게 돌출되어 있는 명품 이마다. 눈썹 부분의 뼈도 튀어나오지 않아서 부드럽고 굴곡이 없어 더 빛나 보이는 듯하다. 이런 이마 덕분에 위 얼굴이 약간 긴 듯해도 전체적으로 조화를 이루고 있다.

눈썹은 짙고 눈썹 숱도 풍성하지만 눈썹과 눈의 거리가 짧은 편이라 성격이 여유로워 보이지는 않는다. 코는 높고 가운데 얼굴이 전체적으로 낮아서 동양적인 얼굴이면서도 입체감이 있어 보인다. 특히 코는 요즘의 서구형 미인과는 다르게 양쪽 눈의 안쪽 눈꼬리 부분에서부터 시작되어 높아 보인다. 하지만 길어 보이지는 않아 아주 강인해 보이는 인상은 아니다. 이 경우 높은 코가 동양적인 아름다움을 지켜주고 있다. 콧방울은 상당히 좁아서 코가 더욱 높아 보인다. 또한 가운데 얼굴이 낮고 광대뼈도 낮은 편이어서 가운데 얼굴이 입체적으로 보이게 해준다.

눈은 쌍꺼풀이 크지 않고, 앞에서는 좁고 뒤로 갈수록 넓어지는 쌍꺼풀에다가 동양적 분위기의 얼굴이어서 눈이 크다고 해도 청초한 단아함을 훼손하지 않는다. 코끝 왼쪽에 있는 점 하나는 배우 한가인의 상징같이 느껴진다. 한가인 자체의 얼굴을 가지고도 왼쪽, 오른쪽에 점이 있는 사진을 게시하면서 마술점이라는 논란을 벌인다고도 한다. 성형외과 의사로서의 소견을 말하자면 점은 없다가도 생길 수 있다. 피부가 나이 들면서 생기는 일종의 피부노화 현상이기 때문이다.

한가인의 윗입술은 길어서 단정해 보이는데, 인중이 깊어서 긴 입술에 뚜렷한 인상을 준다. 입술은 전체적으로 풍성해 보이지는 않지만 윗입술과 아랫입술의 비율이 4:6 정도로 아주 적당하다. 또한 입술의 붉은 부위와 흰 선의 경계가 명확하여 다소 얇아 보이는 입술로 단아함을 표현하는 데 부족함이 없다. 코와 입, 그리고 턱의 돌출 정도를 측면에서 살펴보는 미용선의 기준으로 봤을 때 턱이 약간만 앞으로 더 나왔으면 하는 아쉬움이 있다. 그러나 현재 얼굴의 약간 부족한 듯한 미용선이 오히려 단아하고 청초한 동양적 이미지에는 더 맞는 느낌을 주고 있다. 이 경우 턱의 크기나 형태를 바꾸는 수술인 멘토플라스티를 하면 측면의 이상적 미용선에 좀 더 가깝게 일치할 수 있다. 그러나 수술 이후 적극적이고 도전적인 인상, 강한 이미지를 가지게 될 수 있다. 현재 지니고 있는 동양적인 미학 개념에는 오히려 역효과가 날 것이어서 권하고 싶지 않다.

다만 웃을 때 윗입술이 올라가며 잇몸이 드러나는 것은 조심했으면 한다. 우리나라는 고전적인 미를 따질 때 잇몸이 드러나는 것을 안 좋게 생각하는 경향이 있음을 성형외과 현장에서 절실히 느끼고 있다. 며느리가 잇몸이 보인다고 시어머니가 직접 수술을 시키려 나선 경우도 보았고, 쌍꺼풀이나 코 수술을 기필코 하겠다는 딸에게 잇몸 수술을 하면 원하는 대로 해주겠다고 협상을 하는 어머니들도 보았다. 물론 한가인은 수술할 필요가 있는 정도는 아니다.

우리 모두 아름다움을 추구하며 살아간다. 그렇다면 아름다움이란 무엇일까. 성형외과 의사로서 느낀 아름다움은 한마디로 말하면 일종의 개념Concept이다. 쉽게 표현하면 분위기라고 할 수도 있고 아름다움을 지향하는 여러 트렌드 중 하나라고 할 수도 있다. 그러나 절대적인 아름다움이나 절대적인 미적 트렌드는 없다. 사람의 얼굴을 볼 때도 각 부위 하나하나가 모두 아름다워서 총체적인 미인이 되는 것은 아니다. 자신은 어떤 개념의 아름다움을 원하는지, 그 아름다움의 개념이 자신에게 과연 어울리기는 한 것인지 등을 알고 난 뒤 원하는 개념을 구현하기 위해 도전하는 과정에서 자신만의 아름다움을 구현하게 되는 것이다. 그것을 도와주는 것이 성형수술이고 화장술이고 패션이다.

그런데 화장과 패션은 필요에 따라 수시로 바꿀 수도 있고 한번 따라해 보다가 아니다 싶으면 금방 제자리로 돌아올 수 있는데, 성형수술은 절대로 그렇게 되지 않는다는 사실을 잊으면 안 된다. 너무나 당연한 이야기이지만 현실은 그렇지 않다. 주변에서 별 의미 없이 던지는 한마디가 가슴에 꽂혀서 그 탓에 충동적으로 수술을 결정하고 실행에 옮겨버리게 되는 것이 성형수술이기도 하다. 그래서 무엇보다 시간을 두고 천천히 생각해 보는 것이 후회를 피할 수 있는 최선의 대책이라고 하겠다.

한가인의 동양적인 청순한 아름다움은 몇 년 전이나 지금이나 변하지 않았다. 이는 그동안 자신의 아름다움을 묵묵히 지키고 기다렸기 때문일 것이다. 이처럼 스스로의 아름다움을 빚어내는 개념을 잘 찾기만 한다면 모두가 언젠가는 그 아름다움에 날개를 달 수 있을 것이다.

○○○

코믹과 액션을 넘나드는
변신의 귀재

주 선 희 카리스마와 부드러움의 야누스적 매력

제38회 한국방송대상 시상식에서 드라마 『최고의 사랑』
으로 '탤런트 상'을 수상한 차승원의 수상 소감이 화제가 되었다. "집
에서 지금 보고 있나요?"라며 아내와 두 아이를 챙기는 자상한 가장의
모습 때문이다. 영화의 배역이나 멋진 스타일을 보면 가정적인 이미
지와 어울리지 않는 느낌이지만 인상학자가 보기에는 상당히 가정적
인 사람이다. 아이의 생일파티까지 직접 주관하여 초대된 아이들까지
세심하게 배려하는 모습이 눈에 띄었다는 소문이 자자하다. 그 가정적

성품은 그의 날씬한 얼굴형에 나타나 있다. 매우 착하고 섬세한 형으로 가정은 물론 어디나 자신이 속한 사회에서 '말을 잘 듣는' 타입일 것이다. 이는 곧 원만한 대인 관계로 이어지고 좋은 평판으로 마무리된다.

차승원의 얼굴을 이마부터 살펴보자. 이마가 잘생기면 엄마 배 속에 있을 때부터 편안하여 부모 복을 잘 타고 나며, 윗사람 복도 많게 된다. 그런데 차승원의 경우는 이마가 그리 넓은 편이 아니며 동그스름하게 잘생긴 편도 아니다. 이마를 드러낼 때 보이는 주름 등을 보면 반항과 일탈을 꾀하는 아웃사이더쪽에 가깝다. 아마 10대와 청년기를 그렇게 보냈을 것이다. 『최고의 사랑』에서는 이마를 가리면서 진한 눈썹까지 보일 듯 말 듯한 헤어스타일을 연출했기 때문에 강함을 숨긴 부드러운 모습으로 여성 시청자의 마음을 사로잡게 된 것이다.

18세 때 모델로 시작한 차승원이 스타성 있는 배우로서 존재감을 나타낸 것은 2001년 김상진 감독의 코미디 영화 『신라의 달밤』이 관객 400만 명 이상의 대성공을 거두면서부터였다. 인상학에서 눈썹과 눈은 30대에 해당하는 부분이다. 진하면서 가지런히 잘 누운 눈썹은 강한 추진력과 좋은 대인 관계를 의미하며, 사랑이든 일이든 한 방향으로 올인하는 일편단심형이다. 눈썹이 진해서 액션 연기도 매우 잘 어울린다. 강한 액션 연기와 코믹 연기의 대비가 차승원의 필살기다. 코믹 연기가 어울리는 이유는 얼굴이 날렵하기 때문이다.

눈은 특히 35~40세의 운기를 보여주는 창이다. 차승원의 눈은 큰 편은 아니지만 요즘 시대에는 매력 있는 눈으로 평가받고 있다. '참는 게 미덕'인 시대를 사는 여성의 눈은 작아야 미인형이었지만 '자기표현이 미덕'인 요즘의 미인형은 눈 큰 여성이다. 이런 여성과 어울리는 남성의 눈은 '작은 눈'이다. 차승원의 사진을 보면 눈이 커 보이는 경우가 많지만, 이는 소속사가 강렬한 인상을 주기 위해 의도적으로 눈을 부릅뜬 사진을 많이 배포했기 때문이다. 실제 그의 눈은 가로로는 길지만 위아래 폭은 좁다. 이런 눈을 인상학에서는 '작은 눈'으로 분류한다. 웃으면 눈가로 주름이 지면서 눈이 더 가늘고 길어지는데, 이런 눈이 바로 잘 참고 배려하는 눈이다. 죽어가면서도 상대가 성공할 수 있도록 길을 내주는 드라마 속 '독고진'이라는 배역에 참으로 적합한 눈이다. 눈 밑은 스태미나와 자녀를 향한 사랑을 함께 보는 자리인데, 얼굴에는 살이 없지만 눈 밑은 볼록한 것을 보면 자녀를 매우 잘 보살피는 좋은 아버지임을 알 수 있다. 까무잡잡한 피부색에서 나타나듯 체력도 매우 좋을 것이다.

산근(콧마루와 두 눈썹 사이)을 보면 지금 43세인 그의 나이는 새로운 변신을 꾀하는 시기다. 그의 코를 보면 길이가 제법 길다. 긴 코는 가볍지 않고 신중하며 한 우물을 판다. 코끝은 둥근 모양이어서 고집이 세지 않으며 전체적인 인상도 부드러워 보인다. 원래는 예민한 사람이나 본인의 노력으로 자주 웃고 즐겁게 살려고 노력했기 때문에 코끝이 부드러워지고 광대뼈도 잘 발달했을 것이다. 그래서 다른 부분에 다소 살이 없어도 부드러워 보이는 것이다. 이렇게 코와 함께 발달한 광대뼈가 있기에 가정이나 자기 관리를 잘할 수 있으며, 광대뼈에 이어 눈꼬리 옆까지 살이 올라 부부궁(눈꼬리와 귀 사이)도 좋아진다. 얼굴이 길면 대개 뺨이 들어가기 쉬운데 뺨에도 탄력이 있는 걸 보면 그가 웃으며 살기 위해 얼마나 부단히 노력했는지 가늠할 수 있다.

요즘 뭇 남성이 부러워하는 차승원의 훤칠한 키는 수 년 전만 해도 연기자로서는 부적절한 수준이었다. 하지만 큰 키 덕분에 그는 일찌감치 모델로 무대 위에 세워졌고, 도도함을 표현하는 훈련 덕분에 실제로 멋진 카리스마를 체득할 수 있었다. 큰 키에 피부까지 희었으면 선비형으로 책을 가까이 하게 되었겠지만 까만 피부를 가졌기에 섹시한 매력과 연예인이 될 수 있는 끼도 지닐 수 있었다.

그런데 『최고의 사랑』에서는 상대역이 김태희나 이영애처럼 범접하기 힘든 미인형은 아니었다. 수수하고 소탈하면서 친근한 느낌을 지닌 공효진을 통해 시청자들은 '나도 저 사람의 파트너가 될 수 있다'는 착각을 하게 되었을 것이다. 여기에 앞서 얘기했듯 터프한 기질의 이마를 가리는 헤어스타일로 부드러움을 더했다. 터프한 카리스마와 다정다감한 부드러움이 공존하는 야누스적 매력이 그의 인기를 증폭시키는 효과를 가져온 것이다.

차승원이 이마를 드러내고 약간 찡그려주는 아웃사이더 기질을 발휘한다면 호감도는 상당히 떨어지겠지만 연기파로는 인정을 받게 될 것이다. 한편 이마를 가리고 계속 지금처럼 유머와 부드러움을 유지하면 얼굴 살도 빠지지 않으면서 계속 호감형 스타로 남게 된다. 앞으로도 많이 웃고 즐겁게 살면서 얼굴의 살과 탄력을 유지하는 '얼굴경영'과 마음경영을 한다면 그것이 바로 비가 올 때를 대비하는 커다란 우산이 될 수 있을 것이다. 40대 초반, 변화의 시기를 살아내는 지혜가 바로 이것이다.

진세훈 미소가 부드러운 차도남

"나 독고진이야, 그런 부탁할 수 있는 레벨이 아니라고!"

"고마운 게 아니라 영광인 게야!"

드라마 『최고의 사랑』에서 '소'자 수염에다 느끼한 목소리, 까칠한 성격의 톱스타 독고진 역을 맡았던 차승원의 인기가 '딩동, 딩동' 상한가다. 터프한 최고 스타가 '국민 비호감녀' 구애정(공효진 역) 앞에만 서면 작아지는 그 사랑이 시청자의 가슴을 잡아서일까. 차승원은 각종 광고에서 '최고의 스타' 대접을 받더니 한국방송대상에서 '탤런트 상'을 거머쥐었다. 차승원의 매력은 무엇일까? 188cm의 훤칠한 키? 모델 1세대의 미끈한 몸매? 기다란 얼굴에 코를 중심으로 가운데 얼굴이 잘 발달한 북방계 얼굴에다 큰 눈, 짙은 눈썹, 절묘한 쌍꺼풀, 갈색의 피부 등 남방계 특성이 잘 조화된 외모? 모두 어느 정도는 일리가 있다.

성형외과 의사가 보기에도 그의 얼굴은 시원시원하다. 얼굴의 상하

대 좌우 평균 비율은 서양인이 1.5:1, 한국인은 1.3:1 정도이지만 차승원은 서양인의 평균에 가깝게 좌우 폭이 좁아서 눈, 코, 입이 실제보다 더 크게 느껴진다.

차승원은 시원시원한 얼굴에다 식스팩 몸매가 더해져 남성적 섹시함을 물씬 풍긴다. 대표적인 '차도남'으로 보이는 이런 유형은 대중들이 벽을 느끼기 쉽다. 그러나 차승원은 친근하게 다가온다. 『선생 김봉두』, 『광복절 특사』, 『신라의 달밤』 등 그가 주연한 코미디 영화가 크게 히트한 것을 봐도 알 수가 있다. 필자는 이러한 친근한 차승원의 비밀이 눈에 있다고 본다. 첫째는 웃을 때 커튼처럼 눈가를 장식하는 '미소 주름'이다. 성형외과를 찾는 분들 중에서 평상시 얼굴 주름은 없애지만 웃을 때 주름살은 자연스럽게 남도록 해달라는 사람이 적지 않다. 과연 이것이 가능한지 의문을 갖는 사람들도 많지만 사실 어느 정도는 가능하다.

의학적으로 주름은 얼굴 근육과 피부의 접착면 또는 피부의 표피와 진피의 접착면이 줄어들면서 피부가 처지거나 쪼글쪼글해지는 것이다. 얼굴의 표정을 나타내는 근육에 보톡스를 주사하면 근육이 마비되면서 주름살은 줄지만 표정이 없어진다. 특히 미소 주름에 보톡스를 주사하면 따뜻한 표정이 사라질 수밖에 없다.

이를 해결하는 방법이 있다. 우선 굵은 주름은 진피층 자체를 두껍게 만드는 '자가진피회생술'로 없앤다. 자가진피회생술은 필자가 경희대 의료진과 공동으로 개발한 것으로, 표피에 손상을 주지 않고 주름

바로 밑의 진피층에 새로운 콜라겐 섬유조직을 생성시켜 두껍게 만듦으로써 주름이 펴지게 하는 것이다. 우선 진피 아래 지방층에 필러를 넣어 부피를 조금 늘려주고, 깊은 주름 자체를 해결하는 시술에 들어간다. 그다음 진피층 중간에 이산화탄소 가스를 집어넣어 층을 미세하게 분리하는 공간을 만든다. 가스는 체액과 반응해 약산성의 탄산수액이 되어서 피부에 미약한 화학적 자극을 주어 콜라겐 조직이 보다 많이 생성되게 한다. 여기에 진피층의 수분을 유지시켜 주는 히알루론산을 주입하면 콜라겐이 생성되는 공간을 넓히는 효과가 생긴다. 필자가 직접 실험한 결과 히알루론산과 탄산수 자극을 실시하면 아무 시술도 하지 않은 경우에 비해 진피층이 거의 1.9배 두꺼워지는 것으로 나타났다. 또한 히알루론산이 분해·흡수되고 난 뒤에도 진피층은 1.6배 두꺼워진 상태로 남아 있는 것을 확인할 수 있었다.

치료 기간이 하루 정도로 짧고, 하루만 지나면 메이크업으로 완전히 가릴 수 있어 각종 촬영이나 공연 활동에 지장을 주지 않는다. 치료 효과도 2년 이상 유지되며 부작용은 거의 없다. 이미 10여 년 전부터 미용 목적으로나 비만 치료를 위해 많이 사용해온 이산화탄소 가스와 12년 전부터 식품의약안전청의 허가를 받아 사용해온 히알루론산을 이용하기 때문이다. 뿐만 아니라 우리 몸 안에 새로 생성된 콜라겐 조직은 15년이 지나면 절반으로 줄어드는 것으로 일부 논문에 나와 있다. 이는 보톡스와는 비교도 할 수 없이 장기적인 효과다. 다만 얼굴 전체의 주름을 해결할 수는 없다는 것이 단점이다. 얼굴 전체에 주름이 깊어지기 전에 관리하는 것도 중요하겠지만 깊은 주름은 생길 때마다 즉시 해결하는 것이 가장 좋은 방법이다. 잔주름은 표정을 나타내는 근육이 아니라 피부 표피층에 보톡스를 주사하는 '메조 보톡스 요법'으로 해결할 수 있다. 이렇게 하면 웬만한 주름은 사라지고 '미소 근육'만 남게 된다. 명품 핸드백 중 최고가 제품은 상품의 로고가 드러나지 않듯, 이 주름살 시술은 표시가 나지 않기 때문에 '명품 주름살 시술'로 불릴 만하다.

차승원의 둘째 매력은 눈 밑 애교살이다. 성형외과 고객 중에 차승원처럼 멋진 애교살을 만들어달라고 요구하는 사람이 적지 않다. 애교살은 따스함과 인간애를 느끼게 만드는 원천이다. 애교살은 의학적으로 눈을 감는 데 필요한 안륜근(눈꺼풀 속에 있는 고리 모양의 힘살)을 가리키며, 아래 속눈썹 바로 아래에 있다. 평소에는 부각되지 않지만 웃을 때 볼록 튀어나오는 경우가 많다. 애교살을 만들기 위해서는 눈 아래에 히알루론산을 주사하면 된다. 한쪽 눈마다 두 번 정도 주사하면 곧바로 생겨서 8~10개월간 지속된다. 주사 요법의 단점은 히알루론산이 원래 흰색이지만 피부 바깥으로 파르스름하게 비치는 경우가 있다는 점이다. 피부가 얇은 사람에게 시술하거나 약물이 피부 깊숙이 들어가지 않았을 때 이런 일이 생긴다. 이는 맑은 바닷물이 파랗게 보이는 것과 같은 원리로 물리학에서는 '틴달 효과Tyndall Effect'라고 부른다. 그러나 크게 걱정할 필요는 없다. 히알루론산을 주입하고 나서 마음에 들지 않으면 분해 효소를 주사하면 되기 때문이다. 히알루론산은 하루나 이틀 만에 물로 분해돼 체내에 흡수된다.

차승원이 눈가의 주름을 없애달라고 필자를 찾는다면 단연 'No'라고 대답할 것이다. 얼굴을 살리는 주름이기 때문이다. 필자는 주름살을 없애달라고 병원을 찾는 사람 중 일부에게 이런 말을 해준다. 주름살은 피부가 중력에 굴복한 노화의 산물이지만, 삶의 나이테로써 경륜을 나타내기도 한다. 조쌀한 얼굴에 조화롭게 난 주름살은 얼굴의 품격을 높이는 아름다운 장식물이기도 하다.

○○○

그라운드를 누비는
영원한 캡틴 박

주 선 희 공 앞에선 날 선 고양이, 공 없으면 순한 양

영국 프리미어리그 맨체스터 유나이티드에서 활약하다 최근 퀸즈 파크 레인저스 FC로 이적한 축구선수 박지성, 영국데일리 메일이 '세계 최대 대륙 아시아에서 가장 성공한 선수'라 지칭했듯 그는 한국을 빛내고 있는 최고의 축구 아이콘이다.

인상학자로서 박지성을 얼굴을 살펴보니 배우 김사랑이 얘기한 면도기 광고 콘셉트가 딱 맞다. 차갑고 강한 면도날이 부드러움을 선사하듯 경기장에선 강하고 거친 박지성이지만 실제로는 부드럽고 소탈

하면서도 귀여운 모습이 바로 그것이다. 공이 있을 때와 없을 때의 얼굴이 너무도 달라지는 박지성. 그래서 그의 얼굴 읽기는 축구경기를 보듯 자못 흥미진진하다.

박지성의 머리카락은 검고 두껍다. 바람을 맞고 뛰는 장면을 보면 앞머리가 서기만 하지 눕지는 않는다. 이 머리카락은 건강한 몸과 꼿꼿한 자신감을 의미한다. 고집이 세서 타협도 쉽지 않을 듯하다. 하지만 의리는 누구보다 강하다.

이마는 둥그스름하게 잘생긴 편은 아니다. 정면에서 보면 편편하지만 측면에서 보면 발달되어 있어 머리를 쓰면서 운동을 하는 사람이다. 편편한 이마를 가진 사람은 계획하고 움직이기보다는 일단 달리면서 생각한다. 어려서 좋은 환경에 자라거나 일찍 스타로 인정받지는 못했지만, 부단한 노력으로 성공을 얻어내며 학습한 것을 몸속 깊이 체화시키고야 마는 무한 지구력을 가진 이마다. 이마가 오늘의 박지성을 만들었을 것이다.

눈썹 위 뼈 부분에 살이 붙어 있는데, 이 역시 노력으로 운을 당겨왔음을 보여준다. 미골 위에 살이 오르면서 이마가 더 울퉁불퉁해지긴 했지만 20대 중반부터 운기가 좋아졌을 것이다. 이마의 양옆 부분이 잘생기지 않은 걸 보면 외국에서 활약을 하고 있긴 하지만 본인이 만족스러울 만큼은 아닐 것이다. 해외에서든 국내에서든 자신의 노력과 실력으로 인정을 받는 사람이다.

눈썹이 짧아서 인덕도 그리 많지 않다. 이런 눈썹을 가지면 인맥에

기대거나 누구에게 아부하는 타입이 아니다. 밟지 않은 땅이 없을 정
도로 열심히 누비고 다니면서 '맨 땅에 헤딩'하는 투지로 골문을 열어
내는 것이다.

공이 다가올 때 박지성의 얼굴은 참으로 특별하다. 눈썹, 눈, 광대뼈
가 삼위일체가 되어 올라가면서 사무라이의 얼굴처럼 된다. 눈썹이 한
껏 치켜 올라가고 작은 눈까지 찢어질듯 뻗어 올라간다. 광대뼈는 또
어떠한가? 하늘에 중력이 달린 듯 온 얼굴이 끌려올라간 모습이다. 이
는 무섭도록 강렬한 찰나의 집중력을 보여준다. 이 순간 꼭 필요한 것
을 놓치지 않겠다는 독한 고양이의 표정이다.

박지성의 눈은 작지만 날카롭다. 짧은 듯한 눈은 찬스에 강하며 매
우 세심하다. 순간을 놓치지 않고 보는 눈이다. 중학교 시절 관중들이
박지성에게 '미키 마우스'라는 별명을 붙였다고 한다. 덩치가 큰 학생
들도 잘 제치고 넘어져도 바로 일어났기 때문이라는데, 바로 이 모습
이 눈 속에 담겨 있다. 또한 다 못한 숙제는 내일로 미루지 않고 밤을
새워 처리하는 타입이다. 어릴 적 하루도 빠짐없이 스스로를 위한 '축
구 일기'를 써온 근성도 이 눈에 있다.

한편 눈두덩은 여유가 있어 남을 배려할 줄 안다. 남의 아픈 곳을
어루만져주고 참고 기다려줄 줄 안다. 경기에서 모든 볼을 직접 처리
하기보다는 자기보다 좋은 위치에 있는 동료에게 패스하는 팀 플레이
Team Play를 선호하며 팀의 승리를 위해 헌신적으로 기여하는 면모가
눈두덩에 있다.

귓바퀴 안 가운에 연골 부분이 솟아나와 있어 튀는 성격을 지니고 있다. 눈 가까이에 올라붙은 광대뼈를 보면 상당히 급한 성격이다.

코를 보면 산근(콧마루와 두 눈썹 사이)에 급격한 굴곡이 있다. 산근이 들어가면서 코가 짧아 보이는데 이런 코는 순발력이 뛰어나며 변화에 빨리 적응하는 기지가 있다. 눈에서 산근에 이르는 나이는 35~43세까지다. 이 시기가 지나면 박지성은 지금보다 더 좋은 운기를 맞이하게 될 것이다. 축구 스타로 활약하는 지금이 인생 최고의 절정인 것 같아 보이지만 사실 부상도 많고 몸도 힘들지 않겠는가? 주급만 1억 원 이상이라는 엄청난 수입으로 백만장자 못지않은 부를 가지고 있지만, 분주한 선수 생활 때문에 맘껏 누릴 시간도 없을 것이다.

확실히 박지성의 코는 이마나 눈보다는 훨씬 잘생겼다. 청소년 시절보다 더 강건해지면서 살집도 붙었다. 과거엔 콧방울도 없었는데 지금은 빵빵하게 탄력이 생겼다. 코 가운데가 유난히 두툼한데 이는 강철 체력을 과시한다. '산소 탱크'와 '두 개의 심장'이라는 별명이 붙을 정도의 스태미나가 코에서 보인다. 살짝 갈라진 코끝에는 강한 집념이 숨어 있다.

살이 많으면 느긋한 여유가 있지만 뼈가 강하면 급하다. 공이 다가오면 민첩하고 예리하게 차내는 박지성의 기질이 뼈가 강한 얼굴에 있다.

적당히 누런 치아는 재물복을 의미한다. 도톰한 입술, 가지런한 치아, 야무지지 않은 입을 보면 성격이 깐깐하거나 '두고 보자'며 벼르는 타입이 아니다. 그렇다고 물러터진 것은 아니며 주변 사람을 편하게 해주는 것은 물론 본인도 편안한 성격이다.

턱 옆 어금니 깨무는 자리의 근육이 솟아 있는데 이는 어금니를 얼마나 많이 깨물며 살아왔는지를 보여준다. 초긴장 상태의 경기장에서 이를 악물고 뛰는 그의 모습이다. 턱은 양옆이 잘 발달해 있어 투지가 강하다. '수비형 공격수'로 인정받게 된 이유도 이 턱에 있다. '눈이 작고 턱이 좋으며 살이 없는 얼굴'은 자기 분야에서 달인이 되는 사람의 전형적 얼굴이다. 학자라면 걸어 다니는 도서관이고, 운동선수라면 혼자서도 훈련의 끝장을 보는 못 말리는 사람이다.

법령(입가 미소선)이 뚜렷하지 않은 걸 보면 늘 소년과 같은 마음으로 선수 생활을 즐기는 사람이다. 갈색 벤치석의 지도자보다는 푸른 잔디 위의 선수로 오래 뛰고 싶은 '영원한 청춘'이다.

피부가 매끄럽지 않고 '귤'처럼 두꺼워 보이는데, 이는 재물운이 담겨 있는 전형적 피부다. 발음이 약간 묻힐 정도로 빠른 말투나 비음이 섞인 가벼운 목소리에선 급한 성격이 들린다. 코끝에 잠식되어 짧아 보이는 인중도 마찬가지다.

공이 없는 사석에서 박지성의 인상은 사뭇 달라진다. 눈썹도 차분해지며 눈매가 고와지고 광대뼈도 아래로 내려앉는다. 사석에서 그를 만난 사람들이 '부드럽고 소탈하고 귀엽다'고 하는 이유다. 몸을 살펴보니 유난히 둥근 무릎 뼈가 눈에 띈다. 이런 무릎을 가지면 성격이 원만하고 인생의 운기도 원만하게 흐른다.

최근 미드필드 중원에서의 멋진 활약으로 '센트럴 팍Central Park'이
라는 별명을 얻기도 한 박지성. 약간 깨진 앞니만 손을 좀 본다면 그는
인생 중원인 40대에 이르러 심신이 편안하고 사회적 위상도 탄탄한 '
센트럴 팍'의 행복을 맘껏 누리게 될 것이다.

진세훈 | 혼신의 질주에 밝은 미소, 실력이 매력

박지성이 등장하는 축구 경기를 TV로 보면 유난히 열심히
뛰고 달리는 그의 모습이 금방 눈에 띈다. 움직임을 따라가는 카메라
가 숨이 찰 정도로 빠르게 발걸음을 놀리는 그에게는 '두 개의 심장',
'세 개의 폐', '산소 탱크' 등의 별명이 붙어 있다. 그를 화면으로 보면
서 많은 사람들이 저런 얼굴이 매력적으로 보이는 이유는 무엇일까
하고 궁금해 한다.

178cm에 73kg의 체격을 갖춘 박지성의 얼굴은 형태학적으로 볼
때 미남의 기준을 갖추지는 않았다. 그러나 축구를 잘한다는 이유만으
로 설명되지 않는 자기만의 독특한 개성을 가지고 있기에 충분히 아
름답다. 그가 지닌 남성미의 실체를 미학적으로 만나보자.

박지성의 얼굴은 삼등분했을 때의 비율이 3분의 1씩 잘 나눠져 있
는 편이다. 얼굴형은 알타이 북방계에 가까워 가운데 얼굴이 조금 길
어서 성숙해 보인다. 쌍꺼풀은 없으며, 눈썹이 길지 않고 입술은 얇다.

이마는 약간 뒤로 누워 있고 눈썹 부위의 뼈가 두드러져 강한 인상을 준다. 눈은 작고 눈꼬리가 올라가 있어서 얼핏 보면 사나워 보일 수 있으나 위 눈꺼풀과 눈썹이 내려와 있어 분위기를 부드럽게 반전시키고 있다.

그의 눈은 작은 편이다. 이마에 주름이 띄지 않는 것으로 봐서 눈 뜨는 근육의 힘이 약해서 그런 것 같지는 않다. 이는 위 눈꺼풀의 올림근육이 힘이 약해 눈꺼풀이 눈을 가리고 있는 '가성 안검하수'로 보인다. 눈을 커 보이게 하려면 눈매 교정을 겸한 쌍꺼풀 수술을 시술하면 된다. 답답하게 보이는 느낌을 다소 해결할 수 있다. 이 수술은 절개법이나 부분절개법을 선택해도 되고, 원하면 매몰법으로도 할 수 있다. 수술은 국소마취로 진행하며 절개방법에 따라 수술법은 상당히 차이가 난다.

수술의 핵심은 눈 뜨는 근육을 위로 당겨서 눈을 좀 더 크게 뜰 수 있도록 해주고, 눈동자를 덮고 있는 눈꺼풀이 완전히 위로 올라가서 눈동자가 충분히 드러날 수 있도록 쌍꺼풀을 만들어주는 것이다. 일단 이 방법을 쓰면 눈이 작아 보이는 문제는 해결할 수 있다. 눈을 더 크게 하고 싶으면 뒤트임으로 눈의 가로 길이를 늘려서 더욱 시원한 이미지를 만들 수 있다.

요즘은 아래트임이 유행하고 있다. 일반적으로 아래 눈꺼풀이 눈동자 아래쪽에 살짝 걸쳐져 있는 게 보통이다. 이것이 눈동자를 많이 덮고 있어 답답하게 보이는 사람이나 눈동자를 더 많이 노출시켜 더 크게 보이고 싶어 하는 사람에게 아래트임을 적용할 수 있다.

방법은 눈꺼풀 안쪽에서 절개하여 아래 안검판(눈꺼풀의 모양을 받쳐주는 판) 근육을 당겨주거나, 안검판의 아래쪽과 안검근막(안검판 근육을 싸고 있는 막)을 당겨서 묶어줌으로써 아래 눈꺼풀을 아래로 당겨 내려 눈동자가 많이 노출되게 하는 것이다.

코는 곧고 길며 상당히 큰 편이다. 코끝이 각이 지고 아래로 향해 있어서 강한 이미지를 지닌 남성적인 아름다움을 나타내주고 있다. 콧방울 부분은 날개 부분이 잘 발달되지 않아 눈의 가로 길이를 넘어서지 않아 날렵한 인상을 준다. 이런 코의 모습은 남성미를 표현해 주는 핵심이다.

입은 작으면서 윗입술이 다소 짧아 어려 보인다. 이는 코의 강한 이미지를 상쇄시켜 부드러움을 드러내는 역할을 한다. 얼굴의 폭은 상하 길이보다 짧은 편이나 가운데 얼굴이 다소 길어 성숙한 남성미도 함께 느끼게 해준다. 턱에서 아래턱의 길이는 균형이 맞으나 측면에서는 다소 작아 보여 강한 느낌을 주지는 않는다.

피부는 사춘기 시절 여드름 때문에 고민한 흔적이 지금도 남아 있다. 기름기가 많은 데다 여드름으로 두꺼워진 피부가 지금은 원망스러울지 모르지만 중년에 접어들면 오히려 큰 장점이 될 수 있다. 왜냐하면 두꺼우면 주름이 훨씬 적게 생기고, 탄력을 잃지 않아 피부가 덜 처지고 늦게 처지기 때문이다.

지금은 피지선이 활발한 활동을 할 나이라는 점을 감안해서 세안할 때 피지를 충분히 제거해야 한다. 얼굴의 피지선이 막히지 않도록 세수는 따뜻한 물로 하고 비누거품을 충분히 내어 꼼꼼히 문질러야 한다. 피지선에 끼어 있는 피지를 없애주면 여드름이 말썽을 일으키지 않게 하는 데 상당히 도움이 될 것이다.

과거에는 기름기 많은 음식이나 커피 등 자극적인 음식을 제한하기도 했다. 하지만 그렇잖아도 여드름 때문에 괴로운데 먹고 싶은 음식까지 못 먹게 하면 스트레스를 더하게 되고, 그 효과도 뚜렷하지 않아서 요새는 그다지 심하게 제한하지 않는다.

사실 미남, 미녀로 일컬어지는 사람들과 보통 사람의 얼굴을 계측하여 분석해 보면 그 차이가 지극히 미미하다는 것을 알 수 있다. 그럼에도 불구하고 그 사소한 차이가 미남, 미녀를 가르는 결과는 어떻게 생기는 것일까. 심지어 미학적으로는 미남의 기준에 확실히 맞는 경우에도 진정으로 좋아하게 되지 않는 경우도 흔하다. 성형외과 의사가 미학적으로 분석해 볼 때, 박지성의 얼굴은 미남이라고 할 수 없다. 그렇지만 박지성은 축구팬뿐 아니라 축구와 별 상관없는 사람들의 성원도 많이 받고 있고 다들 그를 좋아한다.

이는 박지성이 가진 자신감이 매력을 내뿜기 때문이다. 경기 내내 쉴 새 없이 뛴 뒤 지치지도 않은 듯 씩 웃음을 날리는 그 표정. 작으나마 반감을 가진 사람이 있다 해도 무장해제 될 수밖에 없다. 전문적인 미학연구자들도 미학적 기준에 따른 사소한 차이 정도는 개성 넘치는 표정이나 스스로 만들어가는 이미지로 충분히 극복된다고 주장한다.

당신이 만약 일부러라도 계속 웃는 표정을 짓는다면 그것만으로도 외모의 아름다움과 당신에 대한 호감도를 높일 수 있다. 또한 항상 밝은 이미지를 가지고 있으면 바라보는 상대방을 즐겁고 기쁘게 만들기도 한다.

반대로 우울한 모습이나 분노에 찬 표정만 내보이고 있으면 점차 그런 표정의 얼굴로 굳어지면서 모든 사람을 불쾌하게 만들고 기피 대상이 될 수밖에 없다. 그렇게 되면 아무리 뛰어난 성형외과 의사를 만난다고 해도 온유한 표정으로 되돌릴 수 없다. 표정은 눈을 키우고, 코를 세우고, 뼈를 깎는 방법으로 해결할 수 있는 문제가 아니기 때문이다.

전문가의 연구에 따르면 무표정한 얼굴과 미소 띤 얼굴의 사진을 찍어 비교할 때, 미소 띤 얼굴은 미간 쪽 눈썹이 약간 올라가고 아랫눈시울(아래 눈꺼풀의 눈썹 난 부분)이 1.5mm 정도 올라가며 입이 6mm 정도 길어지고 입꼬리도 3mm 정도 올라간다고 한다. 반면 분노한 모습은 눈썹이 5mm 정도 내려오고 눈썹 끝부분이 일직선으로 뻗으며 미간도 좁아지고 눈두덩이 5mm 정도 좁아지며 입 길이가 4mm 정도 줄어든다고 한다.

박지성은 이런 연구 결과를 이미 알고 있었던 것일까. 그라운드에서는 자신감과 확신감에 넘쳐 혼신의 힘을 다해서 뛰고, 지친 순간에 바람에 날리듯 입꼬리를 올리며 던지는 밝은 미소는 박지성만이 지닌, 모든 국민이 그를 좋아하게 만드는 힘이라고 하겠다.

미남이 별 건가. 모두가 좋아하는 사람, 바로 그 사람이 진정한 미 남이 아니겠는가.

정 명 훈

○○○

영혼을 울리는 지휘자

주 선 희 자신의 얼굴까지 지휘해 온 마에스트로

7세 때 이미 서울시립교향악단과 협연을 했던 천재적 피아니스트요 세계 지휘계의 거장이 된 마에스트로 정명훈. 그의 얼굴을 읽으면서 새삼 얼굴은 곧 그의 혼과 인생이 담긴 그릇임을 절감한다. 그의 삶이 곧 음악인 것처럼 그의 얼굴 또한 음악처럼 변화무쌍하며 역동적이기 때문이다. 눈, 코, 입, 귀 등 얼굴의 각 부분들이 각기 다른 소리를 내는 악기가 되어 구성된 오케스트라를 마에스트로 정명훈은 어떻게 지휘해냈을까? 한 편의 교향곡을 음미하듯 정명훈의 얼굴

을 감상해보기로 하자.

그의 트레이드마크인 곱슬한 단발머리는 시간표에 얽매이지 않는 자유로운 성향을 표현한다. 적극성으로 만들어진 튀어나온 눈썹근육, 관조하는 듯 끝이 내려간 눈썹과 눈, 급격하게 낮아진 다급한 산근(콧마루와 두 눈썹 사이), 양보는 하더라도 빼앗기지는 않겠다는 다소 넓은 코에 빵빵한 콧방울, 스태미나 넘치는 두툼한 입술과 눈두덩 등 인상학적으로 상반된 의미의 얼굴을 보면 매인 데가 없이 사는 사람이다. 조직사회에는 결코 섞일 수 없는, 자유로운 영혼을 지닌 전형적 예술가의 상이다.

세상에서 가장 가벼우면서도 무거운 악기, 지휘봉을 든 그의 얼굴에는 세계적인 명성과 인기를 누리며 높이 올라가 있는 사람이면서도 사실은 가장 고독한 예술가의 모습이 옅은 눈썹과 살이 없는 뺨에 담겨 있다.

흔히 많은 사람을 만나는 사람의 인상을 보면 뺨이 통통하다. 뺨은 두루 원만한 대인관계와 사회적 인기를 반영하는 부분이다. 하지만 정명훈의 경우, 뺨이 들어가 있다. 본인이 좋아하고 즐기는 음악을 업으로 하고 있으며, 많은 사람들과 함께 어울리며 살고 있는 그의 뺨에 살이 없는 이유는 그가 자기만의 예술세계에 빠져 있는 사람이기 때문이다. 특히 오케스트라를 지휘하고 있는 모습의 사진에서는 뺨의 살이 더욱 빠져 보이는데, 이는 그가 얼마나 진지하게 고심하면서 그 무대의 지휘를 준비해왔는지를 말해준다.

정면에서 정명훈의 얼굴을 보면 귀가 나팔처럼 보인다. 이런 귀는 소리를 잘 듣는 귀다. 네 살 때 피아노를 시작했으니 어릴 적부터 얼마나 많은 소리에 귀를 기울였겠는가. 소리뿐만 아니라 남의 얘기도 잘 들어주는, 경청을 잘하는 사람의 귀이기도 하다. 정명훈이 지휘하는 교향악단의 한 연주자가 그랬다. 정명훈은 소리를 만들어내는 능력이 다른 지휘자와 확실히 다르며, 원하는 소리가 나올 때까지 포기하지 않는다고. 바로 그의 귀가 해내는 일이다.

동그랗게 매우 잘 발달된 두상이 보인다. 이마가 잘 생겼기에 악보 외우는 능력이 '퍼펙트'하다는 평가를 받을 만큼 머리가 뛰어나다. 변지역마(이마 양옆 머리카락이 자라는 부분) 또한 시원하게 발달되어 어릴 적부터 해외로 나가 공부했으며 해외에서 성공 가도를 달렸다. 차이코프스키 콩쿠르에서 한국인 최초로 피아노 부문 준우승을 차지하며 국제무대에 알려진 것은 물론, 국내에서도 김포공항에서 시청 앞까지 자동차 퍼레이드를 할 정도로 최고의 영광을 누린 시기도, 뉴욕 청년심포니 지휘로 데뷔한 시기도 모두 이 이마에 해당하는 청년기다.

하지만 이마의 주름이 반듯하게 연결되어 있지 않고 난문(이마의 끊어진 주름)을 보이는 것은 음악과 싸워낸 흔적이다. 음악처럼 감정의 기복도 심했을 것이다. 결코 쉽지 않은 음악가의 길에 어찌 인고의 시간이 없었겠는가. 난문은 고독한 예술가의 삶이 만들어낸 궤적이다.

널찍한 미간에서도 자유로움을 추구하는 기질이 보인다. 잘생긴 이마를 굴곡지게 할 만큼 튀어나온 눈썹근육은 매우 적극적인 성향을 드러낸다. 연주하거나 지휘할 때 눈썹도 함께 연주하고 지휘하면서 눈썹근육이 발달했을 것이다. 이 부분이 두드러진데다 눈썹까지 진하면 지나친 적극성이 문제가 되지만 적당히 흐린 걸 보면 남에게 거슬리지 않는 인격이 있다.

눈두덩에 살이 있어 잘난 척 나서거나 자기 욕심을 챙기지 않고 묵묵히 흐름을 지켜보는 사람이다. 두둑한 눈두덩은 강한 스태미나를 보여주는 부분이기도 하다. 눈이 내려가 있어 자신의 욕망이나 생각을 바로 표현하지 않고 기다려줄 줄 아는 사람이다. 오케스트라의 소리가 마음에 들지 않더라도 무표정으로 감정을 드러내놓지 않고 있다가 만족할만한 소리가 나올 때 드디어 미소를 짓는다는 그의 특성이 여기에 담겨 있다.

눈이 튀어나온 출안인데다, 눈이 작아 쉽게 보이진 않지만 눈빛 또한 빛이 나서 매우 파격적이며 창조적인 기질이 있다. 눈 아래 부분이 두둑하여 역시 스태미나가 좋다.

산근(콧마루와 두 눈썹 사이)이 가늘면서 갑작스레 낮아진 걸 보면 벼락치듯이 급한 성격도 있다. 어쩌면 자신의 세계에 몰두할 때는 재빨리 적극적으로 매달렸다가 어느 정도 후에는 여유를 찾으면서 마무리할 것이다. 이 마무리의 여유는 큰 입에 담겨 있다.

광대뼈가 위로 올라가듯 솟아 있으며 코와 균형을 잘 이루고 있어 중년에 30년 대운大運을 누린다. 특히 광대뼈에 해당하는 40대가 화려했을 것이며, 그 위상이 50대 이후까지 쭉 이어지고 있다. 프랑스 바스티유오페라극장의 음악감독을 맡게 되었고, 프랑스 '레종 도뇌르 훈장', 프랑스 '부르노 발터상 최고오케스트라 지휘자상', 대한민국문화훈장 '금관훈장', 유네스코 선정 올해의 인물 등 화려한 훈장과 수상으로 빛난 시기가 바로 이 때다.

요즘 사진을 보면 코끝이 살짝 내려가 있는데, 아마 젊은 시절보다 더 내려왔을 것이다. 외길에 몰두하다 보면 이렇게 코끝에 살이 모이면서 내려가게 된다.

입이 크고 두둑해서 통이 크며 60세가 넘어도 스태미나가 넘친다. 입술선이 분명하여 집안이 좋고 깔끔한 성격이다. 입술선만 선명하면 까다롭겠지만 입술이 두꺼워 모두 다 껴안고 '쉽게 가자'고 할 사람이다. 뺨의 살은 들어갔지만 입 주위를 빙 돌아 살이 충분히 있다. 이런 경우 자기 지갑은 항상 두둑하여 돈 걱정은 없는 사람이다. 입술 아래 부분에 작은 언덕처럼 살이 있는데, 바로 제왕의 살집이다. 항상 함성과 갈채를 받는 마에스트로가 되는 인상적 이유가 여기 있다.

턱도 잘 발달해 있어 만년까지 그의 명성과 영광은 쭉 이어질 것이다. 하지만 좀처럼 뺨에는 살이 올라올 것 같지가 않다. 앞으로도 오래오래 음악의 끈을 놓지 않고 음악 속에서 고뇌하는 삶을 살아갈 것이기 때문이다. 그렇게 그는 '마에스트로 정명훈'이라는 자랑스러운 이름을 대한민국은 물론 세계 음악사 속에 길이 남기게 될 것이다.

위대한 음악적 영웅

1953년생으로 60대에 접어들었다. 4세부터 피아노를 치기 시작했으며 이미 7세 때 서울시립교향악단과, 8세 때 미국 시애틀 교향악단과 협연했을 정도로 천재적인 소질을 보였다. 1974년 차이코프스키 피아노 콩쿠르에서 2등으로 입상한 뒤 줄리아드 음대에서 지휘자 공부를 시작했다. 베를린 필하모닉오케스트라, 런던 필하모닉오케스트라, 런던 심포니오케스트라, 프랑스 국립교향악단 등에서 객원 지휘자로 있었으며 1989년부터 프랑스 국립바스티유오페라단의 음악감독 겸 상임지휘자로 활동하였다. 그 해 7월, 이탈리아 '토스카니니 지휘자상'을 받았고 1992년 6월에는 유엔마약통제계획(UNDCP)의 초대 친선대사로 뽑혔으며 현재 서울시립교향악단에서 예술 감독을 맡고 있다.

세계적인 첼리스트 정명화와 바이올리니스트 정경화가 친누나라는 것은 이미 잘 알려진 사실이다. 6·25 동란 때 남쪽으로 피난을 가면서 피아노는 꼭 가지고 가야 한다며 다른 짐보다 피아노를 먼지 챙기셨다는 세 남매의 어머니의 일화는 교육에 대한 열정과 음악에 대한 집념의 표상으로 우리의 머릿속에 깊이 남아 있다.

바스티유오페라극장의 음악감독 시절 5년 동안에는 아침 9시부터 밤 12시까지 오페라극장에서 단원들과 살다시피 했다고 한다. 다른 음악가들과 비교해서 10배의 연구와 연습을 하는 열정을 보였다. 이런 노력으로 세계 정상의 지휘자로 인정받은 그는 한 인터뷰에서 "나는 모든 꿈을 다 이루었습니다. 나는 꿈속에 살고 있습니다"라고 이야기한 적이 있다. 그러나 어느 날 자신의 무릎을 치면서 이런 생각을 했다고 한다. '아니야, 나에겐 꿈이 남아 있었어. 음악을 통해 남북 화해와 통일에 조금이나마 기여하는 거야!' 그로부터 지금껏 북한을 방문하여 음악적인 교류를 하고 '라디오 프랑스 필하모닉'과 북한의 '은하수 관현악단'을 지휘하기도 했다.

이렇듯 음악 유전자를 갖고 태어난 형제들과 최대의 노력으로, 최고의 자리에 오른 자랑스러운 그의 인생을 성형외과 의사가 보는 그의 아름다움과 함께 바라보고자 한다.

얼굴이 길고, 좌우 폭도 넓어서 전체적으로 얼굴이 큰 편이다. 미학적인 비율을 볼 때 얼굴의 상하는 균형을 이루나 좌우 폭을 봤을 때는 눈이 위치한 부분이 길어서 눈이 크게 강조되어 보인다. 헤어라인이 높아서 이마가 넓어 보이고 전두부 및 측두부가 커서 감성적인 뇌의 발달이 아주 뛰어날 것으로 추측된다.

이마에는 주름이 많으나, 보통 눈 뜨는 근육의 힘이 약해서 생기는 안검하수에 의한 이마 주름이 아니고 격정적인 음악의 감성을 표현하는 과정에서 생긴 것으로 보이므로 굳이 주름을 없애기 위한 시술을 할 필요는 없다고 본다. 그러나 미간에 있는 주름은 치료하는 것이 감성 표현에 있어서 부정적인 이미지를 감추는 데 필요할 것으로 보인다. 이 경우의 시술은 이미 학술적으로 검증되고 특허 받은 자가진피회생술이 우선적인 선택 사항이다.

눈썹은 흐리지만 좌우 길이가 길고 두께도 두껍다. 눈썹 주변의 뼈나 근육이 돌출되어 있지 않고 눈썹에서 눈까지의 거리도 넓은 편이어서 성격이 관대하고 여유 있어 보인다.

눈은 좌우도 길지만 상하도 길어서 눈이 그의 얼굴에서 음악적인 감성을 전달하는 핵심적인 역할을 하고 있다고 생각된다. 더구나 살짝 내려간 눈꼬리는 큰 얼굴 골격의 강한 이미지를 한층 부드럽게 만들어준다. 코는 높은 미간에서 바로 이어져 발달하였고, 크고 긴 편이어서 강렬하고 남성적인 아름다움을 드러낸다. 콧방울의 폭이 넓으나 그 폭만큼 눈의 좌우 폭도 균형을 맞추고 있어서 미학적인 배분에서는 어긋남이 없어 보인다.

아래 눈꺼풀이 처지고 지방이 돌출된, 나이에 의한 얼굴 변형의 결정적인 모습을 하고 있어서 하안검 성형수술을 권하고 싶다. 이 수술은 아랫눈썹에서 1mm 떨어진 곳을 절개하여 처진 피부와 근육을 최소한으로 제거하고 눈 밑 지방을 노출해 이를 재배치하는 것이다. 이렇게 함으로써 눈 밑의 불룩한 지방 주머니를 제거하는 동시에 노화에 의한 눈 밑 꺼짐 현상도 교정할 수 있다.

파안대소하며 웃는 형이라 웃을 때 눈가와 볼에 깊고 굵은 주름이 파이지만 웃지 않을 때는 잘 보이지 않는다. 일반인에게는 이 주름이 편안한 주름일 수 없지만, 정명훈에게서는 예술가의 감성이 드러나는 부분이다.

입술은 두껍지만 입이 크지 않고 아래턱이 잘 발달되어 자신감 있어 보인다. 귀 아래의 각진 턱이 V라인이어서 강인하지만 거칠어 보이진 않는다. 귀가 크고 깊으며 귓불도 두꺼워서 후덕하게 느껴진다.

이렇듯 정렬적인 강인함과 섬세한 감성이 어우러진 얼굴에서 세월의 연륜이 쌓이니 이젠 그에게서 위대한 영웅적인 모습뿐만 아니라 우리나라를 걱정하고 소외된 곳을 찾아 어루만져주는 대인의 모습마저 느껴진다. 클래식이 고상한 삶들에게만 햇빛을 비추는 것이 아니라 클래식을 접해 보지 못한 이들에게까지 정명훈의 음악적인 감성이 스며들기를 바란다.

김 정 은

⊚⊚⊚

북한을 이끌 새로운 지도자

주 선 희 · 겉과 속의 부조화가 만든 조금 불편한 얼굴

　　지난해 말 북한의 김정일 국방위원장이 사망하면서 세계적으로 가장 이목이 집중된 인물이 바로 김정은이다. 그는 북한의 새 지도자로 위상을 굳혀가고 있다. 현재 북한은 김정은을 '21세기의 태양', '인민의 영도자', '친어버이', '조선인민군 최고사령관'으로 호칭하며 체제를 안정시키는 데 박차를 가하고 있다.

　　지난 연말부터 여러 매체에서 김정은의 인상학적 특징에 대한 원고와 인터뷰 요청이 집중되고 있다. 북한의 차기 지도자가 앞으로 어떤

통치 스타일을 보여줄지 인상학적으로 알고 싶기 때문일 것이다.

김정은의 얼굴을 보고 어느 기자가 '괴물 같지 않으냐'고 질문을 해왔다. 이런 인상을 주는 것은 지금 그가 자연스럽지 않은 자리에 자연스럽지 않은 옷을 입고 있기 때문이다. 겉으로는 김정일의 후계자로서 위엄과 힘을 가진 듯 보이지만 사실 속으로는 차갑게 얼어 있으며 몹시 불안한 기색이다. 쉽게 표현한다면 '초콜릿 아이스 바'라고나 할까? 겉은 번드르하지만 속은 차갑고 딱딱한 얼음. 겉과 속이 일치하지 않는 부조화가 이 얼굴을 무섭게 만들고 있는 것이다.

김정은의 어린 시절 눈썹을 보면 털이 흩어져 있어 대인 관계가 매끄럽지 못했을 것으로 보인다. 어릴 때부터 왕자같이 행세했으며 다른 아이들과의 관계에서 최고 권력자 김일성의 위세를 업고 제멋대로 행동했다고 하는 점이 그 흩어진 눈썹에 있다. 하지만 지금의 눈썹을 보면 마치 여성의 눈썹처럼 차분하게 누워 있다.

가늘고 긴 눈썹은 그의 사교적인 성향을 나타내는데 어쩌면 자신의 세력을 구축하고 자기 사람을 만들기 위해 많은 사람들과 교류를 하면서 눈썹이 변했을 수도 있다. 이런 눈썹을 가지면 대인 관계가 좋으며 필요한 경우엔 괴롭더라도 참으면서 상대를 자기편으로 만드는 성격을 지니고 있다.

감정 표현이 잦고 적극적이므로 눈썹 주변의 근육도 발달했는데, 이 탓에 이마가 전반적으로 매끄럽지 못하다. 특히 오른쪽 눈썹 위 근육 바로 윗부분에 흉터가 보인다. 김정일은 건강이 악화되면서 3대 세습 체제를 조속히 마무리하기 위해 2009년 김정은에게 소위 백두혈통의 지위를 부여하고 세습 과정을 진행했다. 이때가 김정은의 나이 26~27세로, 이마의 흉터에 해당하는 나이이다. 이는 후계가 행운이 아니라 불운일 수도 있음을 암시한다.

그의 이마는 아버지 김정일의 둥글고 잘생긴 이마와 비교된다. 김정일의 경우는 김일성 주석으로부터 안정적으로 후계자 자리를 물려받았지만 김정은은 상당히 불안한 상태로 물려받았음을 보여준다. 이런 울퉁불퉁한 이마를 가진 사람은 개척형·노력형·행동형이다. 이마는 가로 폭이 볼의 폭보다 좁고 눈썹에서 머리털로 이어지는 이마의 세로 폭도 얼굴 전체 균형에 비해 좁다. 이는 그가 깊이 생각하기보다 먼저 행동하며 매우 노력하는 사람임을 말해준다. 강한 승부욕을 품고 지도자가 되기 위해 자신의 인생을 끊임없이 개척해 왔을 것이다.

김정은의 눈은 출안이다. 전체적으로 튀어나온 이건희 회장의 눈과 달리 특히 검은 눈동자가 튀어나와 있다. 이런 눈은 관찰력이 뛰어나며 잘된 것은 물론 잘못된 것도 족집게처럼 찾아낸다. 상당히 까다로운 성품이며 나이가 어려도 만만치 않은 사람이다.

김정일의 요리사였던 후지모토 겐지에 의하면 김정은은 어려서 형 김정철과 농구 시합을 하곤 했는데, 김정철은 승패와 상관 없이 시합이 끝나면 바로 자리를 떠났지만 김정은은 패할 경우 팀원들을 불러 놓고 '왜 졌는가'를 분석하곤 했다고 한다. 바로 이런 성격이 이 돌출된 검은 눈동자의 기운이다. 출안으로 인해 눈두덩이 두둑하고 산근(

콧마루와 두 눈썹 사이)도 낮아 이쯤에 해당하는 나이인 35~43세까지는 운기가 그리 좋지 않을 것으로 보인다.

코는 작은 편이다. 요즘 사진에 보이는 코는 어린 시절보다 높다. 성형의혹이 회자되고 있긴 하지만 확인할 수는 없는 일이다. 어쨌든 코가 높아지긴 했지만 얼굴에 살이 찌면서 파묻혀 오히려 작아 보인다. 광대뼈가 좋아서 남에게 보이는 위상은 대단하지만 코가 작아 자신의 자리는 그리 편하지 않을 것이다.

입은 얼굴 크기에 비해 상대적으로 작고 입꼬리는 아래쪽으로 처졌다. 어린 시절엔 광대뼈가 도드라지고 입이 커 활발해 보였으나 성장하면서 광대뼈는 살에 가려지고 이목구비가 상대적으로 작아진 것이라 해석된다. 입꼬리가 아래로 내려가는 경우는 책임감이나 중압감을 강하게 느낄 때다. 인내하려고 어금니를 지그시 물게 되면 턱 근육이 발달돼 입꼬리가 아래로 당겨지기 때문이다.

입꼬리 옆 불룩한 근육은 심기가 불편해도 참아내면서 생긴 것이다. 그의 후계자 수업이 녹록지 않았다는 것을 유추해볼 수 있다. 이 부분을 '심술주머니'라고 하는데 이 주머니가 있으면 다른 데서 화난 일을 가까운 사람에게 분풀이한다. 큰 얼굴에 비해 인중은 짧고 윗입술은 말려 올라갔다. 급하게 말하고 행동하다보니 인중 근육이 발달해 짧게 느껴지는 것이다. 그가 신중하지 못하고 성급한 결정을 내릴 수 있다는 점도 인중에서 드러난다.

웃는 얼굴에서 드러나는 이를 보면 앞니가 벌어지고 틀어져 있다.

이가 전체적으로 작고 예쁘지 않아 부모의 사이는 물론 집안 전체가 편치 않았음을 의미한다. 어머니를 일찍 여읜 것도 이 치아에 담겨 있고, 학업도 순탄하지 않았을 것이다.

인상은 얼굴에만 있지 않고 체상이나 몸짓, 행동에도 있다. 김정은이 서 있는 모습을 보면 예전에는 주먹을 꽉 쥐고 있었다. 손등을 보이며 주먹을 쥐는 행동은 내 속을 보여주지 않겠다는 의미이다. 손뼉을 치는 모습을 보면 네 손가락을 다 붙인 오른손이 위로 올라가서 아래쪽에 있는 네 손가락 다 붙은 왼손을 치는 모습인데, 이는 손뼉을 치되 마음을 열지 않은 몸짓이다. 내가 정말 즐거워서 손뼉을 치기보다는 군림하는 자세에서 아랫사람에게 내리는 '연습된' 손뼉이다.

후계자 선언 후 김정은이 자주 보이는 몸짓은 뒷짐 지는 자세다. 이는 '천상천하 유아독존天上天下 唯我獨尊'을 스스로 선포하는 몸짓이다. 할아버지와 아버지의 흉내를 내면서 자신이 그 대를 잇는 후계자임을 과시하는 것이다. 20대 중후반의 나이로 보기엔 너무 살찐 김정은은 체구로 카리스마를 표현하기 위해 일부러 살을 찌운 듯하다. 뼈보다 살이 많으면 남자다워 보이지 않는다. 살이 많으면 성격이 소심해진다.

지금까지 살펴본 것처럼 김정은은 속내를 알 수 없으며 성격이 까다롭고 급하며 승부욕이 강한 사람이다. 전 세계에서 핵무기 개발과 사용 권한을 가진 인물 중 가장 어린 그가 신중하지 못하고 성급한 결정을 내릴 수 있다는 우려도 일리가 있다. 어느 정도 북한 내부를 장악

하고 나면 끝까지 손을 놓고만 있지 않을 수도 있는 사람이므로 우리
도 그에 대비한 준비가 필요하다고 할 수 있겠다.

아직은 관대함이 부족해 보이는 어린 지도자

김정은. 1983년생으로 원했든 원하지 않았든 간에 젊은
나이에 한 나라의 최고 지도자가 되었다. 절대 권력의 자리에 앉은 김
정은은 체제의 성격상 아무런 결점을 가지고 있지 않은 완벽한 인물
로 자리 잡게 될 것이다. 이런 사정을 감안할 때, 완전한 무결점의 무
한 절대 권력자에 대해 성형외과 의사로서 미학적인 평가를 내린다는
것은 어리석은 일이 될지도 모르겠다.

왜냐하면 북한 사회에서는 그의 생김 그대로, 있는 그대로가 모든
국민이 따라야 할 모범 답안이고 정의이며 최고의 가치인 데다 또 최
고의 아름다움이고 멋일지 모르기 때문이다. 그렇다고 해도 아름다움
에 대한 느낌은 지극히 개인적인 것이고 객관적인 기준에 따를 경우
에도 주관적일 수밖에 없는 부분이 있게 마련이다. 따라서 북한의 새
로운 젊은 지도자 김정은의 얼굴을 성형외과 의사로서 살펴보고자 한
다.

우선 얼굴을 보면 전체적으로 상하 삼등분을 했을 때 가운데 얼굴
이 위와 아래 얼굴에 비해 작다. 서양인들은 이러한 골격이 동양인의

특징적인 형태라고 인식하고 있다. 한반도에 사는 퉁구스 북방계나 남방계, 혼합형 종족에서는 가운데 얼굴이 두드러지게 발달한 계통은 없다고 한다. 이렇게 볼 때 김정은은 퉁구스 북방계에 가깝다. 인류학자들에 따르면 퉁구스 북방계는 시베리아 바이칼호 동쪽에서 빙하기를 지내고 비교적 이른 시기인 1만 년 전쯤 대륙을 거쳐 한반도에 진입한 종족이다. 한반도에 사는 우리 민족 중에서 가운데 얼굴이 위아래 얼굴보다 길어서 성숙한 인상을 주는 것은 오직 알타이 북방계 뿐이라고 한다.

김정은의 이마는 전두부가 잘 발달하여 뒤로 눕지 않고 바로 서 있어서 강인하고 적극적인 인상을 주고 있다. 눈썹은 가늘고 흐린 편이며 눈에는 쌍꺼풀이 없고 몽고주름이 있다. 눈썹의 꼬리 부분이 아래로 내려와 있고 눈썹과 눈 사이의 거리가 넓어서 여유 있어 보이나, 눈꼬리 부분은 위로 치켜 올라가 있어서 강한 인상을 풍긴다. 눈썹 부분의 뼈는 두드러지게 보이지 않으며 미간이 넓지 않아 관대한 이미지를 주고 있지는 않다.

광대뼈는 돌출되어 있지 않지만 얼굴의 상하 길이가 좌우 길이에 비해 짧은 편이다. 요즘의 미학적 경향은 동양인의 골격도 서양인 얼굴의 좌우 대 상하 길이 비율에 맞춰 기존 평균치였던 1:1.3에서 1:1.4~1.5로 가고 있는데, 이런 기준에는 잘 들어맞는다고 할 수 없다. 그러나 서양의 기준이 어느 정도 혼합된 남한 사회와 북한의 미적 기준이 다르므로 평가는 엇갈릴 수 있을 것이다.

코는 길이도 조금 짧고 높이도 낮은 편이다. 얼굴의 좌우 폭이 넓으므로 코를 높이면 얼굴이 좁아 보이고 전체 이미지의 미학적 중심으로 삼을 수 있어 훨씬 보기 좋을 것이다. 코의 모양 자체는 전체적으로 조화가 어긋나게 보이지는 않으므로 높이만 올리면 상당한 효과를 얻을 수 있겠다. 이럴 경우엔 실리콘으로 코를 높이는 것이 유리하지만 코의 끝 모양을 유지하면서 높이려고 할 경우 자칫 피부가 모자라 부작용을 일으킬 수 있으므로 의료용 실리콘으로 코 모양을 조각한 뒤 생리학적으로 가장 적합하고 두껍고 튼튼한 조직인 측두근막을 씌워서 코끝 피부를 보호해 주는 것이 좋다. 측두근막은 음식을 씹는 데 사용되는 관자놀이 부위의 근육인 측두근을 둘러싼 막이다. 이 부위는 머리카락으로 흉터를 완전히 가릴 수 있다는 장점이 있는데다 조직을 떼어낸 곳의 변형도 생기지 않는다.

그의 콧방울은 양 눈 사이의 넓이를 벗어나지 않아 균형이 잘 맞는다. 코끝이 둥글지 않아 원만한 인상을 주진 않지만 얼굴 전체가 둥글기 때문에 조화를 이루고 있다고 볼 수 있다. 인중의 모양과 입술 윤곽도 뚜렷하고 입은 약간 작은 편이라 전체적인 인상은 동안이다.

이 같은 미적 기준에 다른 평가를 넘어서 현재 김정은에게 가장 중요한 것은 체중 관리라고 생각된다. 적절한 체중을 유지하는 것은 건강 면에서도 아주 바람직하지만 얼굴에서 피하지방이 줄어들면 건강미와 함께 남자로서 갖는 새로운 아름다움이 드러날 것이다. 남성미의 기본은 골격과 거기에 멋있게 발달되어 있는 근육의 아름다움이 드러나야 한다고 할 수 있기 때문이다. 그렇다고 지방 흡입을 권하고 싶지는 않다. 왜냐하면 지방흡입 시술의 기본 목적은 다른 부분보다 특별히 지방이 많이 모인 부분의 지방을 제거하여 균형 있게 만들어주는 수술이지 전체적으로 지방을 줄여주는 체중 관리 수술은 아니기 때문이다. 이런 점을 이해해야 무리한 수술을 하지 않을 수 있을 것이다. 가끔 무리해서 여러 군데에 시술을 하거나 넓은 부위의 지방을 제거하려다가 결과에 실망하는 경우가 있다. 더욱이 수술 후유증이나 위험한 사태까지 겪지 않도록 수술의 기본 목적을 잊지 말아야 하겠다.

이제 우리가 갖고 있는 미학적 기준 자체가 세계화되어 있다고 할 수 있다. 이미 서구사회와 친숙하게 교류하고 있고, 그들의 문화를 거부감 없이 받아들이고 있다. 또한 동남아는 물론, 미국과 유럽을 넘어 남미까지 '한류'가 전파되고 있다. 세계 젊은이들의 최신 문화 트렌드를 한국이 선도한다고까지 할 정도이다.

따라서 우리의 미적 기준도 민족 고유의 기준을 변함없이 지키고 있다고는 할 수 없을지 모른다. 북한에서는 바깥 세계의 영향을 덜 받아 온 자기들의 미적 기준이 우리 민족 고유의 아름다움이라고 주장할 수도 있을 것이다. 앞으로 북한 사회에서도 새로운 미적 기준이 받아들여지고, 젊은 지도자 김정은이 세계와 교류하는 북한의 변모에 앞장서주기를 기대해 본다.

2

빛나는 눈 속에 들어 있는
건강한 정신

중안中顏은 인생의 중년운을 보여주며 눈, 코, 광대 부위가 여기에 속한다. 그중 눈은 얼굴에서 가장
중요한 부위인 만큼 이 장에서는 눈이 발달한 사람들을 따로 모았다. 사람을 처음 만날 때 가장 먼
저 보게 되는 부위가 바로 눈이다. 좋은 눈은 눈동자의 색이 선명하고 총기를 띤다. 2장에서는 특징
적인 눈을 가진 유명인들의 인상을 살펴본다.

김 태 희

○○○

균형과 조화가 어우러진
전형적인 미인

주선희 **착한 프린세스 또는 강한 여전사**

김태희가 데뷔했을 때 받은 첫 인상은 '참 곱게 생겼다'는
것이었다. 그녀는 인상학에서 가장 중요하게 여기는 균형과 조화가 잘
맞는 얼굴의 전형이다. 예쁘다는 것 말고는 특별한 개성이 없지만 그
래도 참 편안하게 다가오는 얼굴이다. 눈썹산이 높거나 눈매가 날카
롭지 않고, 볼록한 눈 밑 애교살과 적당한 높이의 코, 통통한 뺨, 희고
고운 피부에 갈색빛이 도는 포도알 같은 눈 등은 그녀가 '착하고 순한
균형미인'임을 느끼게 한다. 그래서 광고에서도 자신의 개성보다는 자

기가 광고하는 상품을 잘 돋보이게 할 수 있는, 타고난 CF 모델이다.

김태희의 이마는 사방으로 둥그스름하다. 부모에게 잘 받으면서 공부도 순탄하게 하게 되는 이마다. 적당히 진하면서 털이 차분히 누워 있는 눈썹을 보면 너무 앞질러 나가거나 남의 비위를 맞추기보다는 자기표현을 여과 없이 솔직하게 하는 편이다. 진한 눈썹은 또한 성과를 눈앞에서 봐야 하는 성격을 말해주는 것으로 자신의 역할이나 운동 등 매사를 열심히 해내는 억척성이 여기서 나타난다. 거기에 눈 밑 애교살에서 보여지는 강한 스태미나가 받쳐주고 있어 열정도 남다를 것이다.

그녀가 대중 앞에 나서는 배우가 되는 데 결정적 역할을 한 부분은 커다란 눈동자다. 눈동자가 크면 화려한 생활을 동경한다. 연예인이 되지 않았더라도 항상 많은 사람 가운데서 주인공이 되는 눈이다. 거리에서 캐스팅되어 자신의 발로 기획사를 찾아간 이유도 바로 이 눈동자에 있다. 갈색빛의 포도알 같은 눈은 혹시 남자친구에게 바람을 맞더라도 옆자리 남성으로부터 데이트 신청을 받게 만든다. 이런 눈에 피부까지 희어서 호기심이 많은 한편 사람에 대해 외로움을 느끼기도 한다.

잘 내려온 코는 스타로서의 위상을 여실히 보여준다. 콧방울은 빵빵한 편이 아니어서 자신이 적극적으로 나서서 사업을 하거나 일을 주도하는 타입은 아니지만 스스로 관리는 잘하는 편이다.

치아 교정을 하기 전 김태희의 입은 약간 튀어나온 편이었다. 말을 적게 하고 생각을 깊이 하는 사람은 입을 다물고 있어 잇몸 자체가 들어간다. 반면 말을 많이 하고 표현하기를 즐기는 사람들을 보면 앞니 쪽이 살짝 튀어나오게 된다. 김태희가 그런 입을 지니고 있다. 외모가 출중한데다 공부도 잘하며 큰 눈을 가진 그녀는 넘치는 자신감과 강한 자기표현 욕구를 지니고 있을 것이다. 스타로 나선 적극성은 바로 이렇게 자기를 드러내고자 하는 입에서 나온 것이다.

김태희의 얼굴에서 다른 여성 스타와 달라 보이는 것은 입술 밑 턱 부분인 승장이다. 턱이 숟가락을 엎어놓은 것처럼 동그스름하면서 복숭아씨 표면 같은 질감이 보이는 사람은 소위 말하는 '잘난 척하는' 성향이 강하며 매우 엄격한 성격을 지니고 있다. 여러 가지 '잘난' 점을 많이 가지고 있는 그녀는 겉으로 드러내지는 않더라도 스스로 자신에 대한 자신감이 컸을 것이다. 그래서 턱에 힘을 주다 보니 그런 모습으로 발달한 것이다. 데뷔 시절에 비해 요즘 턱이 부드러워진 것으로 보면 그간 실수와 실패를 겪으면서 스스로를 낮춰 겸손해졌을 것이다.

김태희는 피부가 희고 맑아 심성이 착하고 까다롭지 않으며 고생길 보다는 꽃길을 택하는 성격을 지니고 있다. 이런 사람은 생긴 대로 꽃길을 걸어가게 되는 운기를 갖게 된다. 이마와 코가 잘 이어져 초년과 중년은 탄탄대로를 걷게 될 것이다. 나이가 들면서 좀 더 여유롭게 져주고 베풀며 살려는 '마음경영'을 한다면 타고난 얼굴처럼 조화로운 인생을 살게 될 것이다.

어느 기자가 김태희는 광고나 드라마에서는 빛을 발하는데 왜 영화에서는 실패를 하게 되는지 물은 적이 있다. 위에서 살펴본 바와 같이 김태희의 인상은 '착하고 예쁜' 공주형이다. 그래서 개성 있는 배역보다는 무난한 프린세스 역할이 많이 주어진다. 하지만 김태희의 내면에는 진한 눈썹에서 드러나듯 변화를 추구하는 강한 힘과 열정이 있다. 그러므로 드라마 『아이리스』처럼 강한 배역도 잘 소화해낼 수 있는 의외의 '개성'도 나타나는 것이다. 이 점을 잘 집어내는 역할이 주어질 때 김태희의 진면목이 더욱 빛날 수 있을 것이다.

진세훈 균형미 완벽한 혼성 미인

미학적으로 김태희의 얼굴은 균형미의 본보기에 가깝다. 얼굴의 상하를 보면 위 얼굴, 가운데 얼굴, 아래 얼굴이 각각 3분의 1을 정확히 차지하고 있다. 한국이 낳은 세계적 조각가 고故 문신은 '대칭이야말로 미학의 근본 요소'라고 말했는데, 김태희의 얼굴은 좌우 대칭도 완벽에 가깝다. 또한 짙은 눈썹과 굵어 보이는 머리카락도 교과서에서 말하는 미인의 조건이다.

김태희의 얼굴은 신新과 구舊, 남방계와 북방계의 얼굴이 잘 조화된 얼굴이기도 하다. 조선시대에 남남북녀라고 할 때 '북녀'는 대체로 북방계 미인을 가리켰다. 북방계에는 퉁구스계와 알타이계가 있는데 전통적 미인은 퉁구스계에 가깝다. 얼굴이 동그랗고 눈에 쌍꺼풀이 없고 코와 입이 작은 스타일이다. 알타이계 미인형은 키가 크고 하얀 피부에 뼈가 가는 유형이다. 반면 최근 전통적 미인상을 대체하면서 현대적 미인으로 자리매김하고 있는 남방계 미인형은 눈이 크고 눈썹이 짙다.

김태희의 신장은 162cm로 한국 여성의 평균 신장인 160cm보다 약간 크고, 하얀 피부에 가운데가 길어 보이는 얼굴형인데 이는 알타이 북방계 미인의 특징이다. 김태희는 이에 더해 눈이 크고 눈썹이 짙은 남방계 미인의 특징을 함께 갖고 있다.

지리적으로 알타이 북방계 미인형은 강원도와 경상도 내륙에 많고 남방계 미인형은 경남, 전남 해안가에 많다. 김태희가 부산에서 태어나 울산에서 자랐으므로 지리적으로 남방계 미인형의 특징을 갖고 있는 것과 이런 점에서 연관이 있지 않을까 조심스럽게 추측해 본다.

그러나 100% 완벽한 얼굴은 없다. 성형외과 전문의의 눈으로 굳이 옥에 티를 찾는다면 입을 다물고 무표정한 표정을 지을 때 윗입술의 가운데 부분이 튀어나오는 것이 교과서적인 아름다움과는 다소 다르다. 이런 의미에서 김태희가 약간 튀어나온 치아를 교정한 것은 탁월한 선택이었다고 말해주고 싶다. 여전히 얼굴에 교정 전의 흔적이 희미하게 남아 있기는 하지만 말이다.

사실 김태희의 얼굴은 형태학적인 아름다움을 뛰어넘기 때문에 매력적이다. 아름다움에는 감성미, 지성미, 야성미의 세 가지 요소가 있다. 감성미는 '편안하다·귀엽다·친근하다'는 이미지로 표현된다. 야성미는 '섹시하다·야하다·도발적이다' 등으로 표현되는 아름다움이다. 지성미는 교양과 관련이 있으며 '지적이다·우아하다·품위가 있다'는 등의 감탄이 나오는 아름다움이다.

뇌과학에서는 여러 사람의 얼굴을 평균한 모습이 친밀감을 느끼게 하고 미인으로 평가받는 것으로 해석하는데 김태희의 얼굴이 그렇다. 또 시원한 이마에 큼직한 눈, 코, 입이 야성미를 느끼게 한다. 야성미는 지성미가 뒷받침되지 않으면 천박해지기 쉬운데 반듯하고 균형 잡힌 얼굴이 지성미를 풍기도록 만든다.

이처럼 김태희는 고상하고 우아하다는 의미의 지성미에다 섹시하고 도발적이며 화려하다는 의미의 야성미까지 갖추었으나 감성미는 조금 부족해 보인다. 옆집 누나나 언니, 혹은 건너편 아파트의 동생 같은 이미지는 갖지 못했다는 말이다. 내가 힘들 때 길에서 갑자기 마주치면 편안히 감싸주거나 나의 아픔을 굵은 눈물로 공감해줄 것 같은 이미지는 아니다.

김태희의 인기는 탁월한 미모에 비하면 오히려 부족하다고 할 수 있다. 이는 예쁜 여자가 예쁜 체까지 하는 데 따른 부작용이다. 사람들이 덜 좋아하는 것이다. 그가 영화에서 성공을 거두지 못하는 것도 이와 관련이 있어 보인다. 영화는 관객들이 스스로를 배우와 동일시할 수 있을 때 흥행에 성공하는 경향이 있는데 김태희의 '여신' 모드가 그것을 방해하는 것으로 생각된다.

작년에 김태희가 일본 후지TV 드라마에 캐스팅되면서 세간의 이목이 집중되었다. '독도는 한국 땅'이라는 소신 있는 발언 때문에 일본 활동에 큰 타격을 입었지만, 그 일이 아니었다면 '지우히메'를 능가하는 큰 인기를 얻었을 것이다. 김태희는 그만큼 일본인들이 좋아하는 얼굴을 가졌다. 몇 년 전 학계에서 일본인과 한국인이 생각하는 미인상에 대해 조사한 바에 따르면 일본인은 고상하고 우아하거나 청초한 여성을 미인으로, 한국인은 섹시하고 화려한 얼굴을 미인으로 보는 경향이 많았다. 김태희의 얼굴은 화려함이 서려 있지만 고상하고 우아함이 함께 녹아 있다. 북방계 얼굴형에다 일본인에게 많은 남방계 특징이 서려 있는 얼굴은 향후 일본 활동을 재개했을 때 일본인들의 마음을 사로잡을 요소가 될 것이다.

○○○○

독특한 개성이 넘치는
매력적인 배우

주 선 희 **순수한 반항아이자 따뜻한 아웃사이더**

유아인을 처음 눈여겨보기 시작한 것은 드라마 『성균관
스캔들』에서였다. 그는 '걸오앓이' 신드롬을 일으킬 정도로 뭔가 다른
매력으로 우리를 사로잡았었다. 필자는 두 번씩이나 본 영화 『완득이』
에서 그를 좀 더 자세히 들여다볼 수 있었다.

『완득이』의 주인공 김윤석, 유아인에 대해 원작자인 김려령 작가는
'내가 소설을 쓸 때 떠올렸던 바로 그 배우들', '싱크로율 100%, 그 이
상의 캐스팅'이라 극찬했다고 한다. 인상학자로서 본 유아인도 '도완

득'에서 '걸오'까지 '싱크로율 100%'였다. 세상에 등 돌린 소심한 반항아적 이미지는 불멸의 스타인 '제임스 딘'을 떠올리게 한다. 누구도 넘볼 수 없는 절대매력남이 된 유아인, 그의 아웃사이더 에너지가 얼굴 어디에서 '자체발광' 하고 있는지 그 광맥을 찾아보기로 하자.

유아인의 얼굴을 전체적으로 보면 좌우가 약간 다르면서 왼쪽 얼굴이 더 잘생겼음을 알 수 있다. 양쪽 눈의 크기가 다르고 인중도 약간 비뚤어진 듯하며 귀나 입술도 좌우대칭이 아니다. 이런 얼굴은 바로 반항아적인 기질을 말해준다. 좌우균형이 완벽한 꽃미남이 아니라는 것이 오히려 특유의 개성과 매력이 되어 폭풍 인기를 얻게 된 유아인. 그의 얼굴은 '생애 최악의 만남이 때론 최고의 반전이 된다'는 영화 『완득이』의 카피를 떠올리게 한다.

그의 이마는 좁은 편인데다 가운데가 살짝 들어가 추리력, 순발력이 좋다 하더라도 머리를 많이 써야 하는 공부보다는 연예나 예술 쪽으로 진출해야 인생이 잘 풀리게 된다. 만약 공부를 강요했다면 책상 앞보다는 길거리에서 방황했을 것이다. 이마가 매끄럽지 않아 10대 중후반에 학업이나 전공을 바꾸게 된다. 고교 시절 서양화를 전공하다 연예계로 바꾼 이유가 거기 있다. 발제(머리카락이 자라는 경계) 부분도 선이 곱지 않아 반항아적 기질을 더하고 있다. "담임이자 이웃사촌/하늘 아래 나와 가장 가까운 그 사람/ 그가 나의 이름을 불러 주었을 때, 내 인생은 꼬이기 시작했다!/제발 똥주 좀 죽여주세요!" 영화 속의 이 대사는 바로 그의 이마에서 울려나오는 것이다.

18세에 데뷔, 20대 초반에 신인연기상을 타기도 했지만 유아인은 『성균관 스캔들』 이전까지는 크게 부각되는 스타가 아니었다. 25세에 이르러 비로소 빛을 발하기 시작한 이유를 얼굴에서 찾는다면 그 나이에 해당하는 눈썹 위 도드라진 근육 때문이다. 현재에 이르러 더욱 빛이 강해진 이유도 잘 발달된 그 눈썹근육에 있다.

눈썹이 진하고 잘 누워 있어 자기주장이 강하며 인덕도 있다. 또한 눈두덩에 살이 있어 정이 많다. 영화 속에서 선생님을 때리고는 선생님이 쓰러지자 업고 가는 완득이의 인간적이며 순수한 모습이 여기에 담겨 있다.

눈이 작아 자기 자신과 싸우는 사람이다. 경쟁 대상이 타인이 아니라 바로 자신으로, 그래서 큰 내공과 저력을 지니게 되는 눈이다. 눈이 작으면서 입술이 두둑하면 말로 표현하기보다는 행동으로 먼저 실행하는 사람이다. 화가 나면 말보다 주먹이 먼저 나간다. 그러므로 말로 하는 연기보다는 몸으로 표현하는 액션 연기가 그에게 더 잘 맞는 옷이다.

눈은 작지만 눈동자가 커서 감성이 풍부하며 검정색 눈동자를 가졌기에 상당히 현실적이다. 눈 밑 살이 도톰하여 스태미나가 강하고 끼도 넘친다. 눈이 시작되는 눈꼬리 쪽이 새 발톱처럼 날카로워 매우 예리하고 진지할 것이다. 연기도 그림도 눈이 예리해야 잘 하는 것이 아닌가. 요즘 트위터에서 여러 사회 현안에 대해 던지는 그의 멘트는 이 같은 눈의 기질에서 나오는 것이다.

인상을 쓸 때 눈에 생기는 각과 산근(콧마루와 두 눈썹 사이)에 생기는 주름은 평소 많이 웃기보다는 인상을 쓰고 살아온 듯한 느낌을 준다. 이 터프한 느낌을 활용할 수 있는 배역을 맡는다면 유아인은 앞으로도 그만의 개성과 특별한 매력으로 뜨거운 인기를 누리게 될 것이다.

바가지 모양의 귀는 성장하는 동안 코가 길어지면서 차차 펴졌을 것이다. 살아가면서 환경이 점점 좋아지는 귀다. 미간과 산근이 낮아 40대 초반이 탄탄대로이지는 않겠다. 하지만 늘 조심하며 기다리는 자세를 가진다면 나이가 들어가면서 미간이 펴지고 근육이 쌓여 산근이 연결되어 그 시기를 무난하게 보낼 수 있게 될 것이다.

광대뼈가 높아 성격은 매우 급할 것이다. 콧대가 튼튼하여 자기 위상도 반듯한데 콧방울이 좀 약한 편이다. 하지만 콧방울이 발달될 만한 터는 잡고 있기 때문에 좀 더 많이 웃어주고, 말도 크게 노래하듯이 하다 보면 콧방울에 빵빵한 탄력이 생기게 될 것이다. 그래야 휘두를 수 있는 자신만의 힘이 생긴다.

입술이 통통하지만 입매가 꽉 조여 있지 않아 챙기기보다는 정을 잘 주는 편이다. 소위 말하는 '까도남'은 절대로 아니다. 턱이 날씬하여 반항하되 끈질기지는 못하다. 가출했다가도 결국 돌아오는 '도완득'의 모습이 바로 그 턱에 있다.

앞에서도 언급했듯이 좌우 균형이 약간 어긋난 얼굴에는 '다르기 때문에 특별한' 파격의 매력이 있다. 그러므로 굳이 균형을 맞추려 노력할 필요 없이 자신만의 색깔로 포지셔닝을 하는 것이 좋다. 그것이 곧 유아인의 카리스마요 독보적 위상을 누리는 시크릿이 된다는 것을 명심해야 한다.

이제 완전한 스타덤에 올랐으므로 좀 더 자신감을 갖고 많이 웃으며 즐겁게 살기를 권한다. 그러면 콧방울에 탄력이 생기고 뺨에 살이 오르며 법령(입가 미소선)이 광대뼈와 어울리면서 얼굴이 좀 더 입체적으로 바뀌게 될 것이다. 느긋한 여유를 가지고 눈썹을 올리면서 살게 되면 얇은 이마 또한 살과 근육이 두꺼워진다. 그렇게 될 때 관록과 멋이 더해지게 되며 '역시 유아인'이라는 찬사와 갈채를 받으며 오래 장수하는 연기자로 남게 될 것이다.

진세훈 남성미 강한 눈썹과 부드러움의 파격

장근석, 송중기와 함께 꽃미남 배우 군단에 합류한 유아인. 드라마 『성균관 스캔들』에서 '잘금 4인방' 중 '걸오'로 활약하며 시청자들에게 강한 인상을 남겼고 영화 『완득이』도 만족할 만한 성과를 거두었다. 유아인의 연기에 대한 관객의 반응을 보면 어디로 튈지 모르는 자연스러운 행동이 압권이라고 한다. 겉으로 드러나는 테크닉이 화려한 연기보다는 거친 듯하면서도 깊이가 있는, 선 굵은 연기로 자신을 두드러지게 만들고 있다. 181cm, 62kg의 훤칠한 체격을 갖춘 배우 유아인. 연기자로서의 내면이 얼굴에는 어떻게 나타나고 있는지 살펴보자.

우선 이마를 보면 약간 뒤로 누운 듯이 보이지만 한국인의 평균에서 크게 벗어나지 않아 전혀 부담스럽지 않다. 이마가 둥글고 높으면 서구적으로 보여 동떨어진 인상을 줄 수 있는데 그렇지 않아서 더 낫다. 얼굴을 삼등분할 때, 위 얼굴의 길이가 가운데 얼굴이나 아래 얼굴보다 다소 작기 때문에 이마가 있는 부분이 그다지 시원해 보이지는 않는다. 그러나 강한 남성의 야성미를 드러내는 데는 훨씬 유리할 수도 있다. 특히 눈을 치켜뜰 때 이마에 주름이 만들어지면 사나운 인상을 줄 수 있어 성격 배우 역할도 맡으면 어울릴 것이다. 아울러 눈썹 부분의 이마가 높은 편이어서 자신의 주장을 강하게 드러내려는 고집도 엿보인다.

눈썹은 짙고 굵어서 강한 느낌을 주고 있으나 끝이 아래로 내려와서 선해 보인다. 눈두덩 부분이 넓어서 여유롭게 보이므로 화내는 표정만 짓지 않으면 착하고 순한 이미지를 표현할 수 있다. 눈은 평범한 한국인들처럼 쌍꺼풀이 없어서 친근하게 느껴지고, 특히 눈의 세로 폭이 좁은 탓에 눈이 크고 시원하게 보이지는 않지만 근성이 있는 남성미를 표현하기에는 더 어울리는 눈이라고 하겠다.

이러한 유아인의 눈을 굳이 좀 더 크게 보이게 하겠다면 수술은 어렵지 않다. 눈매교정술로 눈을 크게 뜨게 하면 된다. 남자니까 굳이 쌍꺼풀을 만들 필요는 없으므로 절개선을 속눈썹에 가깝게 붙이고, 눈을 둘러싸고 있는 안륜근이 최대한 손상되지 않도록 한다. 그리고 눈꺼풀을 들어 올리는 안검거근과 뮐러근을 3mm 정도만 줄여주면 된다. 이렇게 시술하고 나면 실제 눈동자가 1mm 정도 더 크게 노출되므로 눈동자가 더 크고 시원하게 보일 수 있다. 수술을 마무리할 때 안륜근은 안륜근대로 정확히 일치시키고 안검거근이 안륜근이나 눈꺼풀 피부층과 유착되지 않도록 지방 조직을 그 사이에 주입하면, 갑자기 작은 쌍꺼풀이 생겨 부담스러운 느낌은 피할 수 있을 것이다.

유아인의 눈은 완득이처럼 고집스러운 느낌을 주지만 전체적으로 눈꼬리가 아래를 향하고 있어서 선해 보이며 눈 밑 애교살이 상당히 발달되어 있다. 그러나 애교살 아래 부분이 깊지는 않아서 다크서클이 생길 가능성은 적다고 하겠다. 웃을 때 생기는 눈가의 주름은 섬세한 감성을 표현하고 있으며, 넓은 눈두덩이 코에서 풍기는 남성적 매력과 합쳐져 나이에 비해 어른스러운 이미지를 이루고 있다.

가운데 얼굴을 차지하고 있는 광대뼈는 옆으로 벌어져 발달하지 않았고 앞으로도 높게 나오지 않아 거칠어 보이지 않는다. 코는 크고 높은데, 높은 부분에서 시작되어 길어 보이고 코 뿌리 부분이 굵어서 얼굴의 아름다움을 잡아주는 중심 역할을 한다. 더구나 콧방울 부분이 옆으로 퍼지지 않아 고상한 귀공자의 이미지를 보이고 있기도 하다. 전체 얼굴의 선이 뾰족하지 않고 둥근 느낌을 주는데, 다행히 코끝도 같이 둥글지는 않아 조화를 이루고 있다. 코가 높아서 전체 이미지를 잡아주는 역할을 하는데, 코끝 부분에서 비주(코의 기둥)와 콧구멍 모양에 비해 높게 느껴지므로 코 아래쪽을 카메라에 노출시키는 일은 되도록 조심하는 게 좋겠다.

입술은 약간 두꺼운 편이어서 남성적인 관대함을 보이지만 윗입술이 아기 같이 약간 앞으로 나와 들려 있어 귀여움이 공존하고 있다. 웃을 때 치아 전체가 드러날 정도로 밝고 크게 웃는 것은 좋지만 잇몸이 약간 드러나고 있어 귀공자 스타일의 이미지에는 흠이 될 수 있다. 하지만 이 문제는 굳이 수술을 해서 고치기보다 자신이 항상 인식하면서 웃는 습관을 고쳐나가면 해결할 수 있다.

얼굴에 피하지방층이 상당히 발달해 있어 강한 남성미를 보이면서도 그다지 날카롭지 않은 부드러운 인상을 연출하고 있다. 얼굴 살을 약간 뺀다면 여성스러운 느낌이 함께 나타나는 매력도 가지고 있다. 볼에는 깊지 않은 보조개가 보이는데, 이것도 선이 굵은 남성적 이미지와 함께 예상 외의 매력을 돋보이게 한다. 피부는 약간 검은 듯하여 면도한 뒤에도 스킨 외에는 바르지 않을 것 같은 거친 야성미를 풍기고 있다.

측면의 미학적 기준선을 감안해볼 때, 턱이 충분히 발달되어 있어 잘 들어맞는다. 입술이 아기처럼 약간 나와 있어서 턱이 작아 보이는 경우도 있으나 깊은 표정 연기를 하는 데는 오히려 도움이 될 수도 있다. 목은 다소 굵어 보이는데 이 또한 남성미를 연출하는 데 한몫을 한다.

이처럼 유아인의 얼굴에 담긴 매력은 복합적이다. 거친 남성미를 물씬 풍기는 가운데 수줍은 듯 드러내는 감춰진 여성미가 한마디로 꼭 집어서 표현할 수 없는 신비로운 분위기를 느끼게 한다. 얼굴의 각 부분을 떼어 놓고 보면 뛰어난 조각처럼 완벽한 미적 기준에 들어맞지는 않지만, 그 부분들이 모여 자연스런 조화를 이루고 있고 거기에 폭넓게 변주되는 연기가 더해짐으로써 원래 지닌 매력이 증폭되어 나타나는 것이다. 어쩌면 완벽한 비율을 갖춘 조각미남이 아니기에 더 다양한 배역을 소화해낼 수 있는 여유를 갖는 것인지도 모른다.

보이는 것이 전부인 사람에게서는 별다른 매력을 느낄 수 없다. 보이는 것 이상을 상상하고 느끼게 해줄 수 있을 때 다른 사람과 차별되는 특별한 매력으로 작용할 것이다. 그것은 그 사람의 인격과 마음의 깊이가 바탕이 되어 나오는 것이므로 누구도 따라할 수 없는 것이다. 그래서 자신만이 지닌 힘이 될 수 있다. 따라서 자신의 얼굴이 미학적 균형에서 크게 벗어나지 않는다면 무조건 미적 기준에 맞춰 고치기보다는 자신의 특징을 살려나가는 것이 더욱 바람직하다. 거기에 풍부한 감성이 더해진다면 어느 누구도 흉내내지 못할 독보적인 개성이 빛나는 아름다움을 발휘할 수 있을 것이다.

김 연 아

○○○○

전 세계가 열광하는
아름다운 피겨 퀸

주 선 희 어디서나 빛나는 팔색조 매력의 소유자

평창 동계올림픽 유치를 위해 남아공 IOC 총회에서 프레
젠테이션을 하는 김연아의 얼굴은 밴쿠버 동계올림픽 금메달리스트
의 얼굴과 사뭇 달라져 있었다. 한결 품격이 높아진 그녀의 얼굴은 자
신의 꿈과 희망, 업적을 조국과 공유하게 된 '스포츠 외교관'의 모습이
었다.

2006년 시니어그랑프리 파이널에서 「종달새의 비상」으로 우승했
지만 스타로 주목받기 직전이었던 이때의 김연아의 얼굴을 보면 조용

하고 그늘진 표정이었다. 힘겨운 날갯짓을 하는 종달새처럼 코나 뺨에 탄력이 떨어지고 입꼬리도 잘 조여 있지 않았고 얼굴빛도 환하지 않았다.

그런데 세계 대회에서 계속 우승을 거듭하면서 김연아의 얼굴은 놀랍게 달라졌다. 탱탱한 '꿀 피부'와 자신감 넘치는 표정, 고혹적 눈빛, 팔색조의 매력으로 자체 발광하는 그녀의 모습에 우리 국민들은 갈채와 환호를 아끼지 않았다. 그런 그녀의 모습은 바로 우리 국민들이 보내준 성원의 에너지, '인기'로 만들어진 것이었다.

인상학에서는 얼굴을 삼등분 – 이마에서 눈썹까지, 코, 코끝에서 턱까지 – 하여 초년과 중년, 말년을 본다. 김연아의 얼굴은 비교적 세 부분이 균형을 이루는 편이지만 자세히 살펴보면 가장 긴 부분이 코이고, 두 번째는 코에서 턱, 세 번째가 이마 부분이다. 이마 부분이 상대적으로 좁아 보이는 것은 이마에 난 잔털 때문이다. 이마에 잔털이 많으면 감성이 풍부하여 예체능으로 진로를 선택하는 경우가 많다. 수없이 다치면서도 연습을 거듭하는 끈기도 이 잔털에 이유가 있다. 피겨 스케이트 수리를 받지 못해 불안정한 랜딩을 했고, 골반과 허리를 수없이 다치는 고통을 겪어야했던 눈물겨운 속앓이의 세월도 김연아의 약한 듯한 이마에 담겨 있다.

강한 스태미나와 '뭔가 해내는' 추진력을 표현하는 진한 눈썹을 지나 특히 피겨 여왕 김연아의 매력을 가장 돋보이게 해준 부분은 눈이었다. 블랙 아이라이너로 눈꼬리를 길게 끌어올린 스모키 메이크업은 고혹적인 매력과 강렬한 카리스마로 '김연아 화장법'을 유행시켰다. 화장을 빼고 보더라도 김연아의 눈 앞부분은 꽤 날카롭다. 예리하게 관찰하고 잘 기억하고 습득하여 그대로 실현해내는 능력은 그 눈꼬리에서 나온 것이다.

보통 사람들의 눈두덩은 세로로 눈이 하나 정도 들어가는 폭인 경우가 많은데, 김연아의 경우는 눈이 두 개 이상 들어가는 폭이다. 김연아가 또래 젊은이들은 물론 어른들에게도 사랑받는 이유가 그곳에 있다. 정이 많고 까다롭게 계산하지 않으며 한번 믿으면 깊이 믿어주는 한국인의 특성이 담겨 있기 때문이다. 두툼한 눈두덩 역시 강력한 스태미나를 표현한다. 피겨스케이팅을 애인 삼아 온몸을 불사른 열정도 이곳에 숨어 있다. 눈에 쌍꺼풀은 없지만 눈동자가 큰 편으로 감성이 풍부한 눈이다. 살짝 각이 진 눈 모양과 눈꺼풀 부분에 보이는 가는 주름은 매사 신중한 성격을 일러준다.

동그란 귓바퀴를 보면 조직에 잘 적응하는 타입이기도 하다. 부모님 말씀은 물론 코치나 조직 내 상사의 말을 잘 듣는 귀다.

김연아의 코는 콧방울도 둥글고 콧구멍까지 둥글다. 대개 운동하는 사람들의 코는 두꺼운 편인데 이 코는 두껍지도 약하지도 않은 적당한 모습이다. 애교도 있고 여린 구석도 있어 보이는 매혹적인 코다. 코가 잘생겨서 번듯한 자기 위상을 지니게 되며, 광대뼈가 크지 않으면서 코가 반듯하여 누가 뭐라고 하든 자신이 만족하면 되는 사람이다.

입은 입꼬리가 잘 조여져 있어서 매우 야무지게 보인다. 말도 잘하고 재물도 잘 챙기는 입으로 눈에서 계산 없이 베푼 것이 입에서 계산 되어 잘 마무리되는 것이다. 법령(입가 미소선)이 뚜렷하여 정서적으로 안정되고, 조직에 순응하기도 하지만 스스로 알아서 잘 해나간다. 앞니 두 개가 큰 걸 보면 자기주장이 강하고 강단도 있다.

앞에서 보면 뺨이 통통하여 턱이 동그스름해 보이지만 옆에서 보면 ㄴ자형을 그리고 있다. 운동선수들은 어금니를 꽉 깨물고 연습을 거듭하는 지구력이 필요하기 때문에 대개 턱이 좋은데, 그녀도 예외가 아니다.

김연아의 우아한 몸짓은 긴 팔과 다리 때문에 날개를 단다. 인상학에서는 팔은 좌청룡 우백호로 보아 팔이 길면 판서 이상은 한다고 했다. 그만큼 귀한 사람이 된다는 뜻이다. 다리가 길면 짧은 사람보다 더 활동적이어서 몸을 움직이는 일이 많아지는 것이다.

김연아의 얼굴 특징은 이마의 잔털, 두툼한 눈두덩, 둥근 코, 튼실한 턱으로 요약된다. 흰 피부를 빼놓고는 모두 지구력과 스태미나를 요구하는 운동선수의 전형적 요건을 갖추고 있다. 피부까지 까무잡잡했다면 완벽한 조건이지만 피부가 희었기에 금메달 획득 후 일찍 은퇴를 선택했을 것이다.

10대에 종달새, 20대에 여왕이요 국보로 등극한 김연아. 그녀에게는 더 화려한 중년의 여제女帝의 영화榮華가 기다리고 있다. 코가 둥글게 잘생겼기 때문이다. 계속 웃어주면서 얼굴경영을 해나간다면 지금보다 더 화려한 중년을 맞이하게 된다. 재산도 지금보다 더 많이 불어

날 것이며 좋은 배우자도 만나게 될 것이다. 대외적인 활동도 더 활발해지겠고, 많은 후학을 기르게도 될 것이다.

만년은 살아가며 만들어나가는 것이므로 알 수 없는 것이지만 더 많이 나누고 베풀면서 중년의 긍정 에너지를 이어간다면 분명히 더욱 좋아질 것이라 기대해본다.

진세훈   화선지 같은 동양적 미인

김연아의 활약이 눈부시다. 남아프리카공화국 더반에서 2018년 동계올림픽을 평창으로 유치하는 데 만점 활약을 펼치더니, 어느새 지적발달 장애인들의 경기인 스페셜올림픽의 홍보대사로 지구촌 동에서, 서에서 번쩍이고 있다. 그 바쁜 와중에 『김연아의 키스 앤 크라이』에서 MC를 맡아 피겨스케이트의 대중화에 불을 붙이기도 했다.

김연아는 전형적인 동양미인이지만, 서양에서도 그 아름다움을 인정할 수밖에 없는 '세계의 여왕'이다. 밴쿠버올림픽을 앞두고 미국의 스포츠 전문 웹진이 선정한 '매력적 동계 스포츠 여자선수 25명'에 포함됐고, 캐나다 유력지가 뽑은 '올림픽을 달군 10인의 미녀 섹시 스타'에도 이름을 올렸다.

김연아의 매력은 무엇이라고 규정하기 쉽지 않다는 데 있지 않을

김연아

까? 김연아는 화선지와 무척 닮았다. 하얀 공간에 어떤 그림도 그릴 수 있을 듯하다. 민낯도 예쁘지만 눈 화장을 짙게 한 얼굴도 멋지다. 자연적인 얼굴도 예쁘지만 성형을 해도 아름다울 듯하다. 정적인 아름다움, 동적인 속도, 유려함과 강한 힘을 함께 담을 수 있는 얼굴이다.

누가 뭐래도 김연아의 얼굴은 동양적이다. 동양화에 어울리는 미인이다. 쌍꺼풀이 없는 약간 낮은 코에 두툼해 보이는 눈두덩, 겉눈썹과 속눈썹의 넓은 간격이 전형적인 동양 여성의 얼굴이다. 우리 눈에는 드러나지 않지만 서양인의 기준에서는 광대뼈가 약간 나왔다. 이 같은 얼굴은 서양인의 관점에서 전형적인 '오리엔탈 룩'의 미인 얼굴이다. 참고로 우리나라에서는 광대뼈를 깎는 수술을 받는 사람이 많지만 서양에서는 7~8년 전부터 오리엔탈 룩의 바람에 따라 광대뼈를 두드러지게 보이게 하는 '광대뼈 융기술'이 유행이다. 동양인에 비해 얼굴 가운데가 발달한 서양인은 상대적으로 광대뼈가 덜 튀어나왔는데, 동양인의 얼굴처럼 굴곡을 주기 위해 인조 뼈를 이식해서 고정하거나 자신의 몸속 지방을 이식하는 시술을 받는 것이다.

김연아의 얼굴은 희고도 깨끗하다. 이때문에 화장발도 잘 받는다. 동양적 얼굴에 살갗이 희기 때문에 어두운 계열의 아이섀도와 아이라이너로 눈을 강조하는 '스모키 메이크업'으로 악센트를 주면 강렬한 이미지를 담을 수가 있다.

일본과 중국의 시샘 많은 누리꾼들은 수시로 김연아의 성형수술 의혹을 제기하고 있고 중국 언론에서는 이를 보도하기도 했지만 성형은 하지 않은 것으로 보인다. 10대 후반과 20대 초반의 얼굴은 다 알려져 있으므로 수술을 받았다면 10대 중반에 받았다는 얘기인데 허무맹랑하다. 여성은 18~19세에 얼굴의 성장이 완성되는데다 청소년은 미적 관념이 완성되지 않아서 성형외과 의사들은 청소년에게 미용성형을 하지 않는 것이 원칙이기 때문이다. 2007년 치아 교정으로 성형의 효과를 거두었을 것이다. 치아의 교합이 맞으면 튀어나왔던 아래턱이 들어가고 상대적으로 콧대가 높아 보이며 이목구비가 또렷해진다.

성형외과 의사의 눈으로 보면 오히려 김연아의 아래턱을 약간 나오게 하는 것도 나쁘지 않을 듯하다. 지금 얼굴도 아름답지만 요즘 유행인 '멘토플라스티Mentoplasty'를 해도 어울릴 얼굴이다. 이 수술은 인조뼈를 아래턱뼈 바로 위에 이식하고 고정하는 것으로 아래턱이 덜 발달해서 입이 튀어나와 보이는 여성들에게 많이 시술된다. 정도가 심하지 않으면 필러(피부조직을 보충할 수 있는 물질을 주사로 주입하는 시술)나 자가지방을 이식하기도 하지만 이 경우에는 체내로 흡수돼 재시술을 받아야 하는 경우가 있다.

어쨌든 김연아의 얼굴은 성형수술을 받지 않아도 충분히 아름답고, 체형미가 받쳐주기 때문에 더욱 빛난다. 흔히 김연아를 '8등신 미인'으로 표현하는 데 그렇지는 않다. 한국 여성의 평균 머리 길이가 22.5cm이기 때문에 8등신이 되려면 키가 180cm는 되어야 한다. 김연아의 얼굴이 평균보다 작고, 박경림이나 김하늘보다는 확실히 작지만 조막만하다고 볼 수는 없다. 키는 164cm이다. 국제학회에서 만나는 의학자들에 따르면 유럽에서도 팔등신은 거의 없다고 한다. 팔등신은 이론상으로 가장 우아해 보이는 '미학적 비례미' 때문에 조각가들이 추구하는 것이지 현실에서는 찾기 어렵다는 것이다. 현실에서는 7.5등신만 넘어도 늘씬해 보인다.

그럼에도 김연아를 '8등신 미인'으로 표현하는 것은 완벽한 체형미 때문이다. 체형미는 체간미體幹美와 지체미肢體美로 구성된다. 체간미는 몸통의 아름다움이고 지체미는 팔다리의 아름다움이다. 일반적으로 늑골의 아치가 앞으로 튀어나오면 윗배가 튀어나와 보이는데, 김연아는 그렇지 않아 윗배가 편편하고 이때문에 가슴이 상대적으로 솟아 보인다.

누구나 아는 것처럼 김연아는 팔다리가 가늘고 길다. 일반적으로 허벅지에 비해 종아리가 길어야 외관상 더 아름답고 다리가 훨씬 길어 보인다. 그러나 과거 김연아를 가르쳤던 지현정 강사에 따르면 김연아는 다리가 긴 편이지만 허벅지가 비교적 길고 종아리는 짧다. 이는 경기 중 균형을 잡기에 유리한 체형이다. 그렇지만 종아리뼈의 근육이 아주 높이 붙어 있어서 다리가 더 길어 보이고 키가 더 커 보인다. 여기에다가 스케이트화를 살색 스타킹으로 덮으면 다리가 더욱 더 가늘고 길게 보이게 된다. 엉덩이관절의 각도가 큰 덕분에 가늘고 짧은 허리와 다리 사이에서 엉덩이가 훨씬 커 보인다. 엉덩이는 아래 부위보다 위가 더 발달돼 작은 몸매에서 볼륨감 있는 아름다움을 표현할 수가 있다. 이렇게 엉덩이가 발달한 여성은 걸을 때 엉덩이를 좌우로 흔드는 듯해서 자연스럽게 섹시미가 발휘된다. 김연아의 아름다움에서 체형미 못지않은 것이 동작미動作美인 듯하다. 뛰어난 실력과 예술적 표현력이 더해져 8등신 조각품 이상의 우아함을 보이게 만드는 것이다. 체형미, 동작미에 김연아의 피땀이 서려 있는 표정 연기가 그녀를 더욱 아름다운 여왕으로 만드는 것은 아닐까?

○○○

매서운 눈의
K-POP 칭기즈 칸

| 주 선 희 | 전투적이면서 천진난만한 얼굴의 사업가 |

우리나라 연예인 최고 주식부자로 YG엔터테인먼트 양현석 대표이사가 이름을 올렸다. SM엔터테인먼트 이수만 회장까지 제치며 1위에 오른 그의 주식평가액은 무려 3천억 원에 달한다. 코스닥 시장에 공모가 3만 4천 원으로 시작한 YG엔터테인먼트는 요즘 9만 원대를 오르내리면서 최고 유망주로 급부상하고 있다.

한국 대중음악사에 큰 획을 남긴 '서태지와 아이들'의 멤버로 활동하면서 뜨거운 인기를 얻었던 그는 팀 해체 후 연예기획사를 설립,

본격적 사업가로 변신했다. 지누션, 세븐, 거미, 싸이, 타블로, 빅뱅, 2NE1 등을 키우면서 이수만 회장과 함께 K-POP 열풍을 이끌어가는 연예기획자로서의 성공은 물론, 주식 및 부동산 투자와 클럽 운영, 의류 사업까지 다양한 분야에서 사업가로서 발군의 능력을 보이고 있는 양현석 대표. 고교 시절 댄서가 꿈이었던 소년이 현재 한국 최고의 엔터테인먼트 사업가요 3천억 원대 주식 부자가 되기까지, 그의 성공 신화가 얼굴에서는 어떻게 발현되고 있는지 알아보기로 하자.

양 대표의 이마를 보면 중간에 약간 들어간 듯 굴곡이 보인다. 이런 이마는 학업보다는 바깥에서 노는 걸 즐긴다. 고교 시절부터 댄서의 꿈을 꾼 것은 이 이마의 기운 때문이다. 스타가 되는 것도 단번에 되기보다는 좀 기다려야 되는 이마다. 고교 졸업 후 직장 생활을 하다가 다시 연예계로 진출한 이유가 여기에 있다. '서태지와 아이들'로 활동을 할 때 서태지만큼의 위상을 누리지 못한 것도 마찬가지다. 이마가 이렇게 된 사람은 무슨 일이든 '최초'로 하면 이루기 어렵다. 남이 성공하는 걸 보고 있다가 뒤이어 하게 되면 가능하다. 하지만 어떤 일이든 크게 고민하지 않고 일단 부딪쳐보는 도전정신과 추진력이 강하다. 이마 양쪽 뼈가 살아 있어서 해외운도 좋다.

이마 위쪽과 머리카락의 경계 부분이 도드라진 것을 보면 머리는 상당히 좋다. 눈썹 근육 운동으로 인해 튀어나온 눈썹 위쪽 이마는 매우 적극적인 성격을 보여준다. 이 부분에 해당하는 나이인 26~27세경에 뭔가 변화가 일어났을 상이다. 시기적으로 보면 그때 '서태지와 아이들'이 해체되었고, 양 대표는 기획사를 설립했다.

눈썹이 진해서 자신의 노력으로 달려나가 깃대를 꼽는 사람이다. 스태미나가 좋고 대인 관계도 좋다. 눈썹에 해당하는 30대 초반, 그는 돈을 많이 모으진 못했다 하더라도 나중에 돈이 될 사람을 많이 모았을 것이다. 사람을 천천히 알아가면서 친해지기보다는 금세 사귀는 사람이다. 될 사람이면 한 번 만남에 바로 호형호제하지만 안 될 사람이면 바로 보내버리는 타입이므로 사람을 많이 모으기도 했지만 많이 보내기도 했겠다.

양 대표가 비로소 빛을 발하게 된 시기는 눈에 해당하는 35세 이후부터다. 30대 초반에 쌓아둔 인맥이 30대 후반에 일로 연결되어 꽃을 피운 것이다. 상학에서 '좋은 눈'이란 꽃미남처럼 큰 쌍꺼풀이 있는 예쁜 눈이 아니라 가늘면서 길게 쭉 올라간 문무를 겸비한 눈이다. 눈꺼풀 선의 중간이 약간 내려왔다 올라가는 각이 있어 고운 눈매는 아니지만 매의 눈처럼 한번 찍으면 기어이 차지해야 직성이 풀리는 강한 집념이 담겨 있는 눈이다. 특히 벤치마킹을 잘 하므로 앞사람이 하는 걸 보고 부지런히 따라가다가 어느 순간에 따라잡아 자기만의 성을 구축하게 된다. 연예계든 공직이든 혹은 노동직이든 자기 분야에서 최고가 되는 사람들을 보면 이런 눈을 갖고 있다.

감정이 풍부하여 혼자서는 눈물도 많겠지만 속으로만 삭이고 겉으로 드러내진 않는다. 대외적으로는 독하고 까다로우며 실제로는 세심한 태도로 사람을 키우게 된다. 제 사람을 챙기고 자신의 고독이나 애환도 챙겨서 음악가과 사업으로 승화시킨 에너지가 이 눈에 충만하다.

눈과 눈 사이가 좁아 보이는데, 이런 사람은 자잘한 것까지 세심하게 체크하여 실수가 적다. 빵빵한 코와 잘 짜인 입꼬리까지 더해져 사람이든 재물이든 잘 챙기기 때문에 오늘날 일찌감치 부자 반열에 올랐을 것이다. 까만 눈동자에서는 현실적인 사업가의 면모도 보인다.

산근(콧마루와 두 눈썹 사이)이 낮아 재치와 순발력이 있으며, 여기에 해당하는 40대 초반에 큰 변화를 겪는다. 좋은 눈 덕분에 30대 후반을 잘 보냈기에 이때 겪는 변화는 진일보 도약을 위한 변화가 된다. 회사의 코스닥 상장과 엄청난 도약이 바로 이 산근에 있다.

코가 빵빵하여 44세부터는 더 좋은 변화가 예상된다. 이제는 몸으로 뛰지 않고 회전의자를 빙빙 돌리며 앉아 있어도 승승장구하게 될 것이다. 광대뼈가 잘 솟아 있어 46~47세에도 좋은 운기가 도래하며 탄탄한 콧방울에 큰 재복이 담겨 있다.

인중도 널찍하여 돈주머니가 넉넉하다. 입꼬리가 올라가 있는 걸 보면 개인적으로 즐거운 삶을 살고 있다. 가늘고 긴 눈과 두꺼운 눈썹을 보면 까다롭고 엄격할 것 같지만 친해지고 나면 개구쟁이 기질을 보여주는 이유는 이 입에 있다. 잘생긴 치아 옆으로 보이는 날카로운 송곳니는 매서운 눈과 어울려 한번 찍은 것은 놓치지 않고 끝장을 보는 성격을 보여준다. 뺨이 통통하기 때문에 돈 버는 사업에서 그 기질이 잘 발휘된다.

양 대표의 얼굴을 코를 중심으로 상하로 나누어보면 매우 다른 얼굴을 갖고 있다. 위쪽 얼굴은 매우 전투적이며 재물도 일도 쌓았다 부수었다 하는, 평화와는 거리가 먼 얼굴이다. 하지만 아래쪽만 보면 매우 평화롭고 천진난만한 얼굴이다. 자기 영역을 확고하게 구축하고 유유자적 노니는 모습이다. 그의 운명 또한 이런 궤적을 밟아갈 것이다.

법령(입가 미소선) 밖 뺨에 또 하나의 선이 보이는데 이에 해당하는 나이가 56~57세다. 이때는 쭉 번창하던 사업이 숨 고르기를 하는 시기가 될 것이다. 이때를 현명하게 넘겨내면 또 다시 도약의 기회가 기다린다.

체중관리를 게을리해 뺨에 살을 더 찌우게 되면 나이가 들면서 탄력이 떨어져 턱이 처지게 된다. 현재의 뺨 탄력을 잘 유지하면서 베풀고 키우기를 계속하면 차차 얼굴이 갸름해지면서 더 귀격으로 변화되어 한층 높은 사회적 위상을 누리게 될 것이다.

진세훈 도전적인 남성미에 환한 웃음이 매력

1992년에 「난 알아요」로 데뷔하여 1996년 은퇴한 '서태지와 아이들'은 한국 대중음악사에 지각 변동을 일으킨 그룹이다. 강렬한 댄스와 빠른 랩 가사로 새로운 바람을 일으키며 단숨에 10대를 사로잡은 그들이 은퇴를 발표했을 때 팬들은 큰 충격에 빠지기도 했다. 그 뒤 20년의 세월이 흐른 오늘날 '서태지와 아이들'의 멤버였던 양현석은 YG엔터테인먼트의 대표로 세계를 주름잡는 한국 K-POP을 이끄는 중심 인물이 되었다. 그 음악적 열정이 얼굴에는 어떻게 나타나 있는지 성형외과의로서 한번 살펴보고자 한다.

얼굴 전체에서 풍기는 인상은 남성적이고 도전적인 느낌이 강하다. 이마 부분이 전체 얼굴의 3분의 1에 다소 모자란 듯하기 때문이다. 여유 있거나 인자해 보이기보다 강한 느낌을 준다. 그러나 앞머리의 골격이 잘 발달되어 있어 감성적인 면도 풍부할 것으로 추측된다.

머리카락은 곧고 검은 편이며 숱이 많다. 이마의 헤어라인이 각이 져 있어서 남성적인 이미지가 강하다. 이마는 약간 누워 있으나 눈썹 부분의 뼈가 돌출되어 있지 않아서 거칠어 보이지 않는다. 또한 이마의 굴곡도 심하지 않다. 눈썹도 짙고 풍성하여 더욱 남성적으로 보인다. 눈썹과 눈의 거리는 짧아서 여유 있어 보이지는 않으나 눈이 깊어서 얼굴에 입체감을 주는 핵심 역할을 하고 있다.

양쪽 눈꼬리가 위로 치켜 올라가 있어서 인상이 강해 보인다. 이게 싫은 사람의 경우에는 눈꼬리를 내려주기 위한 바깥트임을 할 수 있다. 눈꼬리 부위의 아래 눈꺼풀을 위 눈꺼풀 방향으로 절개한 뒤 이를 아래쪽으로 내려 바깥쪽 안와골 골막(눈구멍 뼈를 싸고 있는 막)에 고정시켜 주는 수술이다. 이 같은 바깥트임 수술은 시간이 지나면 다시 붙어버리는 경우가 많지 않냐고 물어보는 사람들이 있다. 그런 경우는 양쪽 면이 모두 피부로 덮이지 않고 상처 조직이 노출된 탓에 양쪽의 상처 조직이 붙어서 생긴다. 하지만 아래 눈꺼풀의 눈꼬리를 바깥쪽

안와골에 정확히 고정시키면 그럴 가능성은 없다.

눈 밑 애교살이 매력적이어서 강한 남성적 느낌을 상쇄해주고 있다. 코는 미간이 아닌 각 눈의 안쪽에서 시작되고 다소 낮다. 코끝은 둥글고 콧방울 부분이 넓어 보인다. 그는 얼굴의 상하 길이보다 좌우가 넓고 광대뼈도 발달한 편이다. 개인적으로는 코를 조금 길게 하고 미간 부분의 코와 코끝을 높이는 수술을 추천한다. 넓은 얼굴의 폭을 좁아 보이게 하는 미학적인 이익도 얻을 수 있으며, 깊이 들어가 보이는 눈과 함께 얼굴을 입체적으로 보이게 할 수 있다. 이럴 경우 콧방울 부분을 줄이는 수술을 하지 않아도 좁아 보이는 효과가 생긴다.

입술은 코에 비해 폭이 넓어서 크게 느껴지고 위아래 입술의 볼륨감은 4:6 정도로 잘 맞는 편이다. 입가에는 보조개가 있어서 눈 밑 애교살과 함께 귀엽고 부드러운 여성적 이미지를 보여 준다. 특히 웃을 때 치아를 다 드러내면서 입꼬리가 한껏 치켜 올라가는 모습이 순수하고 천진해 보인다. 턱은 둥글고 부드럽고 잘 발달되어 측면의 이상적인 미용선에 견줄 때 아래 얼굴의 균형이 잘 맞는다.

피부는 전체적으로 흰 편이다. 피지선 기능이 활발하여 불편할 때도 있겠지만 이는 건강하며 남성호르몬 분비도 원활하다는 표시이기도 하다. 피부가 두꺼워서 잔주름이 잘생기지 않는 좋은 피부이다. 나이 들어 주름이 생긴다면 보조개가 있는 부분에 가장 먼저 생길 위험성이 높다. 평소 관심을 가지는 것이 좋겠다.

박 정 현

○○○

실력과 열정이 만들어낸
무대 위의 디바

주 선 희 **지혜를 갖춘 즐거운 요정**

『나는 가수다』로 새로운 전성기를 맞은 가수가 바로 박정현이다. 폭발적 가창력을 지닌 'R&B의 여왕'으로 두터운 마니아층을 갖고 있기는 했지만 요즘처럼 대중적인 인기를 얻지는 못했던 그녀다. 가수 데뷔 14년 만에 남녀노소 할 것 없이 모든 이들의 뜨거운 사랑을 받는 것은 물론 여러 광고의 모델로 활약하는 이유는 가수의 본질인 '노래'에 있다.

그녀는 전형적인 미인형은 아니다. 하지만 타고난 목소리, 그 목소리를 받쳐주는 탄탄한 실력, 노래에 담긴 열정과 진정성, 그리고 그녀만의 스토리텔링이 주는 감동은 때로 관객을 소름 돋게 했으며 뜨거운 눈물까지 끌어냈다. 반짝이는 스타가 되고 싶다는 어릴 적 꿈을 30대 중반의 나이에 이르러 마침내 실현하고 있는 박정현. 그녀의 얼굴에서 '대기만성' 성공의 비밀과 '사랑하지 않을 수 없는' 특별한 매력의 이유를 찾아보기로 하자.

박정현의 이마는 참 잘생겼다. 이마가 잘생겼다는 것은 그만큼 부모에게 충분한 사랑을 받고 자랐음을 의미한다. 앞으로 결혼을 하면 남편에게도 사랑을 많이 받게 된다. 공부도 어렵지 않고 상에 대한 욕심을 내지 않아도 상을 척척 받게 되기도 한다. 타고난 목소리도 부모에게 그저 받은 것이나 다름없다. 이마의 양쪽 옆 부분도 널찍해서 해외운이 좋아 미국에서 큰 어려움 없이 공부도 곧잘 했고 명문대학에도 진학할 수 있었다.

눈썹털이 차분하게 누워 있어 인맥이 좋다. 주변에 엉킨 것을 잘 풀어주는 해결사요 분위기메이커로 성격이 좋아 자연히 도와주는 사람이 많다. 이 눈썹이 끝까지 길게 이어져 있어 한번 맺은 인맥은 평생 오래 간다.

박정현의 얼굴에서 돋보이는 것은 널찍하고 두터운 눈두덩이다. 눈이 두세 개 들어갈 정도로 넓은 눈두덩은 그녀의 저력을 보여준다. 사람을 한번 믿으면 누가 뭐라든 상관하지 않고 끝까지 믿어주는 성격을 가지고 있다. 여기다 눈까지 길어서 당장 눈앞에서 손해를 보더라도 멀리 내다보며 상대를 안배하는 성향이 짙다. 종교를 가져도 열심히 믿는 신앙인이 될 뿐 아니라 헌금도 듬뿍 할 것이다. 재물이 늘어나면 사람도 많이 키울 것이며 기부도 통 크게 하게 된다. 지금도 친구들 밥 정도는 잘 사주면서 대장노릇을 하고 있을지도 모른다.

눈꺼풀 위에 실처럼 가는 줄이 있는데, 이는 남을 많이 걱정하고 배려하는 눈이다. 눈동자 전체가 반짝이는 듯한 눈빛은 몸은 물론 정신도 건강함을 일러준다. 깊은 심연 같은 눈빛에서는 지혜가 엿보인다. 학창시절 우등생이었던 비결, 『나는 가수다』에서 볼 수 있었던 그녀의 다양한 변신 아이디어가 모두 이 눈빛에서 나온다. 그녀는 아직도 우리에게 다 보여준 것이 아니다. 아마 더 무궁무진한 보고를 갖고 있을 것이다.

음악에서든 사람과의 관계에서든 혼자서 고독한 고뇌의 경지에 다다라본 사람으로 그 고뇌가 숙성되어 나오는 눈빛이기도 하다. 그녀의 음악에 남다른 깊이가 느껴지는 것은 바로 이때문일 것이다. 이기고 지는 승부에도 초연한 여유 또한 이 눈빛에 담겨 있다. 혹 누군가 자신을 무시하는 경우가 있다 하더라도 크게 스트레스를 받지 않을 정도로 부정적 에너지를 거부하는 내공이 있다. 그녀의 기준은 늘 자기 자신이며 싸워야할 대상도 결국 자기 자신이다. 탄탄한 실력을 갖춘 가수가 된 것 역시 스스로를 만족시키기 위한 노력에서 비롯한 것이다.

귓불이 두툼한 것을 보면 상당히 조직에 어울리는 사람이다. 가정이든 학교든 사회든 자신이 속한 조직에서 무리 없이 잘 어울리는데,

이는 배워서 그런 것이 아니라 생이지지生而知之, 즉 타고난 것이다.

박정현의 코는 높지도 낮지도 않은 중간 정도다. 이런 코를 가진 사람은 평범하더라도 재미있게 사는 것을 선호한다. 『나는 가수다』에 나오기 전까지 14년간 대중적 인기를 위해 안간힘을 쓰지 않고 자신만의 음악 세계를 고수해온 이유도 거기 있을 것이다. 무대 위의 공주 자리를 탐하지 않고 공중파에 출연하는 것도 그리 갈구하지 않으면서 라이브무대를 즐겨오지 않았는가. 신데렐라가 되겠다는 허황된 꿈도, 자기 자신을 내세우는 허세도 부리지 않으면서 자기 실속은 알차게 다지는 타입이다. 어릴 적 부모에게 용돈을 받으면 다 쓰지 않고 조금은 남겨두는 유형이다. 주변 사람에게 쓸 일이 있을 때 쓰려고 남겨두는 것이다.

그녀의 광대뼈는 앞으로 튀어나오지 않고 적당하여, 통통한 뺨과 균형을 이루고 있다. 이는 나서거나 공격적이지 않으면서 그렇다고 내숭을 떨지도 않는 소탈하고 편안한 성격을 얘기해준다.

입은 큰 편으로 통이 크고 마음 씀씀이가 넉넉할 것이다. 입꼬리 부분이 꽉 조여 있지 않고 약간 느슨한 듯하여 말을 조리 있게 하거나 깍쟁이 같이 야무지게 따지는 타입은 아니다. 다 알면서도 접어주고 넘어가는 아량이 있어 누구에게나 편안한 느낌을 준다. 수직적이 아닌 수평적 사고로 세상을 즐겁게 살려고 하는 참으로 좋은 성격이다. 자신이 사람을 불러 모으거나 혹은 좋아하는 사람들이 있는 곳을 찾아가 그 모임 속에서 리더가 되는 귀여운 골목대장형이다. 치아를 보면 골고루 큼직하고 동글동글하게 잘생겼는데, 바로 그녀의 성격 그대로의 모습이 여기서 다시 한 번 확인된다.

아직 젊은 나이인데도 턱 아래 살이 붙어 이중 턱이 되어 있다. 이럴 경우 소위 '은수저를 물고 나왔다' 할 정도로 생활이 안정되어 있음을 의미한다. 군이 방송에 출연하려 애쓰지 않아도 경제적으로 어려움이 없다는 뜻이다. 턱이 좋아 만년에도 후학을 가르치고 주변에 베풀면서 재미있게 살아갈 것이다.

박정현의 목소리는 노래 부를 때와 말할 때가 다르다. 특히 노래 부를 때 고음 부분의 폭발적인 목소리는 그녀의 눈 위 가는 줄에서 느껴지는 예리함과 고뇌의 눈빛이 더해져 만들어진 소리다. 말할 때는 약간 허스키한데 이는 오행에서 말하는 토성의 목소리다. 심한 토성이면 기가 세지만 약한 토성이라 귀염성이 있으며 배려와 신뢰가 담겨 사람들이 의지하고 싶어진다.

까무잡잡한 피부와 몸보다 통통한 얼굴 등 기본적으로 '잘 노는' 기질을 타고나 규칙에 얽매이지 않고 자유롭게 사는 것을 추구하는 형이다. 보수적이고 수직적인 한국 사회보다는 개방적이고 수평적인 미국 사회가 그녀의 이런 성향에 더 어울릴 것이다. 앞서도 말했듯 인생을 즐겁게 사는 유형인데 실제로 그렇게 살 수 있는 환경이 절로 구비되는 '신과 사람의 가호'를 받는 사람이다.

박정현의 나이는 한국 나이로는 37세다. 『나는 가수다』로 제2의 전성기를 맞으면서 승승장구하는 이유는 그녀의 운기가 좋은 눈에 해당하는 35~40세에 와 있기 때문이다. 약간 낮은 듯한 산근(콧마루와 두 눈썹 사이)에 해당하는 43세 즈음에 인생의 전환기를 맞겠지만 44세부터는 명예는 물론 좋은 배우자로, 자녀와 함께 지금보다 더 편안하고 멋진 삶을 영위하게 될 것이다. '소녀시대'처럼 화려한 인기는 아니더라도 요정을 넘어 라이브의 여왕으로 그 분야에서는 늘 최고의 지위를 누리면서 오래도록 인기를 이어가게 될 것이다. 그녀의 얼굴은 이렇게 늘 '즐거운 인생'을 노래하고 있다.

진세훈 해맑고 깜찍한 동양적 아름다움

인터넷에서 박정현이 2010년 미국 뉴욕의 콜롬비아대학교 졸업식에서 미국 국가를 부르는 동영상을 본 적이 있다. 콜롬비아대학교는 아이비리그에 속하는 명문 중의 명문으로 오바마 대통령의 모교이기도 하다. '나가수 명예 졸업생' 박정현은 오바마의 동창이다.

박정현은 미국 LA에서 태어나서 초·중·고를 전교 1등으로 졸업했고 UCLA 연극영화과에 다니다 1998년 가수의 꿈을 안고 IMF 한파가 휘몰아치고 있던 한국에 왔다. 언더그라운드의 디바였지만 대중에게는 무명인 생활을 하다가, 2001년 콜롬비아대학교 영문과에 편입했다. 그녀는 노래에 대한 꿈을 버리지 못해 다시 귀국했다가 2009년 공부를 마치기 위해 미국으로 건너갔다.

박정현은 졸업 당시 우등생으로 뽑혔고 한국에서의 가수 활동에 대해 알고 있던 학장의 부탁으로 졸업생 대표로 노래를 불렀다. 150cm, 44kg의 아담한 체구를 가진 박정현은 단상에서 온힘을 다해 덩치 큰 미국인 교수들 앞에서 미국 국가를 불렀다. 열창 뒤에는 우레 같은 박수가 터져 나왔다. '미국 명문대 출신, 엄청난 가창력, 미국인들 사이에서도 당당했던 작은 한국계 학생'이라는 이 세 가지는 어쩌면 당시의 박정현의 삶을 규정하는 기본 요소였는지도 모르겠다.

졸업식에서 미국인 교수들과 동창들은 박정현, 레나 박Lena Park을 미인으로 봤을까? 주위 사람들의 표정을 보면 그랬을 가능성이 크다. 전형적인 백인의 눈으로는 박정현의 얼굴에서 김연아와 같은 미美를 느꼈을 가능성도 있다.

박정현은 전형적인 동양 여성의 얼굴이다. 성형외과 의사가 봤을 때, 아무리 박정현의 열혈팬이라고 해도 미학적으로 빼어나다고 할 수는 없을 듯하다. 하지만 동양적이면서 주변에서 늘 찾을 수 있을 것 같은 평범함이 바로 박정현의 인기 비결이 아닐까? 박정현은 인텔리에 뛰어난 노래 실력을 갖고 있어 이 점이 오히려 대중의 거리감을 부를 수도 있다. '너무나 평범한 그녀'의 친숙미가 감성을 자극하는 것인지도 모른다.

박정현의 얼굴은 해맑은 피부와 관대하고 여유 있어 보이는 넓은 눈두덩, 아기같이 통통한 피하지방, 작고 짧은 턱 등이 깜찍한 동양 여성상을 만들고 있다. 눈두덩은 수북한 편이고 눈썹은 짙지 않으며 쌍꺼풀이 없고 몽고주름이 있다. 코는 작고 가운데 얼굴이 짧고, 아래쪽 얼굴이 비교적 더 발달되어 있어 형태학적으로는 퉁구스 북방계에 속한다. 코끝은 둥글어 복스럽고 코가 미간보다 아래에서 시작돼 짧아 보인다. 입에서 조금 떨어진 곳에 보조개가 있어서 무척 애교스럽게 보인다. 요즘은 인공적으로 보조개를 만들 때 보조개를 한쪽만 만들고 입꼬리에 가까이 붙이는 경향이 있는데, 박정현의 보조개 위치는 고전적인 곳에 자리하고 있다.

박정현과 닮은 여성이 찾아와서 성형수술에 대한 상담을 한다면, 필자는 중간 크기의 쌍꺼풀을 만들고 코의 뿌리가 좀 더 위쪽에서 시작되도록 하는 수술을 권할 가능성이 크다.

위 눈꺼풀이 약간 늘어난 상태지만 피부를 제거해야 할 정도는 아니다. 따라서 부분절개법으로 쌍꺼풀을 만드는 것이 좋다. 눈꺼풀에서 세 곳을 5mm씩 째서 눈 뜨는 데 쓰이는 근육과 피부를 꿰매 연결시키는 것이다. 양쪽 눈을 수술하는 데 20분 정도면 족하다.

이렇게 하면 눈꺼풀 전체를 째는 절개법과 달리 수술 후의 통증이 거의 없고 부기도 빨리 빠져서 3일만 지나면 수술한 사실 자체를 알아차릴 수 없을 정도다. 부작용으로는 양쪽 눈 크기가 달라지는 것과 수술할 때 터진 실핏줄에서 흐른 피가 조직 속에 스며들어 멍이 생기는 것이 있다. 드물게 짝눈이 되는 경우는 재수술로 교정하면 된다. 멍이 생겼다 하더라도 조직 속에 흡수되므로 시간이 지나면 서서히 없어진다.

눈머리 부분에 몽고주름이 있지만 이를 모두 제거하는 앞트임 수술까지 할 필요는 없다. 앞트임을 하게 되면 눈과 눈 사이가 상당히 좁아지기 때문에 작은 얼굴에는 어울리지 않는다. 따라서 몽고주름을 만드는 고무밴드 모양의 근육 중 일부만 잘라서 몽고주름을 완화하는 정도의 수술이 좋다. 밴드 근육은 쌍꺼풀 수술을 할 때 째놓은 5mm의 틈으로 간단히 자를 수 있다. 쌍꺼풀 수술보다 더욱 간단하고 통증이나 부기도 적다. 이 수술은 독자적으로 하면 10분 남짓 걸리며 쌍꺼풀 수술과 함께 해도 30분이면 족하다.

코는 지금의 코뿌리보다 약간 위쪽인 미간 쪽에서 시작되도록 디자인하여 약간 길고 높아 보이게 하는 것이 좋다. 그러면 얼굴이 훨씬 더 길고 갸름해 보인다. 다만 복스러운 코끝은 원래 모양을 유지하게 두어서 지금의 이미지가 크게 훼손되지 않도록 하면 좋을 것 같다. 주위 사람들에게 성형했다고 광고할 우려도 줄어든다.

수술은 콧구멍 안쪽을 절개해서 뼈를 대신할 의료용 실리콘을 넣은 뒤 다시 꿰매는 방법으로 한다. 여기서 핵심은 실리콘이 코의 정중앙에 자리 잡도록 하는 데 있다. 수술은 30분 정도 걸리는데 수술 후 통증은 절개법으로 쌍꺼풀 수술을 할 때만큼 심한 편이다. 다시 말해 수술 첫날에는 잠들기 어려울 정도로 아프지만 다음 날부터는 견딜 만하다. 5일 정도 지나면 부기도 빠져 부담 없이 외출할 수 있다.

부작용으로는 삽입한 실리콘 주위에 물이 찬다거나 코가 비뚤어져 보이는 경우가 드물게 생긴다. 만일 문제가 생기면 실리콘을 제거해

코의 모양을 수술 전 상태로 완벽하게 되돌릴 수 있다는 게 이 같은 코 수술의 특징이다.

그러나 박정현은 수술을 받지 않는 것이 좋을 듯하다. 박정현은 여성팬이 많은데 '공부도 잘하는데 예쁘기도 하다'는 이미지가 좋게 다가설 요소만은 아니다. 게다가 그녀는 재미교포다. 이질적인 요소가 덧칠돼 팬과의 거리가 멀어질 수도 있다.

무엇보다 음악은 단순히 음의 고저, 장단이 아니라 감정의 전달이다. '언젠가 어디선가 본 듯' 친근미가 넘치고 입이 큰 지금의 얼굴이 미학적 미인보다 감정이입을 전공으로 하는 가수로서는 훨씬 유리하다.

박정현의 입은 '가수다운 입'인 듯하다. 사람은 입술이 뚜렷이 뒤집혀 있는 유일한 동물이다. 사람의 입술은 주위의 살보다 매끄럽고 색깔이 짙다. 선명한 입술은 다른 사람에게 표정을 잘 전한다. 사람은 기분에 따라 입술을 감싸고 있는 구륜근을 비롯해 6~8개의 근육이 움직이면서 큰 표정 변화를 연출할 수 있다. 박정현의 입은 얼굴 크기에 비해서 무척 크게 느껴지는데 이는 감정을 표현하기에 유리한 무기다.

또 박정현의 웃는 모습에서는 고른 치아가 특히 눈에 띈다. 똘망똘망한 얼굴만큼 작은 틈도 없이 가지런한 치아는 노래할 때 정확한 가사 전달을 가능하게 해준다. 틀니를 하면 발음이 어색해지는 것은 치아가 발음과 관련 있음을 알려주는 사실이다.

대체로 미인은 아무리 넉넉하게 잡아도 전체 인구의 20% 내외다.

통계적으로 '저 정도면 미인'이라는 기준을 잡아서 봤을 때 한국과 일본은 20% 정도이고, 미적 기준이 다양한 미국과 유럽은 23%라고 한다. 문화 선진국으로 갈수록 미인의 숫자가 많아지는데 이것은 실제 형태학적인 미인이 많다기보다는 미인의 기준이 다양해지면서 그 범위가 넓어졌기 때문인 듯하다.

박정현은 이제 우리나라도 형태학적 미인뿐 아니라 새로운 계보의 미인을 더함으로써 미인의 기준을 다양하고 풍부하게 만드는 시대에 진입했음을 보여주는 여성이다. 앞으로도 또 다른 이미지로 그를 능가하는 여러 사람이 나올 것이다. 지금 박정현은 맑고 깨끗한 이미지, 꾸밈없는 자연스러운 이미지, 청초하고 순수하며 신뢰할 수 있는 이미지를 갖춘 독특한 계열의 미인으로 자리 잡고 있다. 친환경적이고 밝고 맑은, 자연스럽고 거짓 없는 신뢰의 이미지가 필요한 광고계에서 박정현에 대한 러브콜이 쇄도하고 있다는 점이 이를 증명하고 있다.

신 세 경

○○○

글래머러스한 몸매가
돋보이는 베이글녀

주 선 희   청순 동안에 튀는 감성의 섹시 퀸

드라마 『패션왕』에서 패션 디자이너로 열연했던 신세경. 그녀는 대한민국 청순 글래머의 대명사다. '대한민국을 대표하는 섹시 본능 스타는 누구?'라는 트위터 조사에서도 1위를 차지했다. CJ엔터테인먼트가 조사한 '2011년을 빛낼 스타' 1위에 뽑혔고, 드라마 『패션왕』을 통해 또 다시 빛나는 한 해를 보냈다. 신세경의 인상 속에서 청순하면서도 도발적인 매력을 찾아보기로 하자.

신세경이 세상에 이름을 알린 것은 1998년 서태지 5집 수록곡

「Take 5」의 포스터 모델로 나서면서부터다. 당시 9살의 나이로 '서태지의 소녀'로 불리면서 서태지 팬들을 중심으로 인기몰이를 했었다. 그녀는 『뽀뽀뽀』에도 출연했을 만큼 어린 시절부터 세상에 나서서 활동했다. 이런 삶의 모습은 초년을 나타내는 귀와 이마에 그려져 있다.

귀 가운데 연골이 튀어나와 있는데다 귓바퀴도 약간 꺾인 듯하다. 이런 귀를 가지면 조직에 순응하기보다는 자유로운 삶을 원하며 튀는 기질을 가지고 있다. 소풍을 나온 어린아이들이 줄을 지어 걸어가는데, 그 대열을 빠져나와 다른 곳에서 놀다가 나중에 선생님이 찾으면 '여기요' 하고 숨차게 뛰어가는 아이를 상상해보자. 그 아이가 바로 신세경 타입이다. 이런 튀는 에너지가 어려서부터 TV 출연, 모델 활동은 물론 중학교 1학년 때 가수연습생까지 연예인 기질로 발휘되었으니 인생이 참 잘 풀린 셈이다.

이마는 잔털이 많아 좁아 보인다. 감성이 풍부하며 책상 앞에 앉아 공부하기보다는 바깥 활동을 즐기는 이마다. 하지만 전체적으로 둥글게 잘 발달되어 있어 머리가 매우 좋다. 지금 신세경이 보여주는 연기력은 영리한 머리에서 나오는 것이다. 좋은 이마 덕분에 그 부위에 해당하는 어린 나이에 명예와 인기, 그리고 경제적 여유를 누렸다.

진한 눈썹에는 강한 추진력과 굽히지 않는 성격이 담겨 있다. 눈썹털이 잘 누워 있어 대인 관계가 원만하며 남을 배려할 줄도 안다. 친구들도 사회적 지위에 상관없이 골고루 사귀는 등 교우 관계가 매우 좋았을 것이다. 평소에는 도움을 청하지 않고 혼자서 잘 해나가는 독립

성, 그러다 혼자 힘으로 영 안 될 때는 굽힐 줄도 아는 융통성이 함께 담긴 눈썹이다. 눈썹 사이가 가까워 유머와 순발력, 재치가 있다. 이는 젊음의 특징으로 동안미녀의 요소가 되기도 한다.

신세경의 얼굴에서 묘한 매력이 발산되는 이유는 눈과 눈 사이가 넓기 때문이다. 가까운 눈썹과 대비되는 눈 간격, 이 불균형과 부조화가 어디서나 쉽게 볼 수 없는 신세경만의 특별한 매력을 만들어낸다. 눈 사이가 넓은 사람은 때로 예측불허의 행동을 하기도 한다. 신세경의 눈을 보면 멀리 보기보다는 가깝게 바로 눈앞을 보는 시선이다. 그래서 지금 당장 어디에 무엇이 필요한지를 잘 집어내는 기지가 있다. 한편 눈이 옆으로 길어서 남을 배려할 줄도 안다. 눈두덩과 눈 밑에 살이 충분히 자리 잡고 있어서 스태미나도 남달리 좋다.

신세경의 코는 위상이 높고 도도한 모습이다. 두껍고 반듯한 콧대는 매우 건강하며 성격도 화끈하다는 것을 말해준다. 하지만 맘에 들지 않는 자리라면 박차고 나오는 칼 같은 성격도 보인다. 약간 내려온 코끝에는 연기자에게 절대적으로 필요한 예술적 감성이 담겨 있다.

광대뼈가 좋아 주변 사람이 잘 받쳐주고 인기도 좋다. 뺨이 봉긋하니 탄력적인 걸 보면 평소에 잘 웃고 즐겁게 살아온 사람이다. 인중 부위에도 살이 적당히 있고 인중선이 반듯하며 입도 통통하고 예쁘다. 따라서 50세가 지나면서 운기가 더 좋아지고 부도 잘 쌓이게 될 것이다. 하지만 불균형의 묘한 매력을 지닌 상 때문에 일순간 배팅하여 부를 날려버리는 실수를 저지를 수도 있다. 이를 방지하는 지혜는 절대로 무리하지 않는 것이다.

도톰한 입술에 세로 주름이 많고 특히 아랫입술을 양분한 듯 가운데 선이 분명한데, 이는 섹시미를 돋보이게 한다. 사진 촬영을 할 때나 연기를 할 때 입을 약간 벌리는 것도 역시 섹시미에 플러스 효과를 준다. 약간 튀어나온 앞니에는 강성의 기질이 담겨 있다.

아래턱 가운데 부분에 갈라진 선이 보이는데, 이런 사람은 성격이 끈질겨서 목표를 세우면 끝장을 본다. 이 선을 위쪽으로 따라가 보면 입술 가운데 선 그리고 인중선까지 연결된다. 얼굴에 이렇게 수직으로 자오선(눈썹 사이와 코, 배꼽, 생식기를 잇는 선)이 그려지는 사람은 한번 필이 꽂히면 아주 열심히 그리고 불같이 하는 성격을 지니고 있다.

살집이 있는 동글동글한 얼굴형으로 원만하고 순한 성격을 가지고는 있지만 한번 화가 솟구치면 무섭고 쉽게 풀어지지 않는다. 목 아래 보이는 직선 쇄골과 진한 눈썹까지 더해져 경우 없이 건드리면 직격탄을 날려버리고 만다. 하지만 그녀 안에 담긴 이 성질을 건드리지 않는다면 둥근 성격으로만 만날 수도 있다. 측면의 얼굴이 볼록렌즈형인 것은 튀고 나서는 것을 좋아한다는 뜻이다. 이런 특징이 연기자 기질로 연결된 것이다.

체상을 보면 본래 가슴이 큰 체형이다. 가슴이 풍만한 여성은 감성이 풍부하다. 엉덩이와 가슴의 균형이 잘 이루어져 있어 글래머러스한 섹시 스타가 될 수 있다. 체상을 좀 더 자세히 들여다보면 팔꿈치에서 손목까지, 무릎에서 발목까지가 몸통과 연결된 윗부분보다 더 긴 것처럼 보인다. 이런 체상 역시 섹시미를 고조시킨다. 특히 이미지 검색에 나타나는 신세경은 약간 옆으로 몸을 틀어 가슴을 강조하면서 잘록한 허리를 돋보이게 하는 포즈를 즐긴다. 이런 포즈도 인상의 한 부분으로 역시 섹시미를 강화한다.

이렇듯 신세경의 얼굴과 체상에는 곳곳에 '청순 글래머'가 될 수밖에 없는 인상학적 포인트가 생동하고 있다. 아직 봄의 신록 같은 어린 나이이므로 신세경은 앞으로도 꽤 오래 섹시 퀸의 왕좌를 지킬 것으로 기대된다.

진세훈 동양적 분위기에 입체감 더하는 깊은 눈

드라마 『패션왕』에 출연하여 많은 인기를 누렸던 탤런트 신세경. 젊은이의 청순한 이미지와 성숙한 여성의 매력까지 함께 갖췄다. 이른바 '베이글녀'의 대표주자라고나 할까.

그의 얼굴은 복합적인 매력을 드러내고 있다. 우선 청순미로 말하면 '고상하다·우아하다·청초하다'고 할 수 있어야 하고, 글래머라고 하면 '섹시하다·육감적이다' 등으로 표현되는 매력이 있어야 한다. 아울러 얼굴이나 피부가 희고 예쁘기만 해서 될 일도 아니고 살집이 있는 몸이어야만 하는 것도 아니다. 머릿결이나 화장 등 모두가 이름에 걸맞아야 하는 것이다.

한류가 퍼지면서 한국적 아름다움이 해외에서도 인정받고 있는 요즘, 새로운 개념의 한국적 미학을 제시하는 신세경의 매력을 성형외과의의 기준으로 살펴보고자 한다.

얼굴은 상하 길이보다 좌우 폭이 넓어 보여서 한국적인 분위기를 풍긴다. 이마는 넓고 굴곡이 없으며, 잔털이 많고 헤어라인이 둥글어서 부드러워 보인다. 이마의 옆 부분인 측두부가 옆으로 넓게 발달한 것으로 보아 감성이 발달했을 것으로 생각된다.

눈썹은 굵고 짙어서 강한 인상을 주고 있다. 눈썹 부위의 뼈도 조금은 올라와서 강인한 느낌을 더하고 있다. 눈썹과 눈 사이는 좁은 편이라 관대하고 여유 있게 보이지는 않으나 눈이 깊어서 동양적인 전체 모습에 입체감을 주고 있다. 미모를 돋보이게 하는 요소다. 눈 자체는 상하 길이도 길고 좌우 폭도 시원하게 넓으며 앞쪽에 몽고 주름도 없어서 매력 있는 얼굴을 만드는 가장 중요한 역할을 하고 있다.

코는 전체적으로 길고 코끝도 아래를 향해 이지적으로 보이는데, 코끝은 둥글기도 해서 부드러운 인상을 준다. 코가 양 눈의 안쪽에서 시작하고 있어 부담스럽게 길어 보이지는 않으며, 눈과 함께 얼굴의 매력을 만드는 핵심 요소가 되고 있다. 광대뼈는 옆으로도 앞으로도 발달하여 오리엔탈 룩의 매력을 보여준다. 웃을 때 얼굴 근육이 광대뼈 위로 올라가서 더욱 돌출돼 보이는 점도 마찬가지다.

윗입술이 다소 짧고 인중도 짧고 깊어서 인형 같은 귀여움이 있다. 위아래 입술의 비율은 4:6 정도로 알맞고 입술의 폭이나 두께도 비율이 잘 맞다. 요즘 연예인 중 보기 드물게 아래턱이 안쪽으로 들어가 있는데, 이것이 다소 넓어 보이는 얼굴의 좌우 폭을 가려주고 균형을 잡아 주는 역할을 한다.

아래턱이 작아서 입을 다물고 있으면 입이 약간 나와 보인다. 이런 경우 턱을 조금 앞으로 나오게 하는 수술을 하면 큰 코와 조화롭게 미학적인 균형을 맞출 수가 있다. 수술은 입안으로 하므로 흉터는 걱정할 필요가 없고 뼈를 수술하는 것이 아니라 턱뼈 바로 위의 골막을 들고 그 안에 인공 보형물을 넣는다. 이때 보형물이 움직이지 않도록 해당 공간을 최소로 만들고, 보형물이 자리 잡는 가운데 위치에는 골막이 방석 같이 깔리도록 만들어서 뼈의 변형을 사전에 예방하는 것이 중요하다. 요즘은 입안을 소독하는 가글 액의 품질이 워낙 좋은데다 수술 부위에 침이나 이물질이 들어가지 않도록 하는 봉합 기법도 발달되어 입안으로 수술하는 경우에도 염증의 위험은 아주 낮다.

그러나 이것은 미학적인 기준에서 설명하는 것이고, 실제로 신세경의 얼굴에서 이 수술이 필요한 것 같지는 않다. 현재 얼굴을 보면 하얀 피부, 호수 같이 크고 깊고 선한 눈, 부드러운 머릿결, 단아한 목선, 아기 같은 입술이 어우러져 청순한 이미지를 만들고 볼륨감 있는 몸매와 성숙한 이미지의 가슴, 탄력 있는 배 등 몸의 아름다움이 글래머러스한 이미지를 만들기 때문이다. 어느 한 부분만 교정하는 것이 의미가 없는 이유가 여기에 있다.

○○○

대한민국이 인정한
미남 가수

주 선 희 승부욕 강한 눈이 만든 비주얼 종결자

인터넷에 재미있는 사진이 떴다. 가수 김범수가 가수 김창렬의 막창집 개업식에 보낸 화환 문구다. '얼굴 파는 가수 김범수'라는 글씨가 큼지막하게 쓰여 있었다.

데뷔 후 13년간 김범수는 '얼굴 없는 가수'였다. 얼굴 파는 가수가 된 인생의 전환점은 『나는 가수다』에 출연하면서부터다. 탁 트인 목소리와 탁월한 가창력은 원래 김범수의 트레이드마크였다. 그런데 『나는 가수다』에서 만난 김범수는 목소리 외에도 참으로 많은 재능을 지

닌 아티스트였다.

　그가 보여준 눈물겨운 노력과 창의적인 퍼포먼스는 '얼굴 없는 가수'를 '비주얼 종결자'로 바꾸어버릴 정도의 폭발적 위력을 발휘했다. 심지어 음악포털사이트 벅스에서 조사한 '명절 때 집에 인사 시켜 드리고 싶은 1등 신랑감 가수는?'이라는 설문조사에서 1위에 오르기까지 했다. 매력은 타고나는 것이 아니라 만들어가는 것임을 극명하게 보여준 김범수. 자신의 인생을 180도 돌려놓을 정도로 강한 에너지를 품고 있는 그의 얼굴 지도를 탐험해보자.

　김범수의 이마를 보면 훤하게 잘생겼다기보다는 좁은 편에 속한다. 가수가 되기까지 부모나 어른들이 잘 밀어주지는 않았을 것이다. 머리카락이 M자를 그리며 나 있어 매사에 철학적, 인간적인 사람이다. 이마는 사람의 인생에서 30세 이전이다. 그러므로 김범수의 경우 이 나이가 지나면 일이 잘 풀리게 된다. 79년생인 김범수가 요즘 신 나는 인생의 전환점을 맞게 된 이유가 거기에 있다.

　김범수의 얼굴에서 가장 눈에 띄는 것은 올라간 눈꼬리다. 일본의 사무라이처럼 양쪽 머리 부분에서 잡아당긴 듯 올라간 눈꼬리는 '지고는 못 살아'를 웅변하고 있다. 눈꼬리가 내려간 사람은 드러내지 않지만 욕심이 많은 사람이다. 하지만 이렇게 눈꼬리가 올라가면 승부욕을 감추지 못한다. 이런 승부욕을 가진 사람에게 『나는 가수다』는 말 그대로 싸워볼 만한 전쟁터였다. 그의 목표는 언제나 승리이며 1등이었다. 이 승부욕 때문에 그는 누구보다 더 고민하고 더 노력한 무대를 보여준 것이다.

눈두덩이 좁아 조용하고 섬세하다. 큰 그림을 그리기보다는 자그마한 그림을 그리면서 남의 도움을 기대하지 않고 스스로 잘 챙겨서 해내는 스타일이다. 자기 할 일을 까다롭게 따지는 치밀한 성격으로 음악도 그렇게 해왔을 것이다. 이런 느낌과 턱에서 느껴지는 듬직한 배려가 '신랑감 1위'로 선정된 이유가 아닐까.

눈썹이 진해서 30대에 들어 운기가 좋아지긴 하지만 이런 눈썹은 대인 관계를 매끄럽게 하지는 못한다. 인맥관리를 잘 하려면 때로 아첨이나 읍소를 해야 할 때도 있을 터인데 남에게 절대로 아쉬운 소리를 하지 못하는 성격 때문에 손해를 많이 본다. 오로지 실력으로 승부해온 그의 이력이 이를 말해준다. 오늘 안 되는 일이 있으면 흔히 다음날을 기약하는데, 김범수의 경우는 안 되면 안 되는 것이라 단정 짓고, 아니다 싶으면 바로 바꾸어버리는 성향을 가지고 있다. 좁은 미간에 눈꼬리를 따라 올라간 광대뼈, 살이 없이 뼈가 강한 얼굴은 단칼에 처리해야 직성이 풀리는 성격을 일러준다.

산근(콧마루와 두 눈썹 사이)이 들어가 있는데, 이 부분에 해당하는 40대 초반은 변화의 시기다. 이때가 지나면 또 다시 새로운 기회가 찾아온다. 급한 성격처럼 운기의 변화도 서서히 오는 것이 아니라 급격히 와서 44~47세 사이엔 자신이 원하는 위상과 명예를 누리며 승승장구할 것이다.

광대뼈가 매우 큰 편인데, 이런 사람은 명예를 중히 여기고 자존심이 강하며 승부욕도 강하다. 누구든지 자존심을 건드리면 그냥 넘어가지 않는다. 큰 소리로 대들지는 않지만 진지하게 정색을 하며 항의해서 상대를 긴장시킨다.

법령(입가 미소선)이 뚜렷하여 세상의 원칙을 따르기보다는 자기 원칙이 확고하며 자기 고집과 주장이 강하다. 스스로 '난 괜찮은 사람이야'라고 생각하는, 자신감도 충만한 사람이다.

보통 사람보다 커 보이는 입은 감성이 매우 풍부하며 '다 받아주는' 성격을 보여준다. 얼굴에 살이 부족하여 융통성이나 배려는 부족하지만 나중에 가슴을 부여잡는 한이 있더라도 모두 수용해주며 내려놓을 줄 아는 사람이다. 바로 그 수용에서 아름다운 노래가 나오는 것이다. 다물고 있는 입은 살이 없는 뺨과 함께 고지식한 특성을 보여준다. 이성 관계를 예로 보자면 굳이 이성을 따라 다니지도, 기분 좋게 아첨을 해주지도 않는다. 혹 헤어지더라도 한번 간 사람을 빨리 잊지 못한다. 서두르지 않고 진정한 반려를 외롭게 기다리는 형이다. 「보고 싶다」, 「끝사랑」 등의 노래가 우리 가슴을 울리는 것은 본인의 혼이 실려 있기 때문이다.

그의 얼굴을 콧방울을 기점으로 상하로 나누어 보면 위쪽과 아래쪽이 너무나 다르다. 위쪽은 빨리 이겨야 직성이 풀리는 얼굴이지만 콧방울에서 시작하여 입과 턱에 이르는 아래쪽은 그런대로 느긋하고 편안해 보인다. 이 부분이 편한 이유는 평소에 많이 웃어주었기 때문이기도 하지만, 시작은 급해도 마무리는 차분하게 하는 성격 때문이다.

급한 눈으로 처음에는 자신을 채찍질하며 괴롭히지만 느긋한 턱으로는 너그럽게 자신을 받아들일 줄 아는 얼굴이다.

한 인터뷰에서 그는 "12년간 사귀었던 여자친구와 2년 전 헤어졌는데, 최근 결혼 소식을 들었다"면서 "감정적으로 상당히 힘든 시기이지만 『나는 가수다』로 인해 많은 사랑을 받아서 잘 견디고 있다"고 말했다. 이렇게 사랑을 떠나보내고도 초연하게 내려놓고 웃을 줄 아는 사람이 김범수다. 이 또한 괜찮은 신랑감으로 보이는 이유다.

넓은 턱은 강한 추진력과 투지를 말해준다. 하지만 너무 강한 것은 모자람과 같다. 뺨에 살이 오르면 인상이 한결 부드러워지게 될 것이다. 그래야 멋진 배우자와 행복한 결혼 생활을 꾸미게 되고 '오빠 부대' 팬도 더 많이 거느리게 되며, 좋은 사람들 속에서 편안한 인생을 누리게 된다.

김범수는 일생을 통틀어 '카멜레온 같은 가수였다'는 평가를 받고 싶다고 했다. 다양한 장르의 음악을 소화하는 그의 카멜레온 기질은 대소大小로 대비되는 눈과 턱, 강약이 있는 턱과 뺨에 의해 생긴 것이다. 색색의 안경테 패션으로 얼굴 이미지를 다양하게 바꾸는 것도 거기서 나오는 센스다.

인상학자로서 김범수에게 조언해주고 싶은 부분은 뺨이다. 뺨에 살이 없음은 대인 관계가 원만하지 못했음을 나타낸다. '얼굴 없이' 외롭게 지낸 지난 세월은 본인이 자처한 것이다. 이제 '비주얼 가수'로 거듭난 자신감을 바탕으로 사람들을 많이 만나 친하게 지내려는 노력을 한다면 뺨에 살이 오르게 될 것이다.

좀 더 느긋하게 더 많이 웃어주면서 뺨에 살을 올리다 보면 행운의 여신이 활짝 웃으며 다가올 것이다. 치열한 승부욕에 밀어붙이는 추진력과 투지, 그리고 내려놓는 지혜까지, 그의 얼굴에는 다채로운 에너지가 담겨 있다. 거기에 사람의 따뜻한 에너지가 더해질 때 '빌보드 차트 1위'라는 그의 꿈은 현실로 다가올 것이다.

미남의 기준을 다양화한 한국적 개성미

『나는 가수다』에서 남진의 「님과 함께」를 불러 단숨에 '국민가수'로 떠오른 김범수. 당시 그는 무대에 오르기 전 "나는 화려한 삶을 살지 않았다"는 고백으로 시청자들의 가슴을 뭉클하게 만들었다. 왠지 콧잔등이 시큰해졌다는 사람도 적지 않았다. 그의 얼굴과 목소리에 진심이 서려 있었기 때문이 아닐까?

얼마 전 그동안 그가 발표한 곡을 모은 앨범을 냈는데, 그 노래의 역사가 13년이다. 10여 년 동안 '눈부신 스타'와는 거리가 먼 삶을 산 것이다. 1999년 김범수의 데뷔곡 「약속」이 라디오에 처음 울려 퍼졌을 때 사람들은 "어, 좋은데!" 하며 귀를 쫑긋 세웠다. 이듬해 「하루」가 발표됐을 때 사람들은 맑고 호소력 짙은 고음의 목소리에 녹아들어갔다. 그러나 김범수로서는 충격적인 일이 벌어졌다. TV에 출연했더니 음반 판매량이 뚝 떨어져 버린 것. TV에서도 더 이상 불러주지 않았다. 나가는 것도 내키지 않았다.

그는 10여 년 동안 '얼굴 없는 가수'로 활동하며 자신을 열렬히 좋아하는 음악 마니아의 귀만 즐겁게 해줬다. 김범수의 얼굴이 알려지지 않은 탓에, 탤런트 이범수가 뜬금없이 "좋은 노래 잘 듣고 있다"는 칭찬을 받기도 했다. 그런데 얼굴 때문에 10년간 콤플렉스에 시달린 가수가 '발라드계의 미남가수', '비주얼 종결자'란 수식어를 달고 비상하고 있으니 세상은 참 알다가도 모를 곳이다.

성형외과 의사의 눈으로 보면 솔직히 김범수의 얼굴은 미남과는 거리가 멀다. 게다가 초창기 얼굴에 대한 콤플렉스까지 흔적으로 남아 있다. 실패에 가까운 쌍꺼풀 수술 자국이다. 진료실에서 만나는 대부분의 사람들은 '쌍꺼풀 수술'을 너무 쉽게 생각하는 경향이 있다. 여성 사이에서 '필수 과목'이 된 지 오래고, 남성이 쌍꺼풀 수술을 받고 나타나도 유별나게 보던 시대는 지났다. 아마 김범수도 얼굴 콤플렉스에 시달리다가 주위의 권유로 쌍꺼풀 수술을 받은 것 같다. 김범수는 TV에서 과감히 안경을 벗어 수술 흔적을 보여주기도 했다. 결과가 좋지 않아 재수술을 생각한 적도 있다고 한다.

사실 쌍꺼풀 수술이 원래의 얼굴을 망치는 경우가 적지 않다. 특히 김범수의 눈은 성형외과의 '칼잡이'들이 '사무라이 눈'이라고 부르는 형태다. 위아래 폭이 좁고 눈꼬리가 위로 치켜 올라간 눈인데 쌍꺼풀 수술 결과가 '악' 소리 나기 딱 좋은 그런 눈이다. 요즘 연예기획사라면 치밀한 '미남 만들기 계획'에 따라서 얼굴을 하나씩 손봤겠지만 그렇지 못한 아픔의 기억이 얼굴에 남아 있는 것이다.

필자가 김범수의 눈 부위에 굳이 칼을 댄다면 '위아래 트임'을 먼저 생각할 것 같다. 우선 위 눈꺼풀을 들어 올리는 근육인 뮐러근을 접어서 꿰맨다. 이러면 뮐러근 길이가 짧아져 눈을 떴을 때 안구 윗부분이 좀 더 노출된다. 아래 눈꺼풀도 아래로 당겨준다. 방법은 눈꺼풀의 모양을 받쳐주는 하안검판을 그 아래쪽의 질긴 조직인 근막초에 꿰매는 것이다. 이 수술을 하면 눈이 크게 떠져서 눈동자가 커 보인다. 수술 시간은 합쳐서 40분 정도이고 5일 후면 부기가 빠져서 색안경을 쓰지 않고 외출할 수 있다.

김범수의 얼굴은 전통적인 한국인의 얼굴이다. 동글납작하고 속쌍꺼풀이 있으며 광대뼈가 높은 얼굴을 말한다. 높은 광대뼈는 우리 조상이 북쪽 추운 지방에서 오랫동안 살면서 눈과 코를 보온하기 좋은 방향으로 진화했기 때문으로 추정된다. 그러나 요즘엔 턱이 갸름해지고 광대뼈가 작아지는 추세다. 딱딱한 음식 대신 부드럽고 연한 음식을 먹으면서 턱과 광대뼈의 발육이 더뎌지기 때문으로 추정된다.

미학적으로 볼 때 김범수의 얼굴은 이 같은 한국인의 전형적 특징을 갖고 있으면서도 눈, 코, 입의 비례가 맞지 않아 오히려 개성 넘치는 얼굴이 되었다. 이마가 뒤로 누워 더욱 납작하게 느껴지고 눈썹뼈가 돌출돼 강한 인상을 풍긴다. 게다가 사무라이 눈이니 안경을 안 쓰고 필자 앞에서 인상을 쓴다면 왠지 덜덜덜 떨릴지도 모르겠다. 김범수에게는 미안한 이야기이지만 그의 얼굴은 성형외과에서 여러 가지 수술을 권할 얼굴이다. 시쳇말로 '견적 많은 얼굴'일 수 있다.

우선 코는 짧고 전체적으로 낮은 편이다. 코끝 모양은 둥글고 콧방울 부분이 넓지 않다. 광대뼈는 튀어나와 보인다. 전체적으로 코를 약간만 높이면 '일석삼조'의 효과를 얻을 수가 있다. 코가 조금 길어 보이고 광대뼈가 다소 낮아 보이면서 넓은 얼굴도 훨씬 좁아 보이는 효과가 생긴다. 코 뿌리의 시작을 양쪽 윗눈썹 바로 아래로 하고, 아래턱 높이를 감안해 너무 튀지 않도록 조금만 높이면 얼굴의 전체 균형이 바로 잡혀 인상이 훨씬 부드러워질 것이다.

광대뼈 부분을 직접 수술하는 것은 어떨까? 광대뼈가 많이 튀어나온 사람은 뼈 자체를 교정하는 수술이 광대뼈를 상대적으로 낮게 보이게 하는 코 수술보다 훨씬 더 효과적이다. 옆으로 넓고 앞으로 돌출된 광대뼈를 고치려면 먼저 가운데로 밀어 넣어서 좁아 보이게 하고, 앞으로 돌출된 부분은 뒤쪽 협골궁(두개골 옆면에서 위턱뼈 쪽으로 뻗어나온 아치 모양의 뼈)의 뼈 일부를 줄여서 뒤로 이동시킨다. 그러나 별다른 부작용이 없다고 해도 광대뼈 수술은 얼굴 전체 모습을 바꾼다. 수술을 생각하는 사람은 자신의 이미지가 근본적으로 변한다는 것을 염두에 두고 신중하게 결정해야 한다. 필자는 김범수에게 광대뼈 수술은 권하지 않을 것 같다.

김범수의 입은 약간 튀어나와 있지만 아래턱이 잘 발달돼 옆에서 볼 때 코와 입, 아래턱의 균형이 잘 맞는 편이다. '실루엣 미남'인 셈이다. 자기 스스로도 왼쪽 얼굴 45도 각도가 가장 자신 있다며 한류스타 이병헌을 닮았다고 용기 있게 말하기도 했다. 그러니 가장 매력 있다고 자부하는 이 부분은 손 댈 필요가 없다. 그는 입속 공간이 깊지 않아 낮고 굵은 목소리를 내기는 어려운 골격인데 노력에 의해 지금의 아름다운 목소리를 가지게 됐을 것이다.

이렇듯 얼굴에 그토록 자신감이 없던 김범수가 위와 같은 성형수술을 전혀 하지 않고도 '비주얼 종결자'로 다시 태어났다. 가전제품 CF와 현대자동차의 광고 모델로도 나서게 됐다. 이런 변신이 가능한 이유는 무엇일까?

자신의 노래 실력에 대한 강한 믿음을 바탕으로 부족한 외모를 인정하면서 새로운 도전을 두려워하지 않는 내면의 순수함과 밝음 때문이 아닐까? 영국 가수 엘튼 존처럼 다양한 안경을 통해 강약을 줘서 얼굴의 약점을 훌륭하게 커버한 '지성적 전략'도 멋지다.

무엇보다 노래에 모든 것을 맞춘 혼魂이 변신의 고갱이가 아닐까? 노래의 색깔에 맞춰서 디자이너 고故 앙드레 김의 화려한 백색 의상까지 입고서 자기 자신을 송두리째 변화시키는 열정이 시청자에게 감동을 주었을 것이다. 대중이 감동할 때, 그 얼굴에 대한 평가 기준도 달라지는 것이다.

이와 달리 성형수술이란 아무리 결과가 좋다 하더라도 호감을 줄 수 있을 뿐 감동을 줄 수는 없다. 서울 강남 한복판에서 21년째 성형수술을 하고 있는 필자에게 김범수는 어떻게 하면 환자들을 감동시킬 수 있을지 힌트를 주는 듯하다. 김범수는 노래 하나로 우리 모두에게 감동을 주는 가수다.

이 수 만

○○○

카리스마로 무장한
K-POP의 대부

주 선 희 　**막후에서 인재 키워내는 타고난 연금술사**

　　최근 미국과 프랑스 토크쇼에 잇따라 출연하는 등 전 세계
적인 인기를 얻고 있는 소녀시대를 일본 경제지《닛케이 비즈니스》는
'Next Samsung'이라고 했다. 소녀시대가 지닌 엄청난 경제적 가치를
일컫는 비유다. 소녀시대를 키워낸 이가 바로 SM엔터테인먼트의 이수
만 회장이다. 1995년 SM엔터테인먼트를 설립한 이후 H·O·T, S·E·S,
BoA, 동방신기, 슈퍼주니어, 소녀시대 등 많은 인기 가수를 배출했다.
적극적인 해외 진출로 오늘날 K-POP의 세계적 열풍을 일으킨 '세기

이 수 만

의 프로듀서'다.

자본금 5천만 원으로 시작한 회사를 시가 총액 9천억 원이 넘는 기업으로 키워냈으며, 전세계 10억 명에 이르는 'SM 가상 국민'을 거느리게 된 이수만 회장. '한류의 칭기즈 칸'이라 해도 과언이 아닐 그의 무한 파워를 말馬로 비유되던 그의 얼굴에서 찾아보기로 하자.

20대에 가수로 활동할 때부터 이수만 회장을 봐왔다. 그가 부른 「행복」을 흥얼거리던 시절이다. 당시 피부가 얇고 탄력이 없어 보였는데, 요즘 '잘나가는' 이수만 회장의 피부는 두꺼워진 것은 물론 탄력도 있다. 검은 빛깔 속에 붉은빛이 감돈다. 이는 혈색이 좋아진 것으로 열정과 흥분, 기대에 넘치는 삶을 살고 있다는 뜻이다. 검붉은 피부를 가진 사람은 건강을 타고나 지칠 줄 모르며 일을 겁내지 않는다.

이 회장의 귀 가운데 연골 부분이 튀어나온 걸 보면 어린 시절은 그리 유복하지 않았을 것으로 보인다. 이마도 그리 잘생기지 않았기에 20대에 최정상의 가수로 활약하지는 못했다. 하지만 변지역마(이마의 양옆 머리카락이 자라는 부분)가 발달한 걸 보면 부모로부터 총명한 머리를 받았다. 이런 이마를 가진 사람은 해외에서 개척하는 일에 운이 따르며 대개 40세가 넘어야 운기가 좋아진다.

눈썹이 잘 누워 있어 대인 관계가 원만한 편이다. 미간이 다른 사람에 비해 넓은 편인데, 이렇게 미간이 넓으면 옛날 같으면 '밥 먹고 살기가 어렵다'고 했다. 자유로운 영혼을 지닌 사람으로서, 계획을 세워 일하기보다는 자기 마음 가는 대로 생활하기 때문이다. 조직에 적합한 사람이 아니라서 일자리를 찾기가 쉽지 않았을 것이다. 하지만 오늘날에는 이런 정서를 인정하고 봐주는 직장도 많아졌다. 끼를 발휘하는 예술가나 전문가들이 빛을 보는 세상이 아닌가.

눈두덩이 넓고 두꺼워서 사람을 한번 잘 봤다 하면 끝까지 믿고 밀어주는 사람이다. 눈두덩이 넓다는 기준은 자기 눈의 세로 크기를 기준으로 한다. 60대가 되었는데도 여전히 꺼지지 않고 불룩한 눈두덩을 보면 세계를 아무리 누비고 다녀도 젊은이 못지않은 스태미나를 자랑할 수 있는 사람이다.

오늘날 이수만 회장을 엔터테인먼트계의 거물로 만들어낸 것은 바로 눈이다. 웃으면 아예 눈동자가 보이지 않을 정도로 작고 길지만 얘기할 때는 눈 안에서 눈동자가 반짝 빛난다. 이 눈은 지식과 지혜의 보물창고다. 아이디어가 반짝이며 꾀와 궁리가 가득하다. 생각이 매우 깊고 옥석을 가려낼 줄 아는 안목이 있어 인재를 잘 발굴하며, 전면에 나서지 않고 막후에서 인재를 키워낼 줄 아는 보스의 눈이다. 이 회장의 눈두덩과 눈은 오랜 기간을 기다리고 지켜보면서 돌멩이를 보석으로 만들어내는 '연금술사'의 것이다. 눈 밑 자녀궁 자리도 두둑하여 역시 스태미나가 좋다. 이 또한 후학을 키우는 데 일조하는 부분이다.

산근(콧마루와 두 눈썹 사이)이 약간 들어가 있어 41~43세 즈음에 큰 변화가 있었을 것이다. SM기획에서 SM엔터테인먼트로 변신, 본격 사업가로 출범한 바로 그 시기다. 광대뼈가 잘 발달해 있고 맑은 기운이 감도는 걸 보면 46~47세에 큰 발전이 있었다. 이때 그의 사회적 지위가 한층 높아지고 피부도 좀 더 밝아지면서 한결 귀격이 되었다.

양쪽 콧방울에 해당하는 나이가 49~50세인데, 콧방울이 빵빵하지 않은 걸 보면 이때 무언가 각고의 노력이 필요했던 시기다. 힘은 들었겠지만 결국 좋은 투자가 되었을 것이다. 보아를 일본에 진출시킨 시기가 이즈음이다. 이런 콧방울을 가지면 자기 혼자 챙기기보다는 주변에도 풀어줄 줄 아는 사람이다.

법령(입가 미소선)이 넓은데다 그 안의 인중 살이 두둑하여 평생 돈지갑에 돈이 충분할 것이다. 인중은 51~53세에 해당하는 부분으로 49~50세의 투자가 이때 빛을 본 것이다. 뚜렷한 법령을 보면 자기가 옳다고 생각하는 원칙을 지키는 사람이다. 그 원칙의 기준은 세상 사람이 아니라 자신이다. 자신의 원칙에 위배되는 사람은 제쳐버릴 수도 있겠으나, 자신의 원칙에 맞는 사람들과는 확실한 성곽을 구축한다. 하지만 눈이 작고 코가 뭉툭하여 겉으로 티를 내지는 않고 속으로만 선을 긋기 때문에 크게 적을 만들지는 않는다. 어쨌든 아무나와 섞이지는 않는, 자기 색깔이 뚜렷한 사람이다.

뺨이 탄력 있게 잘 개발되어 있고 턱도 좋은 편이다. 턱에서 주름이 올라와 법령이 두 개처럼 겹쳐 보이는 56~57세에도 운기는 좋았겠지만 심신이 고단한 일이 있었겠다. H·O·T가 해체되는 등 구설수에 휘말린 시기와 맞물린다. 58~59세는 어금니가 위치하는 턱 자리인데 매우 튼튼하다. 이때 또 한 번의 투자로 제2의 도약을 도모했다고 볼 수 있다. 그 당시 해외 진출에 한층 더 박차를 가했을 것이다.

이수만 회장은 살이 많은 얼굴이 아니라 강한 뼈대에 살이 덮인 얼굴이다. 이럴 경우 의리가 강하다. 강한 뼈, 뚜렷한 법령, 그리고 가는 눈, 이 세 가지의 기질을 보면 절대 배반하거나 혼자 독식하지 않는 의리의 사나이다. 하지만 성질은 고약하다. 자기 잣대에 어긋나는 사람은 남들이 보지 않는 곳으로 데려가 멱살을 잡고 흔들어댈 수도 있다.

입술이 뚜렷하고 입이 커서 60대도 좋다. 턱 가운데 부분이 옆 턱과 분리된 듯 보인다. '에헴' 하면서 수염을 만질 때 쓰다듬는 그 부분의 근육이 발달한 것으로 이런 사람은 함부로 건드릴 수 없는 사람이다. 독선적이긴 하지만 자타가 인정할 만큼 실력이 월등하기 때문이다. 목 가운데 뼈가 돌출되어 있는 걸 보면 자기 대에 자수성가한 사람으로 가끔은 욱하는 성격도 있다. 법령과 턱, 목뼈의 기운이 동하면 맘에 맞지 않는 사람과 문 걸어 잠그고 한판 하는 성격이다. 턱 밑 수염자리까지 파릇파릇하여 은퇴가 없이 일을 계속하겠다.

70대 초반이 되면 마음이 약해져서 소위 '상왕上王'이 되어 잠깐 뒤로 물러나는 시기가 있겠지만 4~5년 그 시기를 넘기면 90대까지 매우 즐겁고 신 나게 보낼 수 있겠다. 뺨에 탄력이 매우 좋고 귓불까지 살이 붙었기 때문이다.

강인한 눈, 단정한 입술에 담긴 성공 미학

　　현재 한국 연예계에서 가장 영향력이 강한 인물은 누구일까. SM엔터테인먼트의 이수만 회장을 꼽는 데 이의를 달 사람은 아무도 없을 것이다. 처음에는 가수로 데뷔했으나 곧 기획자로 변신하여 최근 전 세계를 휩쓸고 있는 K-POP 선두에서 지휘하고 있는 인물이기도 하다. 2011년에는 국위를 선양한 공로로 문화훈장을 타기도 했다.

　　이 회장의 과거 모습을 알고 있는 동년배의 한사람으로서 그의 매력에 더 큰 관심을 가질 수밖에 없다고 하겠다. 솔직히 말하면 이 회장의 외모는 성형외과의가 미학적 기준으로 봤을 때 잘생긴 미남의 조건을 충족하고 있지는 않다. 그러나 성실한 이미지로 자신의 분야에서 남다른 기획력과 창의력을 발휘하여 최선을 다하는 집념의 소유자라고 할 수 있다. 한국의 음악과 춤으로 세계를 지배하려는 야심찬 목표를 일궈나가는 '순수 국산'의 얼굴이 지닌 매력을 미학적으로 분석해보고자 한다.

　　우선 이마가 대부분의 한국인 골격에서 보듯이 뒤로 누워 있다. 얼굴을 삼등분한 위 얼굴은 전체 얼굴에 비해 짧은 편이다. 이마가 동그랗게 돌출된 형이 아니어서 특별히 매력적으로 보이지는 않는다. 눈썹 부분의 뼈가 높고 많이 돌출되어 있어서 작은 눈과 함께 더욱 강인하게 보인다. 눈썹은 가늘고 짧아서 다소 흐려 보인다. 특이한 것은 그

험하다는 연예계에서 40년 가까이 생활을 해왔는데도 미간에 주름이 없다는 점이다. 이는 아마도 항상 밝고 긍정적으로 살아오면서, 많은 일을 이룩할 수 있었던 원동력이라고 생각된다.

이마에 있는 주름은 보톡스로 해결하기가 쉽지 않을 것이다. 왜냐하면 보톡스를 시술해도 깊은 주름은 해결되지 않고 남는 경우가 있기 때문이다. 또한 이마를 움직여서 눈을 뜨는 경우에는 이마에 보톡스를 맞으면 근육의 기능이 떨어진다는 점도 문제다. 이럴 경우 자가 진피회생술을 시술하면 좋다.

눈썹과 눈 사이의 거리는 길어서 관대하고 여유 있어 보인다. 하지만 눈이 워낙 작은 편이다. 앞으로 나이가 들면서 위 눈꺼풀이 늘어지면 눈을 더욱 덮게 된다. 그러면 눈이 더 작아 보일 수 있다. 남성은 눈썹 정리를 하지 않고, 눈썹 문신도 하지 않기 때문에 위 눈꺼풀을 들어올리는 수술을 할 수 없다. 별 수 없이 속눈썹 바로 위를 절개하여 성형수술을 할 수밖에 없는 형편이다. 이때 쌍꺼풀을 만들 수는 있으나 20~30대의 젊은 층이 아니면 필요 없다고 생각한다. 없던 쌍꺼풀이 생기면 어색하기도 하지만 본인 스스로 달라진 자신의 이미지를 받아들이기 어려울 수 있기 때문이다. 쌍꺼풀 없는 처진 부분의 피부만 절제하는 방법으로 위 눈꺼풀 성형수술을 하는 게 좋을 것 같다.

코는 동양인의 특징대로 미간 사이에서 시작되고 있으나 콧방울이 넓고 코끝은 화살코라고 할 수 있을 만큼 길어서 미학적 균형에 잘 맞는다. 광대뼈는 다소 앞으로 돌출되어 있으나 옆으로 넓지 않아 얼굴의 상하 길이 대비 좌우 폭이 그다지 부담스럽지 않다. 위와 아랫입술은 단정하고 치아도 가지런하다. 아마도 이런 부분이 이 회장의 도덕적인 성품을 말해주고, 자신의 인생 목표를 실현하는 생활의 힘이 되고 있는 것으로 생각된다. 턱은 잘 발달한 편이어서 아래 얼굴에서 중요한 부분을 차지하며 전체 얼굴의 미학적 요소를 결정짓는 중요한 역할을 하고 있다.

피부는 전체적으로 검은 편이며 다소 두꺼운 편이라 잔주름은 나이에 비해 적게 생길 것이다. 입가의 팔자주름은 필러를 이용한 시술과 자가진피회생술을 선택하면 어렵지 않게 해결할 수 있다. 영국 노팅엄대학의 심리학과 이안 스티븐 박사는 남성답게 잘생긴 사람과 혈색이 좋은 사람의 선호도를 비교했다. 그 결과 여성들은 남성적으로 잘생긴 미남보다 인종에 상관없이 혈색이 좋고 피부색이 밝은 황금빛을 띤 남성에게 호감을 더 많이 가지는 것으로 확인됐다.

이제 미학적인 기준에 따른 남성적 매력에 자신감이 부족한 사람들은 모두 피부를 맑고 밝게 할 수 있는 방법을 찾아 노력하면 어떨까. 그러기 위해서는 먼저 신체의 건강관리를 철저히 하여 기본 체력과 건강을 유지하고, 항산화물질인 카로티노이드가 많은 식품을 충분히 섭취하여 얼굴색을 황금빛으로 만들고, 피부 관리에 하루 20분이라도 투자하여 자신의 밝은 미래를 위해 꾸준히 노력해야 하겠다.

군이 피부관리실까지 갈 필요 없이 집에서 잠자기 직전에 얼굴을 깨끗이 씻고 쉽게 만들 수 있는 팩을 바르고 20분쯤 지나서 세수하면 된다. 팩의 종류는 오트밀이나 오이, 레몬, 밀가루 등으로 간단히 만들면 된다. 그러나 피부 관리를 한다고 해서 검은 피부가 백옥같이 하얗게 되지는 않는다. 비유하자면 어두운 색 형광등에 불이 들어와 있는 것과 밝은 색 형광등에 불이 꺼져 있는 것의 차이다. 모두 자신의 얼굴 피부색이 불이 켜져 있는 형광등이 되도록 노력했으면 좋겠다.

세계를 향한 행보를 활발히 하고 있는 이수만 회장의 앞날에 더 큰 성취를 기원하는 마음에서 볼 때, 이 회장이 눈만 반짝이는 모습을 보일 것이 아니라 피부도 더욱 환하게 빛나길 바란다. 그렇게 되면 한국의 문화를 즐기는 세계 모든 이들이 이 회장이 가꿔나가는 'SM 나라'의 행복한 국민이 될 수 있게 하는 데 일조할 수 있지 않을까.

한국인 최초 유엔 사무총장

주 선 희 한국 외교사를 새로 쓴 최고의 외교관

    한국인 최초 유엔 사무총장으로 새로운 역사를 쓴 참으로 자랑스러운 한국인, 반기문 사무총장. 영어를 유난히 좋아하던 충청도 시골 소년은 중학 시절 품었던 '외교관'이라는 꿈을 현실로 이루어낸 것은 물론 '국제사회의 민감한 이슈를 해결하는 노련한 협상가'라는 평판과 함께 70억 지구촌 인구의 평화와 안녕을 위해 일하는 최고의 자리에 오르게 되었다. 도대체 무슨 팔자를 타고났길래 국가 원수보다 더 영광스러운 자리에 오를 수 있었는지, 그 운명의 흐름을 얼굴에서 읽어보기로 하자.

얼굴형이 갸름하여 유순한 선비형이지만 눈, 코, 입이 야무져서 집요한 기질이 있으며 감성보다는 이성적 판단력이 발달해 있다. 한편 얼굴형에 걸맞는 자그마한 눈, 코, 입을 지녔기에 다른 일에 전혀 눈을 돌리지 않는다. 융통성이 없어 보일 수 있지만 본인이 선택한 한 가지 일에는 다각적으로 집중하여 그 분야에서 최고가 된다. 갸름한 얼굴형은 사업이나 자유로운 직종보다는 관직이나 대기업 같은 조직적인 직업이 잘 맞는다.

반 총장의 이마를 보면 매우 환하고 널찍하다. 하지만 어릴 적에는 그리 넓은 이마가 아니었을 것이다. 탈모가 진행되면서 위로 더 발달한 것이다. 이마가 좁다는 것은 청소년기가 그리 유복하지 않았음을 말한다. 이마 양쪽에 혹처럼 튀어나온 부분이 있는 걸 보면 머리가 매우 영특하다. 충주중·고등학교를 수석으로 졸업할 만큼 수재였던 것은 분명하지만 이 튀어나온 부분과 난문(이마의 끊어진 주름)이 남아 있는 것을 보면 어려운 난관을 뚫고 자라온 사람이다. 하지만 변지역마(이마 양쪽 머리카락이 자라는 부분)가 잘 발달해 있어 해외운은 좋은 편이었다. 중학교 때 교환학생으로 미국에 갈 수 있었던 것도 이 에너지 덕분이다. 타고난 머리와 성실하고 올곧은 노력으로 의식수준과 격이 높아지면서 현재의 넓고 둥근 이마에 이르게 되었을 것이다. 이렇게 인상은 살아온 환경과 더불어 발달하기도 한다.

정면에서 바라보면 귀가 활짝 열려 보이는데, 이런 귀를 가진 사람은 어학에 능통하며 남의 얘기를 경청할 줄 안다. 귀의 윗부분이 솟아 있어 행동하기에 앞서 생각을 하는 사람이나 튀는 생각으로 다른 사람과 차별화를 꾀하는 타입이기도 하다. 다른 이의 의견에 무조건 따르지는 않지만 존경할만한 사람의 의견이라면 바로 받아들일 줄도 알며, 그 인물을 확실히 모신다. 자기 의지가 분명해 결코 호락호락한 사람은 아니지만 눈썹이 잘 누워 있어 대인관계가 매우 좋아 외교관으로 적격이다.

그의 눈썹은 너무 많지도 적지도 않은 적당한 숱을 가지고 있어 인상학적으로 인간관계에 매우 좋은 성향을 갖추고 있다. 27세에 외무고시에 합격함으로써 자신에게 가장 어울리는 직업으로 인생의 오르막길에 들어선 이유는 바로 눈썹의 에너지 덕분이다.

이마는 난문 탓에 약해보이지만 이마에서 코로 내려오는 산근(콧마루와 두 눈썹 사이)이 잘 이어져 있으며, 인중과 입의 선이 분명하기 때문에 30대 이후의 삶이 평탄하게 탄탄대로로 이어지게 된다.

반 총장의 얼굴에서 가장 눈에 띄는 부분이 힘 있는 콧방울과 눈두덩의 탄력이다. 눈이 세 개 쯤은 들어갈 만한 널찍하고 탄력 있는 눈두덩을 가졌기에 많이 인내할 줄 안다. 자기의 주장을 당장 관철시키기보다는 때를 기다려 적당한 시기에 내놓는다. 상대에 대한 배려심도 넉넉하여 덕을 갖춘 사람이라는 평판을 얻기도 한다.

눈이 자그마하면서도 길어서 뭔가 해결해야 할 일이 있으면 답을 찾을 때까지 파고드는 매우 끈질기며 강한 내면을 지니고 있다. 철두

철미한 업무 처리로 정평이 난 그의 일하는 스타일은 이 눈의 기운이다. 눈 밑이 불룩하여 건강과 스태미나가 좋고 자녀운도 좋다.

눈매가 고운데다 콧대가 가늘어서 매우 세심하고 자상하며, 남을 돕는 일이 천직일 만큼 성품이 착하기도 하다. 얼굴형에 어울리는 가늘고 긴 코를 가지고 있어 묵묵히 한 길을 간다. 코가 높거나 두껍지 않고 야트막해서 겸손하기까지 하다. 학창 시절 공부를 잘하면서도 잘난 척 하지 않아 학우들로부터 인기가 높았다는 얘기는 바로 이 코 때문이다.

특히 콧방울에 탄력이 있어 마냥 참거나 양보하지는 않으며 챙겨야 할 것은 반드시 챙기는 강단이 있다. 민감한 외교적 사안을 처리할 때 무리 없이 타협점을 이끌어내면서도 국익을 챙길 수 있는 그의 승부사적 기질이 이 콧방울에 맺혀 있다.

갸름한 얼굴에 비해 광대뼈가 발달해 있으므로 명예운 또한 매우 좋다. 그러므로 중년에 들면서 외교관으로서 누릴 수 있는 주요 요직을 두루 섭렵하며 오늘날 이렇듯 명예로운 자리까지 승승장구하게 된 것이다.

60대에 이르러 전성기를 이루는 운기는 잘 생긴 입에 담겨 있다. 이 때에 이르러 넓어진 이마가 얼굴에 완벽한 균형과 조화를 이루게 되면서 인상 또한 최상으로 자리 잡으며 2004년 외교통상부 장관이 되었다. 특히 64~65세에 해당하는 입꼬리 주변에 살집이 있으면서 입꼬리가 보기 좋게 올라붙어 2007년부터 유엔 사무총장이라는 최고의 명예까지 누리게 된다.

법령(입가 미소선)이 적당하게 자리 잡아 법을 준수하지만 선이 너무 진하지 않기 때문에 무리한 고집을 피우지 않는 융통성이 있다. 얼굴이 늘 홍조를 띠고 있는 것으로 보아 사람과의 관계를 잘 유지하고 관리하며 마치 연애하듯 설레하며 일을 하는 사람이다.

미소 짓는 표정으로 뺨의 탄력을 유지하는 습관도 그의 탄탄한 만년을 보장해준다. 뺨에 있는 주름은 남들 같으면 쉴 나이지만 여전히 세계를 동분서주하며 일하는, 결코 편치 않은 지위에 있음을 보여주는 흔적이다.

턱이 좁은 듯하지만 알고 보면 갸름한 얼굴형에 어울리는 턱이다. 자기주장보다는 남의 얘기에 호응해주고 박수쳐주면서 근육이 안으로 모아진 모습이다. 얼굴과 균형을 이루고 있기 때문에 앞으로도 큰일을 해내면서 멋진 말년을 보내게 될 것이다.

'선함'과 '겸손'과 '배려'라는 따뜻한 키워드와 성실하고 올곧은 한 우물 노력과 헌신으로 오늘날 많은 후학들의 롤모델이 되고 있는 반기문 유엔 사무총장. 그는 인상이 곧 인생임을 보여주는 인상학의 롤모델로도 손색이 없다.

마음으로 전해지는 온화한 성품

　　1944년 6월, 충북 음성에서 태어난 반기문 총장은 고등학교 2학년 때 'VISTA(외국학생 미국방문 프로그램)'에 선발되어 케네디 대통령을 만나고 외교관의 꿈을 키웠으며, 서울대 외교학과를 졸업한 뒤 외교관의 길을 걷게 되었다. 영어도 잘하고 머리도 좋았던 그였지만 외교관 초임 시절에는 정권의 사랑을 받은 적이 없고, 2001년도 김대중 대통령과 미국 부시 대통령과의 정상회담이 실패로 끝나면서 외교관으로서의 운명이 위태로울 때도 있었다. 그렇게 2004년~2005년 장관직을 끝으로 그에게 주어진 국가 봉사의 기회는 마무리되는 것으로 보였으나, 주미대사로 임명되었던 분이 불의의 사고를 당하게 되면서 그 자리에 대신 앉게 되고 다음 대업인 유엔 사무총장까지 하게 되면서 '세계 대통령'이라 추앙받는 자리까지 오르게 된 것이다.

　　유엔사무총장은 능력이 출중하다고 해서 누구나 도전할 수 있는 자리가 아니다. 사무총장의 자리가 아시아 국가에 배정되는 기회를 갖기도 어렵거니와 혹 아시아에 기회가 왔다 하더라도 중국, 일본이라는 강대국이 차지할 가능성이 크기 때문이다. 미국, 영국, 러시아, 프랑스, 일본, 중국 등 우리나라와 이해관계가 얽혀있는 상임이사국 나라들의 동의도 얻어야 하니 더더욱 어려울 수밖에 없다. 그런데 반기문 총장은 4년 임기를 원만히 수행하고, 연임까지 하게 되었으니 국가원수의 명예를 능가하는 이분의 복과 운과 능력을 어떻게 가늠해볼 수 있을까. 근본이야 그분의 능력이고 운이라 할 수 있겠지만 우리는 그분의 얼굴에서 도대체 무엇을 발견할 수 있을까?

반기문 총장은 얼굴을 상하 삼등분 했을 때 위 얼굴이 작은 편이다. 그러나 이마가 둥글고 굴곡 없이 반듯하게 서서 짧지만 답답해 보이지는 않는다. 피부가 특히 희고 두께가 얇아 부드러워 보인다. 이마에 주름이 보이는 것은 나이 탓도 있겠지만 아마도 눈 뜨는 근육의 힘이 약해 눈이 시원하게 안 떠지다 보니 이마 근육의 힘을 이용해 눈을 뜨는 습관을 들이면서 생긴 것으로 추정된다. 이런 이마에 주름을 만드는 습관이 좁은 이마를 더 좁아 보이게 만드는 것이므로 반 총장이 젊다면 눈 뜨는 근육의 힘을 보강하는 안검하수교정술을 권할 수 있겠다. 이 안검하수교정술은 일명 눈매교정술이라고도 하는데 눈을 크고 또렷하게 뜨게 해서 크고 시원해 보이는 눈매를 원하는 분들이 많이 하는 수술이다.

쌍꺼풀 수술과 똑같은 수술이지만 수술 도중에 눈 뜨는 근육을 찾아 보강해야 할 만큼의 정도를 정해서 접어주는 점이 다르다. 대개 눈을 1mm 더 크게 뜨도록 하기를 원하면 눈 뜨는 근육은 3mm 줄여주는 비율로 수술하게 된다. 이때 양쪽 눈의 차이도 정확히 측정해야 하지만 정상에 가까워 보이는 눈이라도 반대편 약간 작은 눈을 손으로 올려주면 정상인 쪽이 작아지는 경우가 생길 수 있는데, 이런 숨겨진 안검하수를 찾아내는 검사를 꼭 해서 사전에 확실하게 측정을 해두어야 한다.

한편 반 총장의 눈썹은 반달형으로 둥글고 길지는 않다. 미간이 넓으며 눈썹과 눈 사이의 거리도 넓어서 부드럽고 여유 있는 성격임을 시각적으로 드러낸다. 눈은 상하 길이도 짧고 좌우 폭도 좁아서 젊은 여성들이라면 뒤트임 수술을 하고 싶어 했을 것이다.

눈과 눈 사이에서 시작하는 코는 코끝이 아래로 향해 있어서 길어 보이며, 콧방울이 넓게 발달해서 코가 뚜렷해 보인다.

광대뼈의 좌우 폭이 좁고 돌출되지 않아서 부드러워 보이고, 아래 얼굴이 길고 V라인이어서 여성스러운 느낌을 준다. 입이 돌출되어 있지 않고 치아도 가지런하며 특히 아래턱의 발달이 좋아서 안정감과 품위 있는 이미지를 풍긴다.

입가의 깊은 주름은 잘 웃는 습관이 원인일 수도 있겠지만 뺨 부분의 피부 노화가 주된 원인이라 여겨진다. 피부가 처져 내려오면서 접힌 것이다. 이런 주름은 안면거상술(얼굴의 늘어진 피부를 당기고 제거하는 수술)로 개선할 수 있지만 이것만으로는 저하된 피부 탄력과 얇아진 두께 문제를 해결할 수 없다. 주름진 부분의 피부 탄력을 회복시키고 젊은 피부같이 두껍게 만들어주기 위해서는 자가진피회생술을 시행해주는 것이 좋다.

미적으로는 잘생긴 편이 아니지만 반 총장에게서는 온화하고 맑은 분위기가 느껴진다. 필자가 보기에는 그것이야말로 그분의 마음이 밖으로 드러나는 것이라고 생각된다. 하얀 형광등이 그냥 보기에는 백설같이 희지만 전기가 들어오기 전에는 빛이 나지 않듯이 아무리 성

형으로 외형을 만들어도 빛이 나는 모습은 전기라는 마음이 전제되어
있어야만 가능한 것과도 같다. 이것이 학연, 지연, 집안 배경을 뛰어
넘어 그분을 유엔 사무총장의 자리로 이끈 힘이자 '운'의 근본이라 생
각된다.

3

돈이 모이는 코
명예가 쌓이는 광대

여기서는 중안中顔 중에서 코나 광대가 발달한 얼굴들을 만난다. 코는 재물운을 나타내며, 코끝이
둥글고 속이 잘 보이지 않는 것이 좋다. 광대는 명예운을 나타내는데, 광대뼈가 튀어나온 사람들은
체면을 중요시하고 명예욕이 강한 편이다. 3장에서는 코 또는 광대가 특히 발달한 유명인들의 인상
을 살펴본다.

이 승 기

전 국민에게 사랑받는
아름다운 청년

주선희 바른 생활 청년에서 옴므 파탈까지

　얼마 전 인터넷 여론조사 중 '이번 추석에 딸이 사윗감으로 데려왔으면 하는 배우' 항목에서 가수 겸 배우 이승기가 1위에 올랐다. 한국표준협회의 웰빙지수 조사에서는 소비자들이 생각하는 웰빙이 가장 잘 어울리는 연예인으로 뽑히기도 했다.

　그의 트레이드마크는 한입 가득 웃는 웃음과 '바른생활 청년' 이미지이다. 주변을 밝히는 환한 웃음과 매사 열심히 하는 태도로 가끔씩 고개를 드는 옴므 파탈설을 잠재우는 이승기. 그가 지닌 신비로운 매력의 비밀을 인상학적으로 분석해보자.

이승기의 헤어스타일을 보면 숱이 유난히 많고 머리카락도 두꺼워 보인다. 이런 머릿결을 가진 사람은 자기 고집이 강하며 의리를 중요시한다. 눈썹 밑 근육이 돌출되어 그 돌기를 따라 눈썹이 각이 진 것을 보면 '자기주장형'이다. 일찍부터 하고 싶은 일이 많았을 것이며 될 때까지 끝장을 보는 눈썹이다. 사람도 한번 사귀면 오래간다.

귀를 보면 안쪽 연골이 귓바퀴 밖으로 튀어나와 있어 조직생활에 어울리기 힘든 '튀는 성격'이다. 원래는 칼귀였을 것이나 많이 웃으면서 뺨의 살이 귀 쪽으로 이동, 가위로 자른 듯 네모난 귓바퀴를 만들어 낸 것이다.

인상학적 특징으로 보면 상당히 강한 성격을 지니고 있는데도 그가 부드럽고 착한 이미지로 보이는 것은 이마를 가리며 내려온 헤어스타일 덕분이다. '나는 나다'라고 내세우기보다 자신을 내려놓고 이 정도에서 즐겁게 살기를 스스로 택한 것이다. 눈썹도 차분하게 누워 있는 걸 보면 마음관리를 잘하고 있는 것 같다. 튀는 성격을 숨기고 자연스러운 미소로 포장할 줄 아는 '어린 남자'의 지혜가 놀라울 따름이다. 나이가 어림에도 불구하고 단맛 쓴맛을 다 맛보고 난 다음의 여유와 관조하는 내공이 느껴지는 이유는 무엇일까? 어쩌면 우리가 알지 못하는 그만의 계기가 있었을지도 모르겠다. 그에게서 신비로운 에너지와 힘이 느껴지는 이유는 거기에 있다.

예비 장모인 30대 후반, 40대 초반의 여성들이 좋아하는 이유는 홀꺼풀인 눈과 먼저 웃는 눈에 있을 것이다. 홑꺼풀의 눈은 사람의 진정성을 이해하려 노력하는 사람의 눈이다. 입이 웃어도 눈이 웃지 않는 사람이 많은데, 이승기의 경우는 눈부터 웃어준다. 이는 마음이 진짜 웃는 것이다. 눈이 먼저 웃으면 끼와 재치가 많다. 끼는 연예인으로서의 기질도 되겠지만 '옴므 파탈'적인 이미지도 된다. 까무잡잡한 피부와 두둑한 입술에서 느껴지는 에너지도 남성적 이미지와 연결된다. 눈밑 살을 보면 눈의 세로 길이만큼이나 볼록하여 강한 스태미나가 느껴진다. 이래서 '동생'을 넘어 '남자'로 다가오는 것이다.

이승기의 코는 특별히 잘생겼다. 흠집 없이 적당하게 두둑한 코와 둥그런 콧방울은 예비 장모들에겐 '저만하면 우리 딸을 평생 고생시키지 않을 만한 반듯한 사회적 위상을 가진 사위'가 될 것이라는 든든함을 느끼게 해준다. 코가 짧으면 유약하거나 여러 우물을 팔 수가 있는데, 그의 코는 한 우물을 팔만큼 적당한 길이에 코끝이 둥글어 여러 가지를 섭렵한 듯한 여유 있는 표정을 만들어준다. 콧방울이 좋아 자기 것을 잘 챙기기도 한다. 광대뼈가 드러나지 않으면서 코만 돋보이기 때문에 자기를 내세우지 않고 생글생글 맞장구쳐주면서도 강호동의 튀어나온 광대뼈 기질과 무리 없이 조화를 이루어내기도 했다. 앞으로 사업가로서의 실력을 발휘할 수 있는 좋은 코다.

살짝 말려 올라간 듯한 윗입술을 보면 야성적인 매력이 언뜻 느껴진다. 남성이든 여성이든 약간 들려 있는 입술을 지니면 아웃사이더의 성향을 가진다. 뒷골목도 재미로 어슬렁거려 볼 듯한 사람이다. 말에 있어서도 절대로 지지 않는 타입으로 말하는 재치와 순발력이 뛰어나 어떤 말을 해도 밉지가 않다. 입이 살짝 옆으로 틀어지는 것은 세상의 씁쓸한 단면을 맛보았음을 의미한다.

그의 입꼬리는 노력하지 않아도 절로 올라간다. 그만큼 많이 웃고 살았다는 것이다. 특별한 고생이나 고민 없이 살아왔으며 '나는 이렇게 될 거다'라고 말이 앞섰는데 그게 딱 적중하여 스타덤에 오르게 되었다. 그 자신감을 귀엽게, 사랑스럽게, 능력으로 봐주는 '시대를 잘 타고난' 억세게 운 좋은 청년이다.

다물면 크지 않지만 웃거나 말할 때 고무줄처럼 쫙 늘어나고 위아래 16개의 이가 시원하게 보이면 인상학적으로 매우 좋은 입이다. 출납관인 입이 잘생겨서 끊고 맺음이 분명하며 계산도 정확하다. 연애를 할 때도 이중, 삼중으로 이성을 만나지 않고 한 이성과 매듭을 확실히 지은 다음에 새로운 시작을 하는 깔끔한 형이다.

법령(입가 미소선)이 뚜렷하여 어릴 때부터 자기 일을 잘 알아서 하는 자기주도형이며 원칙주의자다. 구속과 간섭을 싫어하며 좋고 싫은 것이 분명해서 조직에 속하기보다 프리랜서가 적성이다.

목젖 부분에 솟아오른 돌기를 보면 욱하는 성격도 있을 것이다. 극단적 상황에서는 돌발적인 성격이 나올 수 있으니 화가 날 때는 운전 등을 조심할 일이다.

인상학적으로 종합해보면 이승기의 원래 얼굴은 튀어나온 눈썹과 목뼈, 칼귀를 가진 갸름한 얼굴형으로 남과 두루뭉술 어울리기보다 자아가 강한 성격을 지닌 타입이다. 그렇지만 겸손과 긍정적 태도 등의 후천적 노력으로 새로운 이미지를 창조해낸 것을 보면 그는 앞으로도 오래도록 사랑받는 국민MC요 국민배우로 자기관리를 잘 해나갈 것으로 보인다. 좀 더 나이가 들면 남과 다른 독창적 사업을 구상하여 고기가 물 만난 듯 거침없이 신 나게 사업을 펼쳐 마침내 성공을 거두게 될 것이다. 그때도 지금처럼 겸손의 지혜를 잃지 않는 마음경영, 얼굴경영을 잘 해나가길 기대해본다.

진세훈   만화 같은 얼굴선을 지닌 국민남동생

아내가 TV에서 이승기를 보더니 사위 삼았으면 좋겠다고 말한다. 며칠 뒤 장모도 똑같은 말을 한다. 헛, 지금 사위가 마음에 안 든다는 얘기일까? 주위에서 이런 얘기를 하는 사람들이 많다. 대한민국 사위들을 더욱 초라하게 만든 '국민남동생' 이승기. 아이유, 손연재 등 국민여동생은 많지만 '남자 귀요미의 영역'에서 '허당 선생' 이승기의 아성을 넘볼 남자는 당분간 나오기 힘들지 않을까?

미학적으로 이승기의 얼굴을 뜯어보면 특출하게 잘생긴 데가 별로 없다. 장동건이나 원빈처럼 조각 미남인 얼굴과는 한참 거리가 멀다. 눈은 외꺼풀인데다가 눈꼬리는 처졌다. 두툼한 애교살이 눈을 작아 보이게 한다. 코는 크고 길지만 콧방울이 둥글어서 이 역시 미남 코로 규정하기 힘들다. 윗입술은 약간 튀어나왔다. 그런데 10대부터 80대까지 '깨물어주고 싶다'며 옆에 두고 싶어 하니 웬일일까?

성형외과 의사의 눈으로 보건대 이승기의 얼굴은 '윤곽'과 '선線'의 미학이 잘 조화돼 호감을 주는 얼굴이다. 그의 얼굴은 좁고 길다. 가운데 얼굴이 낮고 턱은 작아서 눈, 코, 입이 더 선명하게 보인다.

짙은 눈썹 아래 두툼한 애교살이 받쳐주고 있는 긴 눈, 동그란 콧방울, 약간 튀어나온 윗입술이 도드라져 보여 그린 듯 시원시원한 느낌을 준다. 결과적으로 '만화 속 주인공' 같은 이미지를 풍기는 것이다.

얼굴은 V라인이면서도 부드러워 보인다. 일반적으로 턱살 속에 지방이 적으면 날카로워 보이는데 이승기의 턱에는 지방이 적절하게 있기 때문에 부드럽게 보이고, 이때문에 '귀요미 인상'을 풍기는 듯하다. 이승기의 얼굴은 귀엽고 만화 같은 얼굴이지만 얕지 않다. 자연스러운 표정 때문이다. 자연스러움은 자신감에서 우러나오는 듯하다. 게다가 옷걸이도 좋다. 식스팩 몸매는 아니지만 키 182cm, 몸무게 70kg에다가 단단한 체형이 시원한 느낌의 배경이 된다.

예능 프로그램 외에 가수와 연기자로서의 내공도 만만찮다. 가수로서는 2004년 「내 여자라니까」로 데뷔해서 그해 연말 각종 가요시상식에서 신인상을 휩쓸었다. 이후 「결혼해줄래」, 「우리 헤어지자」, 「정신이 나갔었나봐」 등 숱한 히트곡을 내고 있는 인기 가수이다.

연기자로서도 눈부신 활약을 펼치고 있다. 드라마 『소문난 칠공주』에서 뺀질이 마마보이 역을 능청맞게 소화했고, 『찬란한 유산』에서는 귀여운 재벌 2세 역을 '찬란하게' 연기했다. 『내 여자친구는 구미호』에서는 철은 없지만 인정이 있는 따뜻한 대학생 역을 너무나 자연스럽게 소화했다. 한마디로 머리와 재주가 아주 뛰어나다. 친근한 얼굴은 요즘처럼 무서운 세상에 경계심을 풀게 하는데, 거기에 자신감과 총명함이 얼굴에 녹아 있으니 여성들이 좋아할 수밖에 없지 않을까?

이승기가 입을 다물고 무표정한 모습으로 뭔가를 생각할 때는 입이 약간 나와 보이고 턱이 작아 보인다. 턱이 작으면 입이 튀어나와 보이고 표정이 없을 때 화난 모습이 된다. 하지만 이승기의 얼굴은 전체적으로 좁고 가운데 부위가 낮아서 이런 단점이 약간 가려진다. 무엇보다 늘 떠들거나 활짝 웃고 있어 작은 턱, 튀어나온 입이 덜 부각된다. 이런 얼굴형은 태아의 모습에 가까워 동안童顔으로 느껴지고, 강해보이지 않아서 편안한 느낌을 주기도 하는데 이승기는 단점보다는 장점을 잘 살리고 있는 셈이다.

요즘 성형외과를 찾는 남성 가운데 이승기처럼 시원한 눈을 갖게 해달라고 요청하는 사람이 종종 있다. 이를 위해서는 눈트임 수술을 받는 것이 지름길이다. 눈시울을 덮는 눈꺼풀의 몽고주름에서 코허리 방향으로 트여주고, 눈꼬리 부분을 넓히면서 아래 방향으로 트여줘 약간 처져 보이게 만드는 수술이다. 부분마취 뒤 앞뒤를 모두 터주는 수술에 40분 정도 걸린다. 마취주사 놓을 때와 실밥을 풀 때 따끔따끔하지만 큰 고통은 없다. 5~7일 뒤 실밥을 풀면 그 전보다 시원한 국민남동생의 눈에 가깝게 될 것이다.

대한민국의 첫 여성 대통령

| 주 선 희 | 경청과 배려의 덕을 지닌 지도자 |

2012년 12월 19일, 헌정 사상 최초 여성, 2세, 독신, 이공계 출신 등, '최초'라는 기록을 쏟아내면서 박근혜 후보가 대한민국 대통령에 당선됐다. 찰색을 읽는 인상학자로서 이번 대선은 참으로 예측이 쉽지 않았다. 박근혜, 문재인 두 후보의 얼굴빛이 하루가 다르게 변했기 때문이다. 안철수 전 후보가 지지를 선언할 즈음에는 문 후보의 찰색이 더 좋더니 안 후보의 지원 태도가 뜨뜻미지근할 때는 박 후보가, 마지막 토론 즈음에는 문 후보가, 그리고 선거 전날과 당일에는 놀

랍게도 박 후보의 얼굴이 빛났다.

마지막 유세 후 박 후보는 이제는 모두 하늘의 뜻에 맡긴다는 심정으로 마음경영을 했을 테고 문 후보는 밤새 노심초사한 듯했다. 이렇듯 찰색은 그 사람의 운기를 예견하게 한다. 적잖이 걱정이 되는 것은 대통령 자리에 있어야 할 사람들 얼굴빛이 금세 변화한다는 데 있다. 과거 고故 김대중 전 대통령이나 김영삼 전 대통령의 경우는 찰색이 한결같았다. 정치 9단답게 마음경영을 거뜬히 해낸 것이다. 앞으로 우리 18대 대통령도 이렇듯 담대한 마음경영을 해주기를 당부한다. 한 편의 대하드라마 같은 박 당선인의 삶을 얼굴에서 읽어보기 전에 박 당선인의 인생을 간단히 요약해보자.

12세에 부친인 박정희 대통령을 따라 청와대에 입성한 영애令愛는 23세 때부터 서거한 어머니 대신 5년간 퍼스트레이디의 역할을 해오다가, 28세에 부친의 서거로 16년 청와대 생활을 마감했다. 꽃다운 10대와 20대를 너무나 '남다르게' 보냈으며, 1997년 15대 대선 때 이회창 후보 지지를 선언하며 정치에 투신하기 전까지 30대와 40대 초반도 조용한 은둔의 삶으로 외로운 세월을 보냈다.

1997년 대선에 이회창 후보 지지를 선언하며 정계에 복귀한 그녀는 1998년 대구 달성군 재보궐 선거에서 15대 국회의원에 당선되면서 본격 정치 인생을 시작했다. 이후 그녀는 누구도 따를 수 없는 퍼스널 브랜드로 정치판에서 '선거의 여왕'으로 불리며 강력한 영향력을 행사해왔다. 지난 2007년 대선 후보 경선에서 이명박 대통령에 패했지만 결국 18대 대선 후보가 되어 대통령 당선의 꿈을 이루어냈다.

박근혜 당선인의 전체적 상은 귀격으로 매우 좋은 편이다. 윗부분을 부풀리는 헤어스타일은 '나는 귀격이다'라는 표현이다. 이제 국가 최고의 지위에 있으니 이 헤어스타일은 더더욱 어울리는 스타일이 된다. 선거 운동 때 시골 할머니의 손을 덥석 잡아주던 따뜻한 모습처럼 늘 겸손하게 낮추어줄 때 진정한 귀격이 된다. 머리카락이 두꺼워 좋은 건강을 타고 났으며 의리가 있다. 이마 앞머리를 내리는 것도 간섭을 받을 만할 때는 받겠다는 의미다.

흔히 공학도의 귀는 뒤로 붙어 있는 게 특징인데, 살짝 앞을 향해 열려 있어 남의 조언을 잘 받아들인다. 이마가 둥그스름하게 잘생기지 않고 가운데 부분이 들어가 보이는데, 이 부위에 해당되는 23살에 어머니를 여의었으며, 눈썹과 눈썹 사이가 볼록하지 못하여 28살에 부친이 서거하는 비운을 겪었다.

눈썹이 동그스름한 라인을 그리면서 눈썹털이 잘 누워 있어 많은 사람들의 마음을 배려한다. 강단을 가진 사람이라 눈썹에 각이 있을 만도 한데, 이렇게 고운 이유는 사람들을 향해 유연한 태도를 보였다는 의미다. 앞으로도 계속 이 모습의 리더가 되어주면 좋겠다.

눈은 동그랗게 웃지만 웃지 않을 때는 앞부분이 매우 날카롭고 눈빛이 맑은 품성을 지녔으나 왠지 쓸쓸하다. 부친이 서거한 일련의 과정을 보아왔기 때문에 배신의 트라우마가 있겠지만 눈두덩에 적당한 살집이 있어 원래는 잘 믿어주는 사람이다. 눈이 옆으로 길어 많이 생각하되 표현은 적게 하며 멀리 내다보며 계획하는 눈이다. 눈 밑도 볼록하여 역시 스태미나가 좋다.

특히 코가 길고 굵게 잘 뻗어 있어 위상이 반듯하다. 코가 둥글둥글하여 꼬치꼬치 따지지 않고 밀어붙이는 힘도 있고, 자신이 쓸 재물도 있다. 특히 46~47세 자리인 광대뼈가 좋아 그때 정치계로 화려하게 복귀했다.

인중이 짧은 듯한데 이런 사람은 성격이 급하다. 귀나 다른 부분에서 급한 성격이 보이지 않는 걸 보면 자신에게만 급한 사람이다. 다급하게 요구하지는 않지만 본인은 매사 급하게 처리하는 타입이다. 인중이 좀 부족하여 인중의 영향권인 55세에 테러를 당했다.

입술이 얇아서 매우 치밀한 사람으로 '수첩공주'가 된 이유가 여기 있다. 가끔 입이 틀어지는데 비위 상하는 일이 오래 지속되어 생긴 근육 탓이다. 다 내려놓고 진정한 화합의 모습으로 마음이 웃어준다면 제자리를 찾게 될 것이다. 이가 반듯한 걸 보면 어금니를 깨물며 사는 억척형보다는 매사 감사형이며, 법령(입가 미소선)이 뚜렷하여 원칙을 지킨다.

인고의 시간을 보내면서 턱이 발달하여 '한다면 하는' 성격을 보인다. 턱 옆 흉터의 기운으로 58~59세는 힘들게 지나갔을 것이다. 아랫사람들이 잘 받쳐주겠으나 이 흉터 등의 영향으로 언제든 위기에 노출되어 있다. 탕평 인사로 아랫사람들을 잘 이끌어가는 지혜가 절실하다.

최근 50대 후반의 얼굴을 보면 56~57세에 해당하는 보조개 부분이 나쁘지 않다. 그때가 이명박 대통령과의 경선에 승복했을 때이다. 어려움을 겪었는데 왜 좋은지 궁금할 것이다. 그건 그때 대통령이 되지 못했기에 이 대통령 시절의 과오를 보았고, 결과적으로는 그것을 거울삼을 수 있게 되었다.

박 당선인의 얼굴을 전체적으로 보면 그렇듯 험난하게 살 얼굴이 아닌데, 금성과 토성이 섞인 '카리스마' 있는 목소리가 그에게 굴곡의 삶을 부르는 듯하다.

앞으로도 많이 웃고, 다른 이의 말을 경청하고, 아랫사람 인사를 골고루 하고, 중심을 잘 잡는 마음경영을 한다면 대한민국 최초의 여성 대통령으로서 국격을 선진 반석에 올려놓은 멋진 대통령으로 길이 역사에 남을 것이다.

진세훈 퍼스트레이디에서 퍼스트로 거듭난 첫 여성 대통령

박근혜 당선자는 1952년생이니 만 60세가 넘었다. 그는 22세의 나이에 어머니를 흉탄에 잃고 '퍼스트레이디'가 되었고, 27세에는 대통령이었던 아버지마저 총탄에 잃었다. 어린 동생들을 데리고 쫓기듯 청와대를 나와 살벌한 정치 현실의 중심에서도 숨죽이며 살아야 했던 그다. 부모님을 모두 잃었을 뿐 아니라 자신도 테러를 당하는 등의 위험한 고비를 맞기도 했지만 소속된 정당이 무너지는 절체절

명의 위기에서 정당을 두 번씩이나 살려내며 한국의 보수층을 하나로 결집시키는 마력을 보였다. 그런 그가 청와대에서 밀려 나온 지 33년 만에 다시 한 번 청와대 입성을 눈앞에 두고 있다. 자신의 힘으로, 국민의 선택으로 대통령에 당선된 박 당선자의 얼굴을 꼭 한번 살펴보고 싶었다.

우리 민족의 얼굴 골격은 대략 남방계 골격이 20%, 북방계 골격이 6%, 나머지는 중간계형 골격의 구조를 취한다고 알려져 있다. 박 당선자의 얼굴은 약 1만여 년 전에 바이칼호를 따라 한반도에 들어온 퉁구스 북방계에 가까운 중간계형 얼굴로 보인다. 퉁구스 북방계는 동그란 얼굴, 작은 코와 입, 흐린 눈썹을 특징으로 하는데, 박 당선자의 얼굴형은 둥글고 부드러우며 쌍꺼풀이 있는 듯 없는 듯한 것이 중간계형 얼굴의 특징을 그대로 보여준다.

박 당선자의 피부는 전체적으로 부드러워 보이고 나이에 비해 주름이 거의 보이지 않는다. 물론 피부관리의 영향도 있겠지만 진피층의 두께가 선천적으로 두꺼운 것과 적당량의 피하지방층이 유지되고 있는 것으로 보인다. 피부관리를 잘하면 피부가 좋아지긴 하지만 자신의 타고난 피부를 크게 벗어나는 결과를 얻기는 어렵다는 것이 어쩔 수 없는 사실이다. 특히 박 당선자의 경우 일반인이 상상하기조차 어려운 인생의 과정을 겪어왔지만, 미간의 찡그림으로 생기는 내 천川자 주름이나 입가의 팔자주름, 입술 위쪽의 표정주름 등이 없는 것은 평소 엄격한 마음 관리를 통해 완벽에 가까운 평상심을 유지했기 때문이라 여겨진다. 총에 맞아 피범벅된 아버지의 셔츠를 빨면서 분노하지 않고 타락하지 않겠다고 결심한 내용을 일기장에 적어 내려간 경험은 이렇듯 자신을 다스릴 줄 아는 이의 얼굴에 그대로 반영이 되어 드러나는 듯하다. 유일하게 보이는 노화의 흔적이라면 아래 눈꺼풀에 진 약간의 주름과 지방의 돌출 흔적인데, 이마저 없다면 너무 나이에 어울리지 않을 것 같아 차라리 조화롭다 하겠다. 피하지방이 처지지 않고 그 양도 잘 유지되니 그의 육체적인 건강은 선거 유세 기간에도 이미 검증되었겠지만 좋은 듯하다.

박 당선자의 얼굴은 상중하 각각 3분의 1씩 균형이 잘 잡혀 있고 이마도 둥글고 반듯해서 전체적으로 인상이 부드러워 보인다. 눈썹 부위가 튀어나오지 않고 원만하며 눈썹은 다소 흐린 듯하지만 눈이 크고 길이가 길어서 충분히 아름다워 보인다. 윗눈썹과 눈 사이의 거리가 멀지 않아서 여유가 있어 보이진 않지만 나약해 보임을 피할 수 있어서 오히려 장점이라 여겨진다. 눈 밑의 애교살은 나이가 들면서 대개 아래로 처지는 모양이 되지만 박 당선자의 경우는 뚜렷이 유지되고 있어서 감성을 표현하는 데 도움이 된다. 몽고주름이 있으나 양 내안각 사이의 넓이가 넓지 않아서 부담스럽지 않고, 코는 다소 작은 듯하며 좁지만 코끝이 둥글고 길어 보여서 자칫 날카로워 보일 수 있는 인상을 완화시켜준다.

나이에 비해 처지지 않은 볼은 둥글고 부드러워 보이고 돌출되지 않았다. 볼의 탄력이 유지되는 것은 피하 연부조직의 탄력이 잘 유지되고 있기 때문이다. 따라서 입가의 팔자주름도 두드러지지 않고 입주변의 모습이 굉장히 균형 잡혀 있다.

윗입술은 길지 않으나 얇은 편이어서 단정하지만 동시에 냉정해 보이는 인상을 준다. 또한 그의 작은 입은 신중한 성격을 드러낸다. 입꼬리가 약간 내려와 과묵해 보이지만 웃을 때는 치아 전체가 드러나면서 밝고 환환 웃음을 보여준다. 다소 작은 듯 보이는 치아는 고르고 가지런해서 복스러운 인상을 준다. 특히 아래턱이 잘 발달하여 자신감 있어 보이고 강한 추진력과 의지가 느껴진다.

주변의 많은 분들이 박 당선자를 보고 참 곱게 늙어간다고 부러워하면서도 그가 비싸고 유명한 곳에서 피부관리를 받아서 그런 걸 거라고 함부로 시샘하지는 않는다. 그는 이미 대중에게 자신의 삶의 모습을 인정받고 있는 것이다. 선거 과정에서의 수많은 흑색선전 중에서도 '고가의 피부관리' 따위를 겨냥한 발언이 나오지 않은 이유도 그래서이다. 커터칼 테러로 인한 오른쪽 뺨의 흉터는 다행히 두드러져 보이지 않는다. 하지만 고개를 아래로 숙일 때 흉터 주변의 피부가 처지면 눈에 띌 염려가 있으므로 평소 머리의 자세를 고려하는 것이 좋겠다.

어린 시절 겪었던 상상하기조차 힘든 두 번의 상실과 나라의 변고, 청와대에서 쫓기듯 나온 후 극단적인 정치 상황 속에서의 인고, 삶과 죽음만이 있는 칼끝 같은 현실 정치 속에서의 생존, 자신을 향한 테러 등 숱한 사연이 있었지만 미간에도, 이마와 입가에도 표정주름이 생기지 않았다. 그리고 33년의 세월이 흘러 여전히 아름다운 모습을 유지한 채 청와대에 다시 들어갈 날만을 앞두고 있다. 성형 미학을 넘어서서 박 당선자가 선진 문화의 대한민국을 만들기 위한 대통령 당선자라는 자리에 어떻게 오를 수 있었는지 마음속으로 함께 생각해볼 필요가 있겠다.

박 당선자의 삶에는 일반인이 상상하기 힘든 어려움, 그 어려움의 긴 시간들, 그리고 정치판에서의 배신감과 두려움, 고통 따위가 수없이 많았다. 하지만 그는 과거 일기장에 적은 대로 분노하지 않고 타락하지 않으며 무너지지 않고 진심을 가지고 노력하면 큰일을 이룰 수 있다는 것을 우리에게 보여주었다. 그리고 그러한 믿음을 우리에게 심어준 것이 이번 대선의 가장 큰 소득이 아닐까 생각해본다.

주름 치료에 오랜 시간 몸담으면서 알게 된 것은 나이 든 분들은 흉터보다 주름을 더 흉하다고 생각하신다는 사실이다. 심지어는 흉함을 넘어 추하다고 생각하시는 분들도 있다. 부디 박 당선자께서는 5년 후 청와대를 떠나실 때 얼굴과 마음에 주름지지 않은, 흉하지 않은 지금의 모습 그대로를 간직한 채 밝은 모습으로 나와 주시기를 기원한다. 대한민국 제18대 대통령에 당선되신 것을 진심으로 축하드린다.

◯◯◯

신비로운 분위기를 가진
동양적 섹시 미인

주선희 끼와 근성, 격과 신비로움을 지닌 멜로 퀸

　드라마 『천일의 약속』의 인기를 끌어낸 힘은 김수현표 대본에도 있지만 무엇보다 주인공 수애의 가슴 절절한 연기에서 나왔다. 첫 회 남자친구로부터 이별을 통보받고 화장실에서 오열하던 모습, 남자친구와 주변 사람이 자신의 치매를 알게 되었을 때 문고리를 잡고 무너지던 모습에 잠을 못 이루며 슬픔을 삭였다는 시청자도 있다. 혼신의 연기로 대중을 매료시키는 수애의 연기력과 매력의 비밀은 얼굴 어디에 담겨 있는지 풀어보기로 하자.

인터넷에서 소녀 시절 수애가 공효진과 함께 찍은 사진이 화제가 된 적이 있다. 그 사진 속 앳된 얼굴과 지금의 성숙한 얼굴을 보면 인상학적으로 차이가 있다. 먼저 소녀 수애의 얼굴을 살펴보면 유난히 튀어나온 송곳니가 눈에 띄는데, 이런 송곳니를 가지고 있는 사람은 끈질긴 성격의 소유자다. 약간 드러나는 잇몸과 덧니는 틈이 있는 사람처럼 보이게 하면서 귀여운 매력이 되므로 아마 어려서부터 인기가 좋았을 것이다. 나팔형으로 벌어지는 큰 앞니는 자기주장이 강한 성격을 드러낸다.

코끝에 살이 붙어 약간 내려온 듯한 코는 사람을 잘 엮는 재주가 있어 주변에 사람이 모인다. 코끝이 통통한데다 뺨까지 탱탱하여 잘 웃고 여유가 있는 성격이므로 사람이 많이 따랐을 것이다. 살집이 있는 코에 콧구멍도 보이지 않으므로 공격과 방어에 능하며 자기 것을 잘 챙기는 실속파다. 돈이 들어오면 옆으로 새지도 않는, 말 그대로 '복코'로 어른들이 좋아하는 '맏며느리감'의 뺨과 코를 가졌다. 과거에는 얼굴이 보름달처럼 둥글어 훤하면 부富의 상징이라 했으나 현대에 와서는 즐겁게 만나는 사람이 많은 '사람 부자'로도 본다.

이마에서 눈썹까지, 눈썹에서 코까지, 코 밑에서 턱까지 삼등분한 얼굴의 균형을 보면 이마가 좁은 편에 속한다. 특히 양옆이 잔머리털에 잠식되어 있는데 이런 이마를 가지면 부모가 밀어주기 전에 본인이 나서서 연예계로 나오게 된다. 책상 앞에 앉아 공부만 열심히 하기엔 감성이 너무 풍부한 이마다.

눈썹과 눈 사이에 자리한 눈두덩은 눈이 세 개는 들어갈 정도로 간격이 넓고 두툼하다. 이 눈두덩은 여유와 스태미나가 충만하다는 걸 보여준다. 눈밑 도톰한 애교살 역시 건강과 끼를 말해준다. 코 옆 양 눈꼬리가 새 발톱처럼 들어가 보이는 약간 날카로운 눈인데 이런 눈은 눈썰미가 뛰어나다. 재빠르며 재치가 넘치는 여우 같은 눈이기도 하다.

눈이 먼저 웃는 눈웃음에는 끼가 다분하며, 귓바퀴를 따라 둥글게 내려오지 않고 솟아나온 귀 연골을 보면 튀는 걸 좋아하니 연예인으로 나설 만하다. 짧은 인중에는 순발력 있는 말솜씨와 급한 성격이 담겨 있다.

지금 수애의 얼굴은 소녀 때의 모습과 사뭇 달라져 있다. 누군가 수애에게서 마릴린 먼로가 보인다고 했는데, 인상학적으로 볼 때 마릴린 먼로는 지금의 수애보다 예전의 수애에게서 더 많이 느껴진다. 우선 본인이 밝힌 것처럼 치아 교정으로 덧니가 없이 가지런해졌다. 날카로웠던 눈꼬리도 부드러워졌으며, 이마도 잔털이 없어지면서 한결 넓어졌다. 입보다 먼저 웃던 눈웃음도 이제는 입이 먼저 웃은 다음에 웃는 눈웃음으로 차분해졌다.

삼등분한 얼굴이 균형을 이룰 수 있게 넓어진 이마는 지성적인 이미지를 더해준다. 잔머리털이 없어져 이마가 양옆으로 넓어짐으로써 얼굴이 길어 보이게 되었다. 더불어 바깥으로 나돌면서 감성적으로 치닫기보다는 깊이 생각한 다음 행동하는 성향으로 바뀌었다. 속도를 한

템포 늦추고 관조할 수 있는 이마가 된 것이다.

눈썹은 끝이 살짝 내려간 모습으로 변화했다. 속상하거나 슬픈 일이 많았을 경우에도 내려가게 되지만, 웃을 때 너무 올라가는 입꼬리가 신경 쓰여 웃음을 절제한 경우도 내려가게 된다. 덕분에 착하면서 가련한 여인의 배역에 어울리는 눈썹이 되었다.

눈매도 달라졌다. 매서운 구석이 있는 매의 눈도 아니고 재치 있는 여우의 눈도 아닌 부드럽고 긴 눈으로 바뀌면서 시선 또한 그윽해져 남을 배려하고 멀리 볼 줄 아는 눈이 되었다. 진한 눈썹은 드라마 『아테나』속 첩보원 역에서 보여주는 강한 성격을 일러준다. 눈썹 사이가 넓어 깐깐하지 않고 여유로운 성정을 지니고 있다.

둥글고 살이 있어 원만하고 저력 있어 보이던 코도 약간 날씬해지면서 광대뼈와 균형을 이루게 되었다. 과거에 비해 좀 더 단아해진 코는 세련된 이미지를 더하며 넓어진 이마와 함께 반듯한 위상을 보여준다. 스스로는 물론 주변에서도 인정을 해주는 위상을 갖게 된 것이다. 그래서 영화나 드라마에서 배역도 늘 반듯한 역할이 주어지게 되었다. 예전의 복코는 돈과 사람을 찾아다니는 코였지만 지금은 남이 돈을 가져다주어서 받는 쪽으로 격이 바뀌었다.

인중은 치아 교정으로 많이 길어지긴 했지만 옛 근육이 기억되어 웃을 때 입술이 올라가면서 짧아진다. 이는 예전의 급한 성격이 아직 남아 있음을 의미한다. 늘 사람들 앞에서 웃어야 하는 직업 탓에 인중은 당분간 더 길어지진 않을 것 같다. 입이 크고 입술이 도톰하여 통이 크고 대범하며, 말하는 직업을 가지긴 했지만 수다스럽지는 않은 입이다. 왼쪽 뺨의 보조개는 섹시한 매력을 더하며 살짝 앞으로 나온 듯한 턱에는 한다 하면 목숨 걸고 해내는 근성이 담겨 있다.

멜로드라마 속 슬픈 여주인공 역에 누구보다 잘 어울리는 것은 긴 목이 주는 이미지 덕분이다. 목이 길어 외롭겠지만 귀격으로 보인다. 격이 있는 사람치고 외롭지 않은 사람이 없다는 사실이 좀 위로가 되지 않을까. 그래서인지 떠나는 사람에게 처절하게 매달리거나 붙들어 매어 곤란에 처하게 하는 모습은 아직 드라마 속에서도 찾질 못했다.

수애가 지닌 남다른 기질은 목소리에서 들린다. 저음이면서 약간 비음이 들어가는 목소리는 한 겹 베일에 싸인 신비로운 분위기를 자아낸다. 은막 뒤의 무언가를 지닌 목소리다.

타고난 끼와 근성, 후천적으로 다듬어진 격, 그리고 신비로움까지, 수애는 여타 '꽃미녀' 스타들과 차별화되는 특별한 매력을 지니고 있다. 앞으로도 열렬한 '수애앓이' 팬들을 거느리면서 타의 추종을 불허하는 '멜로 퀸'으로 많은 사랑을 받게 될 것이다.

진 세 훈   귀엽고 섹시하며 청순하고 보이시한 매력

드레수애, 니킥수애, 도끼수애, 분노의 양치질……. 인터넷에서 배우 수애를 검색하면 따라 나오는 용어들이다. 드레스가 어울린

다는 평가에서부터 액션, 치매 환자 등 수애가 현재까지 펼쳐온 연기의 폭을 짐작하게 해준다.

1980년에 태어난 수애는 168cm에 46kg의 늘씬한 몸매의 소유자다. 많은 이들이 그녀를 '진정한 건강미인'이라고 부른다. '아시아의 프린스'라는 별명을 얻은 장근석이 수애를 자신의 이상형이라고 밝혔고, 수줍은 엄태웅이 수애를 짝사랑한다며 그 이유를 "너무 예뻐서"라고 하기도 했다. 귀여움과 섹시함, 청순함과 소년 같은 매력이 공존하고 있다는 평가를 받으며 열심히 노력하는 배우 수애의 얼굴을 살펴보자.

우선 이마가 동그랗게 튀어나오지 않고 약간 뒤로 누웠다. 그래서 그런지 이마가 완전히 드러난 모습을 보기 어렵다. 항상 머리를 늘어뜨려 다소 감추는 듯한 모습이다. 물론 드레스를 입을 때 드러난 이마는 단아하면서도 시원스런 느낌을 갖게 해준다.

눈의 쌍꺼풀은 거의 속쌍꺼풀이라고 할 수 있을 만큼 아주 작은 것이 안쪽 주름으로 자리 잡고 있으며, 앞쪽의 몽고주름도 눈 안쪽의 붉게 보이는 부분을 가릴 수 있을 만큼 적당히 있어 동양적인 눈의 매력을 한층 돋보이게 한다. 눈꼬리는 아래로 향하고 있어서 선한 인상을 주지만 눈썹꼬리까지 아래로 내려온 편이어서 웃고 있는 모습에서도 슬픈 듯 감춰진 외로움이 느껴진다.

코는 양쪽 눈 안쪽 꼬리 부분에서 시작되어 그다지 길어 보이지는 않는다. 그 때문에 인상이 강해 보이지 않고 코끝이 둥글어 오히려 부드러워 보인다. 또한 코끝이 약간 아래로 내려와 발달돼 있어서 성숙해 보이면서도 이지적인 느낌을 갖게 한다. 콧방울 부분도 약간 넓은 편이어서 비교적 날카로워 보이지 않는다.

가운데 얼굴이 잘 발달돼 있어서 성숙미를 지니고 있으며, 광대뼈 부위 조직은 양이 많아 웃을 때 광대뼈를 더욱 두드러지게 함으로써 동양적인 아름다움을 지닌 동안으로 보이게 해준다. 왼쪽 볼에는 깊지 않게 살짝 파인 보조개가 있다. 이는 최근 유행하는 보조개처럼 입가장자리에 붙어 있지 않고 약간 떨어져 있다. 옛날 전통적인 미인의 경우 보조개가 입가에 딱 붙어 있지 않았으므로 고전적인 아름다움과 함께 한국적인 섹시미를 표현하고 있다 하겠다. 다만 입가에 생기는 법령이 깊어서 머지않아 주름이 생길 수 있다. 그러나 요즘은 진피층을 선택적으로 두껍게 만들어주는 자가진피회생술로 간단히 시술하면 감쪽같이 해결할 수 있다. 눈과 코의 동양적인 아름다움에 비해 입술은 도톰한 편이어서 육감적으로 느껴지지만, 지나치게 강하거나 섹시한 야성미를 드러내지 않아 조화로운 매력을 풍긴다.

배우 신성일은 최근 한 언론에서 배우의 강점은 옆얼굴에 있다고 했다. 화면에 비춰지는 옆얼굴의 선이 그만큼 중요하다는 것이다. 수애 얼굴 옆모습의 미학적 느낌은 전체적으로 입체감이 있으면서 성숙한 느낌을 준다. 우선 위 이마가 약간 뒤로 누워 있어 도전적으로 보이지 않는다. 가운데 얼굴에 비해 위 얼굴이 조금 짧게 보이는 것은 단점이 될 수 있으나, 부드러운 이미지를 드러낼 수도 있어 오히려 장점으로 여겨진다. 또한 턱이 잘 발달된 편이며 윗입술이 아랫입술과 아래 턱에 비해 짧은 듯하지만 이는 친근한 이미지를 주는 데 도움이 된다. 거기에 도톰한 입술이 더해지면서 깎아 놓은 듯한 느낌을 주는 부담을 없애준다.

성형미학적으로 봤을 때는 얼굴 피부 아래 피하지방이 전체적으로 얼굴을 둥글게 만들고 있어, 어느 한 곳이 두드러지게 드러나는 특징이나 개성이 없다고 주장하는 사람들도 있을 것이다. 그러나 이는 이미 그림이 그려진 도화지 같은 얼굴이 아니라 앞으로 그려질 무한한 가능성을 담은 백지 같은 얼굴로 생각된다. 다양한 배역을 맡아 자기만의 개성으로 극중 인물의 이미지를 재해석해서 드러낼 수 있는 장점이기도 할 것이다.

웃을 때 모습은 청순하고 친근감 있으며 밝은 매력을 준다. 눈가에 주름이 적어 웃을 때 눈이 이지적으로 보이면서 얼굴의 다양한 표현을 만들어 내는 것 같다. 입가의 웃음이 맑고 밝고 티 없는 천진함을 표현한다고 하면 눈의 웃음은 모든 걸 다 알고 있고, 그래서 인생을 달관한 듯한, 속으로 감추고 있는 성숙함이 스며 나오는 복합적인 표정이다. 이는 얼굴로 다양한 감정 표현을 해야 하는 배우에게는 유리한 점이라고 할 수 있다.

따라서 얼굴의 이미지가 특별히 강한 인상으로 다가오지 않는 것이 수애의 연기 생활에는 더 나을 것이라고 믿는다. 연기자의 얼굴이 어느 한쪽으로 강한 특징을 갖게 되면 그 이미지에 묶여서 섬세한 감정이나 다양한 배역의 캐릭터를 제대로 표현하기가 어려워질 것이기 때문이다.

얼굴과는 다소 다른 이야기지만 수애의 가는 몸매에서 드러나는 가슴과 힙의 볼륨감은 다소 부족한 듯하다. 힙의 볼륨감은 대둔근(큰 엉덩이근육)을 강화시키는 운동으로 보강하고, 스스로 상체의 자세를 교정하여 가슴이 강조되어 보이도록 하기를 권한다. 수술로 보강하면 그 모양을 유지하기가 쉽지 않다. 돌출을 원하는 부분의 위치가 눕거나 앉았을 때 많이 눌리는 부분이기 때문이다.

가슴 확대 수술을 하는 경우는 결과가 부작용 없이 만족스럽다고 해도 1년에 한 번 정도 초음파검사로 백(보형물)의 파열 여부를 확인해야 한다. 수술 뒤 7~10년이 지나면 백이 가슴속에서 움직이며 닳아 막이 얇아져 터질 위험이 있기 때문에 재수술을 해서 새로운 백으로 갈아 넣어야 한다. 이런 관리 기준이 있기에 수술을 적극 권하지는 않는다.

싸 이

세계를 놀라게 한
대박 월드스타

주 선 희　　B급 얼굴을 극복한 A급 실력

　　강남을 풍자한 'B급 스타일' 가요와 춤으로 2012년 세계 'A급' 가요 차트를 싹쓸이하면서 월드스타로 비상한 싸이. 그의 인물은 소위 말하는 A급은 아니다. 그가 '싸군'에서 노래하듯 '욘사마처럼 환한 미소가 있나, 비처럼 빽 가는 몸과 춤이 있나'. 그런데 그가 가진 자기 마케팅 전략은 'A++'이다. 겉은 B급 '엽기 가수'이지만 알고 보면 무서운 A급 '실력파 가수'인 '싸이'의 비밀은 그의 얼굴에 담겨 있다. 잘생긴 미남이라기보다는 지극히 한국적인 그의 소박한 얼굴에 말이다.

싸이의 헤어스타일의 특징은 늘 올백이다. 머리카락을 위로 치솟는 모양으로 연출한 스타일링을 즐긴다. 폭발하는 마그마처럼 주체할 수 없는 '똘끼'가 그 머리에서 발산되고 있다. 끊임없이 폭발하는 현재진행형 활화산, 그가 바로 싸이다.

그런데 얼굴형으로 인상을 평가하자면 그는 전형적인 현실에너지 유형이다. 얼굴의 뼈와 살이 적당히 조화를 이루면서 살이 탄력을 유지하고 있기 때문에 가족과 현실을 떠나 부유浮遊하지 않고 땅에 발을 붙이고 있다.

귀를 보면 윗부분이 뾰족하게 솟아 있다. 무엇이든 기어이 해내고야 마는 기질이며, 하고 싶은 말은 직설화법으로 쏟아낸다. 기존의 것을 거부하고 현재의 것을 파괴하는 성향이 있다. 이런 인상학적 특성이 누구도 모방할 수 없는, 파격적인 싸이만의 스타일과 콘셉트를 창조해낸 것이다.

이마의 가운데 부분이 약간 들어가 있는 것이 눈에 띄는데, 이는 적극적으로 눈썹을 들었다 내렸다 하는 생활로 눈썹근육이 발달해 상대적으로 이마가 들어가 보이기 때문이다. 예전 사진을 보면 난문(이마의 끊어진 주름)이 보였다. 이 난문은 청소년기에서 청년기를 거치는 동안 불만을 품고 살았음을 보여준다. 외부 환경은 물론 본인 내면에 가지고 있는 보수와 진보 성향 사이에서 갈등을 많이 겪었을 것이다. 학업도 평탄하게 이어가지는 않았겠다. 엄친아로 집안이 부유하다 하더라도 집안의 도움보다는 자력으로 개척해나간다는 그 난문이 최근 사진에는 보이지 않는다. 이는 한쪽으로 눈을 치뜨지 않고 양쪽 이마를 균형 있게 들고 웃으면서 요즘 만족하는 삶을 살고 있기 때문이라 여겨진다.

양 눈썹 끝에서 머리 쪽으로 올라가는 이마 부분의 핏대는 그의 예민한 성격을 보여준다. 이 부분이 널찍하게 발달되어 있는 사람은 사막에 던져져도 감이 좋아 살아남는다. 일찌감치 유학길을 택한 것, 지금 해외에서 종횡무진 활약하고 있는 것은 이 부분과 무관치 않다. 미간이 다른 사람에 비해 넓은 편인데, 이런 경우 조직에 속한 생활을 하기 어려운, 자유로운 영혼을 가진 사람이다.

튀어나온 눈썹 근육에 해당하는 나이가 26~30세로, 26세에 긍정적 변화가 있었겠다. 그때 드디어 본인의 꿈을 펼치기 시작한 가수생활이 시작되었다. 하지만 이마에서 눈썹으로 넘어가는 굴곡이 심하고 눈썹근육이 지나치게 튀어나와 어려움도 겪어내야 한다. 대마초 파동이나 군대 문제의 스캔들과 재입대 등이 이 시기에 있었다. 한편 차분하게 잘 누워 있는 눈썹은 부드러운 성품을 드러낸다. 자유로움과 부드러움을 동시에 지니고 있는 눈썹이다.

홑꺼풀인 눈을 보면 가족은 물론 주변 사람들을 배려하며 자기표현을 적게 하는 사람이다. 싸이psy가 샤이shy한 사람임을 보여주는 부분이다. '싸이가 수줍어 한다고? 표현을 적게 한다고?' 하고 의아심을 갖는 사람들이 많을 것이다. 지금까지 싸이가 보여준 노래, 행동 등이 모두 과하다 싶을 만큼 적극적인 표현이었기 때문이다. 하지만 알고 보면 그는 생각을 많이 하는 사람이다. 끼가 많으면서 눈이 큰 사람은 자기의 감정이나 생각을 빨리 표현하고 발산해 버리지만 눈이 작은 사람은 말은 줄이되 실천으로 보여준다. 그래서 그의 행동에는 남다른 내공이 담겨 있다.

눈이 작지만 옆으로 길어서 멀리 내다보고 치밀하게 계획을 세운다. 가수 데뷔 때부터 이름, 노래, 춤, 행동 등을 모두 '튀게' 설정한 것은 사실은 철저한 계획과 전략이었을 것이다. 결국 요즘 세계를 종횡무진 누비고 있는 「강남스타일」 노래와 말춤의 히트는 로또 같은 우연한 행운이 아니라 탄탄한 실력이 이루어낸 성과인 것이다. 그가 어느 인터뷰에서 팬의 댓글 중 가장 맘에 들었던 것이 '노력이 기회를 만나 운이 되었다'는 말이었다고 한 적이 있다. 바로 싸이를 그대로 표현한 말이다.

눈과 눈 사이가 살짝 들어가 있어 무엇이든 크게 저항하지 않고 순리에 따른다. 차근차근 순서대로 일하는 타입이며 들어오는 정보도 놓치지 않는다. 코가 짧아서 성격이 급하고, 콧대가 가늘고 낮아서 순하고 여린 성향에 겸손하다. 코끝이 얼굴 크기에 비해 가늘고 뾰족한 걸 보면 역시 영민하고 예민한 사람이다. 늘 미래에 대한 준비를 완벽히 해야 다음으로 넘어가는 코다. 그러나 콧부리가 오목하여 명분과 근거를 중요시하지 않는다.

광대뼈가 특히 발달하여 주변 사람들의 시선을 의식한다. 물론 주변 사람들이 그의 위상을 만들어주고 인정도 해준다. 흥분을 잘하는 성격이 이 광대뼈에 있으며, 어쩌면 자기 스스로를 질책하고 고군분투하는 시간이 많았을 것이다. 광대뼈가 매우 좋아 40대 중후반까지 쭉 승승장구할 것이다.

법령(입가 미소선)이 분명하여 원칙을 지키며 어긋나는 행동을 보면 매우 싫어한다. 입을 보면 양쪽 꼬리 부분이 약간 내려가 있는데, 이는 평소의 그의 표정이 만들어낸 것이다. 무대 위에서는 한없이 신 나고 즐거운 사람이지만 무대 아래에서는 평소 책임지는 심각한 표정을 지은 탓이다. 치아가 약간 노란 듯하면서 가지런해서 일을 즐기며 재물운과 건강운이 있다. 입꼬리가 잘 짜여 있어 정확한 발음으로 노래하는 가수의 입이다.

어금니를 깨물면서 자신의 굴곡진 삶을 견디어낸 흔적과 투지가 잘 발달된 턱에 담겨 있다. '넘어질 순 있어도 쓰러질 수는 없어/ 일어나 일어나 일어나'라고 노래하면서 인내하고 웃을 줄 아는 사람이기에 뺨에 통통한 탄력이 생겼다. 하지만 이렇게 생긴 턱이 탄력을 잃게 되면 운기도 함께 사그라든다. 그러므로 지금처럼 즐거운 인생을 구가하면서 많이 웃어준다면 둥글고 편안한 턱이 되어 만년의 복을 누리게 될 것이다.

뻔뻔하다 싶을 정도로 적극적인 표현 뒤에 숨은 수줍음과 겸손, 첨예한 감성과 치밀한 전략적 사고, 웬만한 실패에 굴하지 않는 투지, 원칙주의자에 따뜻한 휴머니스트. 얼핏 보기엔 'B급 얼굴'인 싸이는 인상학자가 보기엔 반드시 성공해내고야 마는 'A급 얼굴'을 지니고 있는 보기 드문 상을 가지고 있다.

진 세 훈 지구촌은 지금 싸이 열풍

2001년에 파격적인 비주얼로 나타나 대한민국을 열광하게 만든 가수 싸이. 그의 1집 타이틀곡이었던 「새」는 직설과 독설이 섞인 가사와 육중한 몸으로 흔들어대는 현란한 댄스로 많은 사람들의 사랑을 받았다. 이후 발표하는 앨범마다 좋은 반응을 얻으며 대한민국 대표 딴따라로 입지를 굳혔지만, 병역 문제로 군대를 두 번 갔다 오는 바람에 예상치 못한 큰 공백기를 가지게 되었다. 예전 같은 전성기를 또 한 번 누릴 수 있을까 생각했던 많은 사람들의 우려를 뒤로 하고 그가 올 여름, 사고 한 번 제대로 쳤다. 6집 앨범에 수록된 「강남스타일」이 전 세계적인 열풍을 일으키며 싸이를 월드스타로 도약하게 만든 것이다. 싸이는 지금껏 국내 가수 중 누구도 이루지 못한 기적을 만들고 있다. 유튜브 조회수 10억 건 돌파, 미국 빌보드차트 2위까지 올라가는 등 싸이가 그만의 음악으로 세계를 제패할 날이 멀지 않았다. 동남아는 물론 유럽까지 K-POP 열풍이 불어서 한류스타들이 국내보다 외국 활동에 치중하고 대형 기획사의 재력과 시스템으로 세계 음악계의 높은 벽을 두드리고 두드리며 힘겨운 도전을 하고 있는 이 시기에, 유튜브에 올린 뮤직비디오 하나로 전 세계를 들썩이게 만든 것이다.

배용준처럼 히트 드라마 속의 환한 미소를 가진 것도 아니고, 장동건처럼 인물이 받쳐주는 것도 아니며, 비처럼 조각 몸매도 아닌 쌍둥이 아빠 싸이가, 어떻게 세계 최고의 대중음악 가수가 된 것인지 궁금하지 않을 수 없다.

내 주변에 얼굴은 자기가 싸이보다 낫다고 생각하는 분들이 많다. 몸매도 본인이 싸이보다 멋있다고 생각하는 분들이 부지기수이며 심지어 춤도 싸이보다 잘 출 수 있다고 착각하는 분들이 수두룩하다. 그런 분들이 하루 빨리 착각에서 벗어날 수 있도록 싸이가 세계 최고가 될 수 있었던 이유에 대해 설명해드려야 할 것 같다.

싸이의 얼굴은 전형적인 몽골리안의 모습이다. 몽고의 초원에서 추위에 떨며 말을 달리는, 우리와 친근해 보이는 그들 말이다. 얼굴은 전체적으로 크다. 넓기도 하고 길이도 길다. 얼굴은 평면적이고 얼굴을 상하 삼등분했을 때 가운데 얼굴이 짧다. 좁은 공간에 눈썹, 눈, 코가 모두 모여 있으니 아름답다고 할 수는 없을 것이다.

피부는 희고 부드러워 보이며, 두꺼운 편이라 잔주름이 많이 생길 것 같지는 않다. 이마는 넓고, 약간 뒤로 누워서 경사져 보이고 눈썹 주위의 뼈가 돌출되어 강한 이미지를 드러낸다. 이마는 아랫부분이 넓고 위로 갈수록 좁아져서 얼굴이 더 커 보인다. 눈썹은 반달형이어서 부드러워 보이고, 눈썹의 길이가 짧고 미간이 넓어 느긋한 성격으로 느껴진다.

눈은 쌍꺼풀이 없고 눈꼬리가 올라가 있어서 동양인의 특징적인 모습을 보인다. 특히 눈 옆의 양쪽 측두부가 넓어서 얼굴이 더 커 보인다. 미간이 아주 낮으며 코가 넓고 낮은 모습이지만 다행히 코끝이 아래로 내려와 코가 짧아 보이지는 않는다. 광대뼈가 앞으로 발달하여 코가 더 낮아 보이고 광대뼈 부분의 살집이 많아서 얼굴이 더 넓어 보인다.

콧방울에서 입꼬리 쪽으로 내려오는 부분이 낮아서 지금보다 나이가 더 들면 광대뼈가 더 돌출되어 보이고 그림자가 져 어두워 보일 수 있으므로 콧방울 주위에 융기술(귀족수술)을 해주면 좋을 것이다. 이 시술을 하면 젊어 보이고 얼굴이 밝아 보이며, 좀 더 부드럽고 밝은 이미지를 만들 수 있다.

시술 방법은 크게 두 가지로 나뉜다. 하나는 부분 마취를 한 뒤 쐐기 모양의 인조뼈를 조각하여 콧구멍의 바닥을 통해서 콧방울 가장자리에 삽입하여 올려주는 방법이고, 또 하나는 필러를 주입하여 올려주는 방법이다. 요즘은 아프고 치료 기간이 긴 수술을 가능하면 안 하려고 하는 추세이다 보니 필러 시술을 많이 선호하는데, 필러에 대한 신뢰감이 많이 높아진 이유도 있겠지만 간단한 '쁘띠성형'을 선호하는 성형 트렌드의 영향이 반영되었다고 생각한다. 시술 후 자신이 예상했던 것과 다르면 교정할 수 있는 시술을 선호하다 보니 반영구필러보다는 서서히 흡수되는 히알루론산 계열의 필러를 많이 선호한다. 히알루론산 계열의 필러는 분해효소제가 있어서 마음에 들지 않을 경우 효소제를 주사하여 원상회복시킬 수 있는 장점이 있다.

아래 얼굴은 좋은 편이다. 인중도 짧지 않고 입술의 두께도 위아래가 균형적이다. 특히 아래턱이 잘 발달되어 측면에서 봤을 때 코와 입, 턱을 잇는 선이 이상적인 미용선에 일치한다. 그래서 대부분의 동양인이 옆모습을 콤플렉스로 생각하지만 싸이는 오히려 옆모습이 더 잘생긴 편이다. 하지만 이런 미학적인 부분을 떠나 싸이의 최고의 강점은 무대에서 뿜어져 나오는 폭발적인 에너지가 아닐까.

마음속에 누구나 품고 있는 싸이코 기질을, 남의 눈이 무서워 감히 드러내지 못하는 정상을 벗어난 무의식 세계의 본능을, 비정상으로 가지 않으면서 세상이 용인해주는 마지막 한계의 경계선에 쏟아 내어놓는 그만의 용기 있는 예술세계, 바로 이것이 싸이의 힘이고 매력이다. 이런 싸이의 매력이 한국을 넘어 전 세계인의 공감을 얻게 된 것이라고 생각한다. 싸이의 빌보드 1위를 염원하며 마음속으로 파이팅을 외쳐본다.

이 재 용

○○○

한국을 대표하는 기업
삼성의 든든한 후계자

주 선 희 콧방울의 힘으로 차지한 3세 경영자 자리

우리 경제사에 큰 획을 그은 거목인 고故 이병철 회장과 이건희 회장의 뒤를 잇는 삼성가家 3세대 리더 이재용 부회장. 이 부회장은 입사 21년 만에 부회장으로 승진하면서 본격 3세 경영시대를 열고 있다. 이병철 삼성그룹 창업주는 이건희 회장에게 '경청'이라는 휘호를 직접 써서 건넸고, 이건희 회장은 이를 이재용 부회장에게 주었다. 자신의 말은 아끼고 남의 말을 귀 기울여듣는 자세는 삼성이 오늘날 세계 일류기업으로 우뚝 서게 된 정신적 기반이 되었다. 이재용 부

회장이 전무였을 때 이건희 회장이 전한 또 하나의 좌우명은 '삼고초려'다. 인재를 맞아들이기 위해 참을성 있게 마음을 쓰라는 이 좌우명은 이병철 회장 때부터 내려오는 인재 경영의 뿌리가 되고 있다. 이 좌우명이 이재용 부회장에게 참으로 절실하게 필요한 덕목이라는 점에서 다시 한 번 이건희 회장의 혜안에 놀라게 된다. 왜 그런지 이재용 부회장의 얼굴을 읽으면서 알아보기로 하자.

이재용 부회장은 한국에서 가장 주목받는 인물 중 한 사람이기 때문에 필자는 해마다 여러 매체로부터 인상 읽기를 요청받는다. 매년 그의 인상을 보고 느끼게 되는 변화는 피부가 더 두꺼워지면서 기운이 좋아진다는 것이다. 스스로 일에 재미를 느끼고 경영자로서도 안정을 찾아가는 모습이다. 이 부회장의 피부는 부친에 비해 얇은 편이지만 경영자로서 연륜이 쌓이면 더 두꺼워질 것이다. 피부가 적당한 두께에 탄력과 윤기를 가질 때 부와 행운이 깃든다. 이건희 회장의 경우 연륜이 녹아들어 피부가 두껍고 단단해졌다.

이재용 부회장은 이마가 넓고 얼굴빛이 좋다. 소위 재벌들에게 흔히 찾아볼 수 있는 이마와 얼굴색을 가졌다. 그러나 전체 모양이 상학相學에서 가장 좋다는 '간을 엎어 놓은 이마' 형상에는 조금 못 미친다. 재벌 3세임에도 다소 시끌벅적하게 상속받을 것 같아 보였는데 결국 그런 우려가 현실화되었다. 경영 승계 과정에서 편법·불법 상속 증여 등의 논란이 일면서 10년 넘게 이어진 법적 공방 등 그동안 있었던 적잖은 잡음이 이 이마에 담겨 있다.

눈썹은 진하면서 털이 잘 누워 있어 대인 관계가 좋겠다. 눈썹이 약간 처지게 된 것은 좋은 가문에서 어려운 어른들을 모시며 늘 조심스럽게 살았기 때문이다. 자신을 갖고 당당하게 뜻을 펼쳐 나가다 보면 이 눈썹이 일자 모양으로 되어 갈 것이다.

이재용 부회장의 눈매를 보면 선이 매우 고운 순한 사람이다. 아름답고 예쁜 것을 사랑하고 아낄 줄 아는 눈이다. 부친의 눈이 크게 돌출되어 독창성과 혁신을 추구한다면, 이 부회장의 눈은 둥글고 맑아서 있는 것을 잘 보존하며 학문을 탐구한다. 눈동자의 색깔이 갈색이어서 현실적이기보다는 감성적인 편이다. 눈과 눈빛에 힘이 많이 들어가 있어 계속 긴장해온 상태임이 엿보인다. 눈빛이 부드럽게 바뀐다면 주변 사람을 더 편안하게 해주는 리더가 될 것이다.

산근(콧마루와 두 눈썹 사이)은 41~43세까지의 운기를 본다. 산근이 약한 탓에 이때 이혼이라는 좋지 않은 변화를 겪었다. 43세 이후부터 좋은 운이 들어오는데, 그 시점에 사장으로 승진했다. 산근이 약하면 10년에 한 번 정도는 위기에 견뎌야 한다. 그러므로 옆에 좋은 멘토를 두고 늘 그의 말을 경청하면서 위기를 타개해 나가야 하는 것이다.

귀는 크고 앞을 향해 나와 있다. 이런 사람은 정보에 대한 욕심이 많다. 귀의 전체적 모습으로는 조직에 적합한 사람이지만 가운데 연골 부분이 튀어나와 있어 때로는 튀는 행동을 보이는 기질을 가지고 있다. 지금은 다른 사람의 말을 잘 듣는 편이겠지만 자신에게 큰 힘이 주어졌을 때, 그때는 어디로 튈지 모르는 사람이다. 바로 이때가 '경청'

이라는 좌우명을 깊이 새겨야 할 때다.

코는 이건희 회장과 마찬가지로 전형적인 '재벌형 코'의 소유자다. 콧방울이 돈을 끌고 들어오는 낚싯바늘 같은 형상이다. 이 부회장은 대한민국에서 주식과 부동산 등 등기자산평가액이 1조 원을 넘는 '1조 원 클럽'에 가입돼 있다.

전무 시절 사진에서는 콧대와 콧방울이 좀 약해 보였다. 부사장이 되면서는 많이 웃어서인지 입이 좀 더 커지고 법령(입가 미소선)이 넓어졌으며 인중이 한결 두꺼워졌다. 사장이 된 이후에 매체에 등장하는 인물 사진을 보면 입이 한결 넓어지면서 이병철 회장의 얼굴과 닮아간다. 예전에는 콧방울이 열려 있어 열심히 노력하는 모습이었다면 이제는 콧방울이 다물어져 결실을 낸다. 콧방울이 이렇게 힘이 있는 걸 보면 지금의 후계자 자리가 거저 주어진 것은 아님을 알 수 있다. 본인이 부친에게 인정받으려 부단히 노력해서 얻어낸 결과일 것이다.

콧대가 두껍지 않아 배짱으로 밀어붙이는 일보다는 섬세한 일에 더 어울린다. 코끝이 뾰족하여 머리가 좋고 이성적이다. 부단한 노력으로 내공을 쌓으면 콧대가 더 굵어지고 자신보다 지위가 낮은 사람과도 많이 어울리고 베풀다보면 코끝도 더 둥글어져 자기 위상과 재운이 좋아진다.

인중에 해당하는 51~53세까지는 새로운 변화의 시기를 맞게 된다. 광대뼈와 콧방울이 좋아 46~50세까지 좋은 시절을 맞게 되는데, 이때 준비를 잘 해두면 변화의 시기를 무난히 넘어서서 56세 이후 찾아오는 좋은 운기를 배가할 수 있을 것이다. 긍정적인 변화를 갖기 위해서는 앞으로도 더욱 마음을 잘 다스리고 많이 웃어주는 마음경영, 얼굴경영이 필요하다.

많이 웃게 되면 뺨에 탄력이 생기고 광대뼈도 더 발달하며 입 근육도 바깥쪽으로 강화되어 입이 더 커지게 된다. 넉넉한 미소로 입이 커지고 인중이 넓어지면 돈지갑에 해당하는 인중 주변이 좀 더 두둑해지고 콧방울도 단단해져 챙기는 힘이 더욱 강해지게 된다. 약간 작아 보이지만 꾹 다문 입을 보면 주도면밀한 성격이다.

이 부회장의 얼굴에서 눈에 띄는 부분은 턱이다. 턱과 입 주위 근육에서 뭔가를 자주 결심하고 다짐한 흔적이 보인다. 일을 할 때 감각적으로 꿈꾸듯이 시작하지만 마무리는 철저하게 하는 타입이다. 순한 눈에 가려져 있긴 하지만 약간 돌출된 턱의 기운은 하고 싶은 것은 하고 치고 싶은 것은 치는, 지기 싫어하는 성격을 나타내고 있다. 측면에서 보면 더욱 두드러지는 턱의 라인에는 그의 투지가 담겨 있다.

자존심이 강하고 명예욕도 있으며 자신을 드러내고 싶은 욕구 또한 강하다. 파릇파릇한 수염에는 건강한 체력과 푸른 기상이 보인다. 지금은 돌출된 턱에 살이 붙어 있어 두둑해 보이지만 살이 빠지게 되면 운기도 함께 빠지게 되며 더불어 받쳐주는 아랫사람도 적어지게 된다. 이건희 회장이 건네준 '삼고초려'로 인재를 가까이 두는 것은 곧 턱 경영의 일환이기도 하다.

이건희 회장이 크게 움직이지 않고 조용한 카리스마로 회사를 움직였다면, 이 부회장은 직원들과 함께 동분서주하면서 일을 추진할 타입이다. 앞으로 이 턱에 살집이 더 붙어 후덕해지면 만년이 더욱 좋아질 것이다. 턱의 관리는 곧 삼성을 관리하는 일이기도 하다. 이재용 부회장의 입과 턱 주변 살이 꽉 차 오르면 삼성그룹은 크나큰 베풂의 신화를 창조하는 세계적 기업으로 거듭나게 될 것이다.

진세훈   큰 눈에 강인한 코, 부모의 장점을 고루 지닌 기업가

삼성전자 이재용 부회장은 이건희 회장에 이어 앞으로 한국 경제에 지대한 영향력을 행사할 것이다. 그동안 경영 현장에서 쌓은 경험으로 무리 없이 기업의 더 나은 성장을 일궈나가리라 기대한다.

이재용 부회장은 얼굴의 아름다움으로 대중에게 다가가는 직업인이 아니다. 거대 기업에서 막중한 책임과 권한을 가진 인물이다. 기업인을 바라보는 성형외과 의사의 시각에서 성형미학적인 관찰을 해보고자 한다.

우선 얼굴을 상하 삼등분하여 봤을 때 가운데 얼굴이 가장 작다. 이런 형태는 대부분의 동양인에서 나타나는 골격의 특징이다. 이마는 반듯하고 굴곡은 없으나 약간 뒤로 누워 있는 편이다. 이마에서 남과 다른 특징적인 모습은 헤어라인이 보통 각이 많이 져 있는 남성형이 아니라는 점이다. 여성들에게서 흔히 볼 수 있는 둥근 헤어라인이 가미되어 섬세한 인상을 갖게 한다.

눈썹은 짙고 풍성하고 눈썹과 눈썹 사이의 거리가 넓은 편이어서 여유 있는 이미지를 만들어주고 있다. 또한 눈썹과 눈 사이 거리는 짧고, 눈에는 작은 쌍꺼풀이 있어서 눈을 커 보이게 하는 장점이 있다. 눈에도 몽고주름은 거의 나타나지 않아 눈이 훨씬 커 보이고 눈동자의 노출 정도도 크다.

코는 뿌리 부분이 좁으나 전체 길이는 길다. 특히 코끝이 아래를 향하고 있는데다가 뾰족한 편이며, 콧방울이 넓어서 강인한 인상을 드러내고 있다. 인중은 특히 뚜렷하고 깊어 보인다. 입술은 적당한 길이에 상하 균형은 잘 맞으나 전체적으로 다소 얇아 보여 약간 도톰하게 보충하면 부드러운 인상과 후덕한 이미지를 만드는 데 도움이 될 것으로 생각된다.

이를 위해서는 히알루론산 필러로 입술의 점막과 피부의 경계를 따라 피하근육층에 주입하거나 자가지방이식으로 같은 부위에 조직을 보충해주면 된다. 자가지방이식의 장점은 자신의 조직이므로 부작용 걱정을 하지 않아도 된다는 점이다. 그러나 수술 과정에서 지방을 채취해야 하는 부담이 있고 수술 직후 많이 붓는다.

또한 회복 과정에서 이식한 지방이 많이 흡수돼버리면 재수술로 보충해야 하는 부담도 있을 수 있다. 이와 달리 히알루론산을 이용한 필러를 택할 경우는 시술이 간편하다. 최근 들어 부작용도 거의 무시할 수 있는 수준으로 발전했다. 하지만 6~8개월이 지나면 흡수되어 그 부피가 서서히 줄어든다는 것이 단점이다.

입술은 자신의 감정이나 긴장하고 있는 정도에 따라 모양이 크게 변할 수 있으므로 얼굴에서 감정을 표현하는 중요한 기관으로 꼽을 수 있다. 예를 들어 휴일에 아무도 없는 빈집에서 옷을 편안하게 입고 혼자서 멍하니 TV를 보고 있다고 하자. 그때 입은 약간 벌어진 채로 입술도 처지면서 볼륨감이 드러나게 된다. 또 위기감을 느끼는 순간이나 긴장하게 될 때는 입술이 말려들어가면서 얇아지거나 좁아지고 색깔도 창백해지게 마련이다. 이처럼 입술 자체가 다양한 변화를 연출하기 때문에 각별히 신경을 쓰면 얼굴의 표정도 한껏 개성 있게 표현할 수 있다.

입술을 도톰하게 만드는 수술을 하더라도 계속 모양을 유지하려면 노력이 필요하다. 수술이 잘 되어 본인이 원하는 결과가 나와 만족스러운 입술을 갖게 되었다고 하자. 하지만 입술을 안으로 오므리기를 잘 하거나 입술에 강한 긴장을 주는 습관을 가지고 있으면 소용이 없다. 수술 결과 도톰해졌던 이상적인 입술도 나중에는 얇고 가는 입술로 되돌아가고 말기 때문이다

아래 얼굴은 잘 발달되어 성숙한 이미지를 풍긴다. 이마와 턱, 눈에서는 어머니의 모습이 보이고 콧방울이 발달한 모습과 입에서는 아버지의 모습이 보인다. 이는 부모에게서 장점으로 여겨지는 부분을 닮았다고 할 수 있겠다. 이러한 장점이 기업을 이끄는 능력에서도 잘 발휘

될 수 있기를 기대해본다.

귀가 크고 귓불이 풍성하여 전형적으로 후덕한 남성적 기업가의 이미지에 잘 들어맞는다. 큰 동생 부진 씨의 얼굴과 비교해보면 코에서 콧방울 부분만 다르고 거의 비슷하다. 둘째 동생 서현 씨와는 가운데 얼굴이 발달한 정도가 달라서 각자가 드러내는 이미지가 상당히 다르다.

웃는 모습을 보이는 경우는 드물지만 웃을 때 모습은 천진해 보이고 맑고 밝아서 좋다. 그러나 큰 웃음을 지으면 눈가와 콧등에 많은 주름을 만들면서 웃게 되므로 다소 신경 쓰는 것이 좋겠다. 나머지 얼굴은 피부가 탄탄하고 얇지도 않은 편이어서 찡그릴 때 생기는 미간의 주름만 조심하면 크게 주름 걱정은 하지 않아도 되는 편이다. 만약 미간에 주름이 생긴다면 그 주름이 아주 깊어지기 전에 조치를 취하는 것이 좋다. 수술로는 자가진피회생술이 있는데, 진피재생용 주사를 놓아 진피층 자체를 두껍게 만들어주는 방법으로 상당히 큰 효과를 볼 수 있을 것이다.

외모와 기업 경영은 직접적인 연관성이 없다고 봐야 할 것이다. 그러나 현재와 미래의 한국을 대표하고 있는 경영인의 얼굴에 관심을 갖는 이유는 따로 있다. 바로 그런 경영인을 바라보면서 배우고 싶고 따라하고 싶은 일반인들에게는 그들의 외모도 그들이 가진 능력의 일부분으로 생각되기 때문이다.

박 태 준

○○○

포스코의 정신적 지주였던
강인한 리더

주 선 희 군인의 기氣와 기업인의 혼魂을 가진 철강왕

우리나라 현대사를 일군 철강 기업 포스코(POSCO)의 창업자 박태준 회장이 타계했다. 한국 철강 산업의 기적을 만들어낸 박 회장은 1968년 설립 때부터 별세할 때까지 43년간 CEO(최고경영자)로서, 명예회장으로서 포스코에 온몸을 바쳤다.

우리나라뿐 아니라 세계 철강 산업에서 빼놓을 수 없는 인물인 그는 '철강왕'이란 별칭답게 인상적으로도 전형적 '철강형' 인물로 누구도 따를 수 없는 강한 에너지를 지니고 있다. 고故 이병철 삼성 창업주

박 태 준

235

는 생전에 박 명예회장을 두고 '군인의 기와 기업인의 혼을 가진 사람'이라고 평가했다고 한다. 지병으로 탄력이 떨어진 타계 직전의 얼굴보다는 한창 활약할 당시의 사진을 중심으로 박 회장의 얼굴에 담긴 '군인의 기와 기업인의 혼'을 읽어보았다.

박 회장의 사인인 '흉막섬유종에 따른 호흡 곤란'은 '현장 경영'으로 인한 직업병이라는 말이 있다. 그런 사인이 아니라면 인상학적으로 박 회장은 전형적 장수상이다. 우선 긴 눈썹털이 그렇다. 흔히 나이가 들면 눈썹털이 빠지면서 눈썹이 흐려지게 되는데, 박 회장은 여전히 눈썹이 무성하고 눈썹털이 길었다. 이는 젊은이 못지않은 에너지가 눈썹에 반영된 것이다. 좋은 귓불, 그리고 귀 안의 털은 기혈이 왕성한 장수상이다. 아마 박 회장도 귀 안에 털이 나 있었을 것이다. 긴 인중도 장수상에 해당한다. 성격이 느긋하기 때문이다.

한편 박 회장의 턱 밑을 보면 닭의 목처럼 늘어진 살이 턱과 목을 연결하고 있다. 이 또한 전형적인 장수의 상이다. 이런 경우 젊었을 때는 목이 굵어 매우 건강했음을 일러준다. 이런 사람은 80세가 넘어서까지도 건강이 좋아 활기차게 일한다. 지병만 아니라면 장수하면서 오래오래 한국 기업인들의 롤모델이 되어주었을 것이다.

박 회장의 얼굴을 보면 왼쪽과 오른쪽이 상당히 다르다. 남자에게 왼쪽은 선천, 오른쪽은 후천이다. 박 회장이 군인에서 기업인으로 변신한 나이가 36세, 바로 오른쪽 눈에 해당하는 나이다. 왼쪽 눈은 각이 지고 눈빛이 날카로운 군인의 눈이요 호랑이의 눈이다. 오른쪽 눈은 한결 예쁜, 자애로움이 담긴 민간인의 눈이다. 박 회장은 한 얼굴 안에 엄격한 경영자와 따뜻한 경영자의 기질을 모두 가지고 있었던 것이다.

쌍꺼풀이 없는 왼쪽 눈은 내성적이며 생각을 깊이 하는 눈이며 쌍꺼풀이 있는 오른쪽의 큰 눈은 대외적으로 '얼굴'이 되는 눈이다. 내성적이면서 또한 외향적인 두 가지 기질을 지닌 '음양안'이란 말이다. 이런 눈을 가진 사람은 속을 잘 알 수가 없다. 대신 어떤 사람하고도 잘 맞출 수가 있다. 그래서 음양안을 가진 사업가는 머리가 좋고 돈의 귀재다. 특히 왼쪽 눈은 태극 모양인데 이런 눈을 가진 사람은 하고자 마음먹은 것은 반드시 해내는 사람이다. '제철소를 짓지 못하면 영일만에 빠져 죽어야 한다'고 했던 그의 '우향우 정신'이 이 눈에 담겨 있다. 만약 사업가가 아니라 군에 남았다 하더라도 최고의 자리까지 올라갔을 것이며 특히 작전참모로서 발군의 실력을 발휘했을 것이다.

박 회장의 도덕골(정수리) 부분을 보면 상당히 솟아 있다. 이처럼 도덕골이 솟아 있으면 도리를 아는 사람이다. 포스코의 창업 정신인 '나라를 지킨다'는 보국報國의 의지가 정수리에 자리 잡고 있다. 자기 분야의 일은 속속들이 알아야 직성이 풀리기 때문에 해박한 전문가가 된다. 포스코를 국가 산업의 동력으로 키워내겠다는 사명감, 그리고 경영자로서의 통찰력이 바로 이 부분에서 나온 것이다.

이런 도덕골과 함께 뚜렷한 법령(입가 미소선)이 있는 사람은 자기만 옳다고 주장하는 고집불통이다. 그런데 박 회장의 경우는 법령이 희미해서 무모한 고집은 부리지 않는다. 자신의 자리에서 즐겁게 최선을 다해 일하되 굳이 그 자리에 연연하지 않고 언제든 가볍게 떠날 수 있는 것도 이 법령이 뚜렷하지 않아서이다. 희미하긴 하지만 법령이 유난히 넓게 퍼져 있다. 다리 폭이 넓을수록 안정감이 있는 삼각대처럼 균형이 탄탄하여 무너지지 않는다. 이렇게 안정감이 있는 법령을 가지면 만년에 더욱 존경을 받게 된다. 식록(인중의 양옆)이 넓고 두둑하니 재물운도 좋다.

인중이 길어 혹 아랫사람이 흡족하지 않더라도 참고 기다려줄 줄 안다. 그러니 훌훌 던지고 나와도 아랫사람들에게 계속 존경받는 인물이 된다. 김수환 추기경의 인중에 버금갈 정도이니, 아마 포스코에 양아들 같은 직원들을 많이 두었을 것이다. 포스코 임직원들뿐 아니라 적지 않은 국민들로부터 포스코의 정신적 지주라는 평가를 받아온 것도, 박지만 씨는 물론 심수봉 씨까지 챙겨준 인품도 이 인중에 담겨 있다.

박 회장의 얼굴에서 가장 눈에 띄는 것은 코다. 그에게서 멧돼지의 기질이 보이는 것은 이 코가 돼지의 코처럼 두껍기 때문이다. 돈이 많은 코이되 그 돈은 자력으로 버는 돈이며 또 남도 먹여 살려 주는 돈이다. 코가 옆으로 퍼져 있어 자기 것은 잘 챙기지 않으며 콧구멍이 커서 남에게는 잘 나누어 준다. 코가 짧아 순발력이 있고 민첩하며 코가 높지 않아 몸소 현장 경영에 나섰다.

진한 눈썹은 강한 추진력을 대변한다. 젊은 시절 눈썹은 너무 숱이 많고 털이 서로 엉켜 있는데, 이는 지나치게 울창한 숲과 같아서 인맥에 어둡다. 죽으라면 죽고 살라면 사는 무사武士형 눈썹으로 부드러운 대인 관계와는 거리가 멀다. 남은 잘 돌봐줘도 자신의 일은 남에게 부탁할 줄을 모른다. 아부나 타협을 모르는 눈썹이다. 하지만 나이가 들어 눈썹 숱이 약간 줄어들면서 대인 관계가 한결 원만해졌을 걸로 보인다. 박정희 대통령을 만난 것은 이마에서 코까지의 능선이 매끄럽게 잘 연결되었기 때문일 것이다. ―(한 일)자로 다문 입은 지퍼를 잠근 것처럼 무겁다. 무슨 일이 있어도 비밀을 지키는 믿을 만한 사람이다. 박정희 대통령이 박 회장을 특별히 신뢰한 이유도 아마 이 입에 있었을 것이다.

박태준 회장은 이렇듯 진정으로 강한 기운을 가진 리더의 상을 지니고 있다. 박 회장처럼 다시 또 우리 현대사에 큰 획을 긋는 멋진 인상을 지닌 인물을 만날 수 있게 되길 기대해본다.

진 세 훈 굵은 눈썹과 큰 코, 너그러운 턱의 조화

고故 박태준 회장은 생전에 우리나라의 경제 발전을 위해 혼신의 노력을 다한 분이다. 돌아가신 분의 얼굴을 미학적으로 분석하려는 데는 이유가 있다. 그 분을 닮고자 하는 마음이 크기 때문이고 과거 그분의 모습에서 오늘 우리가 배우고 싶은 것이 너무나 많기 때문이다. 그런 마음으로 그 분의 얼굴을 살펴보기로 한다.

박 회장의 얼굴을 삼등분하여 나눈 세 부분의 균형을 보면 미학적인 기준에 상당히 잘 맞게 나타나고 있으며, 특히 둥글고 높은 이마가 돋보인다. 얼굴에 주름이 별로 보이지 않는 것은 나이가 들었다고 해서 주름이 꼭 많이 생기는 것은 아니라는 사실을 일깨워 준다. 주름은 나이가 들면서 피부에 탄력이 없어져 생기긴 하지만 탄력을 잃는 것에 더해 피부가 겹쳐지는 동작이 반복적으로 많이 있어야 형성되는 것이다.

박 회장의 눈썹은 굵고 짙으며 숱이 많아서 강하고 뚜렷한 인상을 만들어 준다. 많은 남자들이 이런 눈썹을 원하지만 박 회장처럼 타고나지 않는 이상 수술이 아니고서는 갖기 어렵다. 눈썹의 특징은 일정한 길이 이상으로는 자라지 않는다는 점이다. 문헌에 의하면 10명 중 3명은 눈썹을 뽑는 게 아니라 깎기만 해도 다시 자라지 않는다는 보고가 있다. 그래서 다른 부위는 찢어지면 감염 위험을 줄이기 위해 그 부분의 털을 제거하고 꿰매지만 눈썹 부분은 찢어져도 눈썹을 깎지 않고 치료를 해야 한다.

이처럼 짙고 굵으며 힘찬 눈썹을 만들려면 개별 모발이식술이 유일한 방법이다. 우선 눈에 잘 띄지 않는 머리 뒤쪽 부분의 굵은 모발을 필요한 만큼 한꺼번에 피부째 떼어내고 그 자리는 봉합한다. 그런 다음 머리카락 한 올 한 올을 모근이 상하지 않게 조심스럽게 분리하여 모발이식기계에 한 올씩 채워 넣고 나서 이식할 부분을 정한 뒤 심는다. 이때 조심해야 할 점은 털이 서 있는 방향이 위치에 따라 다르다는 점이다. 미간에 가까운 부분의 털은 거의 수직으로 서 있고 중간에서 눈꼬리 쪽으로 갈수록 점점 눕는다. 또한 눈썹의 윗부분과 아랫부분의 털은 모두 눈썹의 가운데 방향을 향하고 있다. 그리고 개인에 따라서도 눈썹의 방향이 각기 다르다. 이런 요소를 모두 감안해서 이식해야 한다.

이식한 털은 1개월 내외에 모두 빠지고 2~3달 지난 뒤 그 자리에 다시 털이 나기 시작한다. 이때 다시 나기 시작하는 털은 원래 있던 자리에 난 털의 특성을 그대로 갖고 있다. 따라서 눈썹같이 적당한 길이로 자라고 마는 것이 아니라 머리카락같이 계속 자라는 문제점이 있다. 따라서 적당한 길이에 맞춰 잘라가면서 관리를 해야 한다. 정치인 지망생의 경우 나이가 젊어도 눈썹에 모발을 이식하는 수술을 원하는 경우가 많다. 이로 미루어 눈썹은 개인의 강한 의지를 표현하는 요소라고 할 수 있겠다.

눈썹과 눈까지의 거리가 짧아서 관대하고 여유롭게 보이지는 않는다. 그러나 눈이 깊고, 코가 크고 높아 얼굴 전체에 입체감을 만들어내면서 굽히지 않는 강한 의지와 추진력을 표현하는 듯하다. 이런 코를 원하는 사람들이 있다. 하지만 박 회장의 경우처럼 강한 이미지의 눈썹과 코가 함께 조화를 이루어야 한다. 그런 코만을 가지면 투박하고 거칠어 보일 수 있으므로 신중하게 선택해야 한다. 박 회장의 코는 미간 높은 곳에서 시작되고 뿌리 부분은 넓고 높으며, 아래로 곧게 뻗어 내려와 긴 윗입술에서 멈추며 완성된다. 인중은 다소 길게 느껴질 정도로 윗입술이 길다. 윗입술과 아랫입술은 두꺼운 편으로 붉은빛이 짙고 선명하다. 특히 가운데 얼굴이 발달되어 눈과 입 사이 거리가 짧지 않고 광대뼈도 돌출되어 있지 않다. 이런 점들은 남방계 골격의 대표적인 특징을 이루고 있다.

턱은 뾰족하지 않고 둥글며 피하지방이 여유 있는 편이라 아랫사람에게 관대할 것 같은 인상을 준다. 특히 사업하는 분들 중에는 박 회장의 귓불을 부러워하여 그런 모양으로 성형을 원하는 경우가 있다. 결혼을 앞둔 여성들도 귓불이 풍성하기를 원해서 수술로 모양을 고치기도 한다. 시술은 자가지방이식을 채택하기도 하는데, 시술 후 치료 기간이 긴 편이라 부담스럽다. 좀 더 빨리 효과를 보기 원하는 경우에는 히알루론산 필러로 시술 받기도 한다. 요즘은 아무래도 시술이 간단하고 치료 기간이 짧은 방법을 선택하려는 사람이 많아져서 필러로 시술하는 경우가 점점 늘어나는 추세이다.

필러 시술 과정은 간단하지만 주의해야 한다. 피부의 너무 가까운 곳에 이식하지 말고 작은 귓불이지만 가능하면 깊은 곳에 이식한다는 마음으로 필러를 넣어야 귓불 자체의 모양이 자연스럽게 형성되기 때문이다.

귓불의 모양만으로 해결이 안 되는 칼귀의 경우 귓불의 끝과 얼굴 사이의 각을 둥글게 만들어주는 수술을 더해야 한다. 이런 귀는 귓불의 아랫부분을 Z자 모양으로 절개하고, 그에 따라 생기는 삼각형 모양의 피부 조각 두 개의 위아래를 바꿔 붙이는 시술을 한다. 그러면 시술 부위가 처음의 Z자를 뒤집어놓은 모양이 되면서 위아래 길이가 늘어난다. 그러고 나서 나중에 자가지방이식이나 히알루론산 필러 시술을 하면 귓불이 두툼해진다.

한편 박 회장의 나이 든 모습을 보면 피부는 탄력을 잃어 얼굴 피부가 처져 내려오기는 했지만 주름은 거의 드러나지 않는다. 성형외과 의사가 보기에는 경이롭기까지 하다. 나이가 들면 주름이 없기가 참으로 힘들기 때문이다. 이것은 박 회장의 피부가 두꺼운 덕분이다. 피부가 얇고 부드러운 사람들은 주름이 빨리 생기고 많이 드러난다. 하지만 피부가 두꺼운 사람들은 젊은 시절에는 피부가 부드럽고 곱다는 평을 듣지 못하지만 나이가 들면 얇고 부드러운 피부보다 주름이 훨씬 적고 주름이 생기는 시기도 늦어지는 장점이 있다. 피부가 거칠고 두꺼워서 고민하는 젊은이들은 나이 들고 나면 두꺼운 피부를 고맙게 여길 날이 올 것이다.

그다지 크지 않은 체구였지만 국민들의 마음에 '거인'으로 남은 박태준 회장. 젊은 시절부터 타계 전까지의 모습을 되새기면서 박 회장의 외모를 닮고자 하는 마음이 철강 산업에 투신해 국가 발전을 위해 희생한 생전의 그 깊고 높은 뜻까지 닮으려고 하는 계기가 되기를 기대해 본다. 이제 그동안의 노고를 잊고 편안한 휴식을 취할 수 있도록 다시 한 번 명복을 빈다.

○○○

천만 시민의 민생을 보살피는
서울의 얼굴

주 선 희 시민운동가와 타고난 정치인의 모습이 공존하는 얼굴

시민운동가 박원순. 그는 마른 얼굴에 주름진 볼로 가난해 보이지만 맑은 기품을 지니고 있었다. 그렇게 시민운동가요 변호사로서 조용히 강호에 살 것만 같던 그가 어느 날 갑자기 서울특별시장 후보로 등장했다. 그리고 마침내 만만치 않은 상대인 나경원 후보에 압승하며 시장이 되었다. 당선 즈음 그의 얼굴은 더 이상 '청빈한 선비'의 상이 아니었다. 마치 물을 만난 물고기처럼 '원만하고 순탄하게' 잘 나가는 '정치인'의 상으로 바뀌어 있었다.

그가 시장 후보로 정치 일선에 나선 이유를 인상에서 찾는다면 그
건 갸름한 선비 얼굴에 어울리지 않을 정도로 발달한 광대뼈 때문이
다. 깔끔한 선비형인 이회창 총재가 정치가로 나선 이유 역시 툭 불거
진 광대뼈 때문인 것과 같은 맥락이다.

박원순 시장의 머리카락을 보면 세지도 약하지도 않은 적절한 강도
를 갖고 있다. 머리카락이 두꺼우면 고집이 세고 의리가 있으며 약하
면 지조가 갈대와 같은데, 박 시장의 머리카락 강도를 보면 타협할 줄
알며 융통성이 있어 보인다.

이마는 그런대로 잘생긴 편이지만 가운데가 약간 들어가 울퉁불퉁
한 느낌으로, 이 부분에는 그가 '서울대 중퇴'처럼 학업을 쉬어 가야
했던 상황이 반영되어 있다. 부모나 윗사람에게서도 무난하게 사랑이
나 인정을 받지 못하고 자신의 노력으로 삶을 일구어나갔을 것이며,
여권 실세가 아닌 야권 인사로 살아온 흔적이기도 하다.

눈썹 아래 뼈가 솟아 있는 것은 그만큼 적극성을 띠고 활동한 것
으로 리더들의 경우는 대개 이 뼈가 솟아 있다. 눈썹뼈가 튀어나오면
40세가 넘어야 자수성가의 길을 걷게 된다. 눈썹이 진해서 밀어붙이
는 기질이 있지만 털이 잘 누워 있어 일을 성사시키기 위해서는 자신
을 죽이고 상대와 타협하기도 한다. 적당히 부드러운 머리카락이나 눈
썹털에는 나설 때 나서고 멈출 때 멈출 줄 아는 유연함이 보인다.

눈두덩을 보면 눈이 몇 개는 들어갈 정도로 넓다. 기부를 크게 하는
사람들을 보면 대개 눈두덩이 넓다. 소외된 사람의 어려운 사정에 귀

기울이고 잘 살펴주기도 하는 사람이다. 이런 사람은 쉽게 마음을 주지는 않아도 한번 사귀고 나면 따지지 않고 믿으며 밀어준다. 상대적으로 자신을 믿고 밀어주는 우군도 많다.

모든 것에는 양지가 있으면 음지도 있듯이 너무 믿는 성격은 '믿는 도끼에 발등 찍히기'도 쉽다. 은혜를 잊지 않으며 정이 넘치는 사람인데 역시 약점이 되는 것은 공명정대하기가 쉽지 않다는 것이다. 그의 시장 당선을 도운 사람이라면 논공행상論功行賞을 요구하지 않는 것이 그를 다시 한 번 도와주는 일이 된다. 좌청룡 우백호 참모들이 중간에서 부당한 부탁을 잘 잘라주는 것도 필요하다. 그렇지 않으면 앞에서는 거절하더라도 뒤에 가서는 고민할 사람이다.

또 다른 약점은 남에게 그렇듯 자기 자신에게도 관대하다는 것이다. 시장 선거에서 네거티브의 대상이 된 부분도 '서울대 사회계열 중퇴'이면서 '서울대 법대 중퇴'라는 약력으로 통용되는 것을 부정하지 않았다는 것이었다. 크게 중요하지 않다 생각하여 두루뭉술 넘어가는 눈두덩과 명예가 손상되는 걸 싫어하는 광대뼈, 이 두 가지가 학력 시비의 원인이 된 것이다. 서울 시장은 하루에 250건 가량 결재를 해야 한다고 한다. 이제는 사람을 너무 믿지도, 원만하게 넘어가기만 해서도 안 되는 자리이므로 이 '눈두덩'이 지닌 기질을 스스로 항상 경계해야 한다.

눈이 작아 세밀하게 살피고 매사 돌다리를 두들기는 편인데 한편 눈에 각이 져서 걱정이 많은 사람이다. 맘에 들지 않으면 쳐다보지도 않는 성격을 지니고 있지만 눈이 작고 눈두덩이 넓어 별로 표현을 하지 않고 살았을 것이다. 신중하고 조심스럽게 말을 하며 자신의 감정을 많이 삭이는 사람이다. 이런 사람이 이번 선거전에서는 적수를 무너뜨리기 위해 칼을 휘둘러야 했기 때문에 상대편 비방도 서슴지 않았다. '정치판에 나오면 저렇게 변하는구나'라고 말하는 사람도 있지만 인상학적으로 보면 자기 명예를 위해서는 공격도 할 수 있는 사람이다. 그건 광대뼈가 높기 때문이다.

본래 갸름한 얼굴형인데 광대뼈가 튀어나와 있어 자기표현 성향과 명예욕이 강한 편이다. 광대뼈가 솟아 있는 사람은 자신을 내보이는 일을 좋아한다. '아름다운 재단'이나 '희망제작소'에서 봉사하는 것보다 정치인이 자신에게 더 어울리는 옷인 것이다. 이런 갸름형은 아쉬운 소리도 할 줄 알며 필요할 때는 허리를 굽힐 줄도 안다.

둥근 코와 두꺼운 피부에도 그 기질이 담겨 있는데 그렇다고 소신이 없는 것은 아니다. 전체적으로 보면 굵은 강철이라기보다는 가는 철사 같은 사람이다. 막무가내로 강하기보다는 휘어지더라도 잘 끊어지지는 않는 까닭에 오늘날 대기만성의 빛을 보게 된 것이다.

솟은 광대뼈 때문에 상대적으로 들어가 보이는 눈 옆 부분을 보면 가정을 잘 돌보지는 않은 것 같다. 집안보다 사회를 더 챙기다보니까 자연히 가정에 좀 소홀해졌을 것이다. 하지만 두둑한 인중과 턱을 보면 아내 덕이 있어 보인다.

다른 부위에 비해 코가 튼실해서 자신의 위상이 반듯한데 코를 감싸는 광대뼈까지 솟아 있어 체면을 유지하기 위해 노력하는 '정치적' 특성을 갖고 있다. 특히 중년이 매우 좋아 46~48세까지 크게 일했을 것이다. 코끝과 경계가 거의 없어 보일 정도로 빵빵하지 않은 콧방울을 보면 돈이나 사람을 잘 챙기지 못했을 것이다. 그의 당선을 돕고 지지하는 사람은 많았지만 정말 충복이라 할 만한 사람은 별로 없다는 얘기다. 하지만 법령(입가 미소선) 안쪽 인중이 널찍해서 지갑에 항상 돈이 들어 있으므로 결코 궁핍하지는 않으며 인중에 해당하는 50대 초반에도 운기가 좋았을 것이다.

박 시장처럼 법령이 뚜렷하면 법 안에서 움직이는 원칙주의자다. 갸름해서 순해 보이지만 원칙을 지키는 자기 고집과 주관이 확고하다. 또한 자신과 가는 길이 다른 사람은 상대하지 않는다. 넉넉한 눈두덩과 작은 눈 때문에 겉으로는 표현하지 않지만 속으로는 선을 그어둔다. 혹 그런 사람이 만나자고 하면 요리조리 이유를 대면서 피해갈 것이다. 큰일을 하는 리더라면 많은 사람을 안고 가야 하는데 그 안음에 한계가 있어 보여 염려가 되는 부분이다.

손석희 교수와 동갑인 게 화제가 될 정도로 박 시장의 얼굴이 나이 들어 보인 이유는 법령이 뚜렷하며 뺨에 살이 없었기 때문이다. 법령 바깥으로 살이 없고 주름이 가 있으면 한 우물을 파기보다 하는 일을 바꾸게 된다. 그가 시민운동가에서 정치인으로 변신한 이유가 그 뺨에도 있다. 이런 경우 일을 바꾸어도 그리 잘 풀리지 않는 법인데 박 시장의 경우는 특이하게도 뺨에 살이 오르면서 좋은 쪽으로 변했다.

뺨은 '위胃'와 '장腸'을 관장하는 곳으로 뺨이 좋아진다는 것은 속이 편하다는 의미를 지니고 있다. 많은 사람들의 지지를 받게 되고 사람들을 만나면서 웃을 일이 많아지게 되어 뺨에 살이 오른 것이다. 과거 인상학에서는 뺨의 살을 돈으로 해석했지만 요즘은 사람으로 보기도 한다. 현재의 삶에 스스로 만족하면 이렇듯 상이 급격하게 달라질 수도 있다.

57세에 해당하는 부분은 뺨 옆 보조개가 생기는 곳이다. 얼마 전까지만 해도 살이 없어 힘들어 보였는데 요즘은 놀랍게도 그 자리에 살이 올라와 있다. 뺨에 해당하는 56~57세에 이어 58~59세에는 더욱 일이 잘 풀리는 행운을 만나게 될 것이다.

입꼬리가 내려가지 않은 것은 살아오는 동안 많이 웃어주었음을 의미하며 덕분에 광대뼈도 발달한 것이다. 인중이 좋으면서 입까지 커서 60대에도 큰 활약상을 보이게 된다. 치아가 고르게 잘생긴 걸 보면 어려운 가운데서도 긍정적으로 살아왔음을 알 수 있다. 편협된 생각을 하면서 이를 악물면 이가 울퉁불퉁해지는데 박 시장의 경우는 웃을 때 아랫니와 윗니 사이가 약간 벌어지는 모습으로 복이 담기는 치아를 갖고 있다. 턱이 부드러워 남을 치지 않고 함께 가는 사람이며 따르는 사람도 많을 것이다.

이제 박원순 시장은 말 그대로 '자리'가 달라졌다. 크게 드러나지 않는 시민운동가나 변호사가 아니라 대한민국의 수도인 서울특별시의 수장이 되었다. 박원순이 누군지도 몰랐던 사람들도 그를 시장으로 선택한 이유는 그에게 거는 '변화와 희망' 때문이었다. 희망의 반대는 절망이 아닌가. 그만큼 절망을 주기도 쉬운 자리에 서게 되었다.

어느 트위터리안은 그의 당선을 축하하면서 '기대와 설렘, 걱정과 우려가 교차한다'고 썼다. 박원순 시장이 그 기대와 설렘에 부응하고 걱정과 우려를 떨쳐낼 수 있는 시장이 되기 위해서는 앞에서도 얘기한 몇 가지 인상학적 약점을 극복, 스스로 변화하는 모습을 보여줄 것을 거듭 당부하고 싶다.

두꺼운 눈두덩과 작은 눈 때문에 지금까지는 마음을 표출하는 일이 적었겠지만 이제는 시정 일기까지 써야 할 시장이 되었으니 속마음을 솔직담백하게 드러내야 할 것이다.

투표 결과를 보면 강남에서는 박 시장과 나경원 후보의 표가 대략 4:6 정도였다. 박 시장을 지지하지 않은 6에 해당하는 사람들을 마음속에 담아두지 말고, 섭섭한 마음을 내려놓고 그들과도 진심으로 소통하고 화합할 줄 알아야 좋은 시장이 될 수 있다.

한편 사람이든 일이든 껴안고 넘어가주며 살아왔지만 이제부터는 자를 건 잘라내고 정확하게 따지는 일도 잘 해내야 하며, 인재를 등용할 때도 지금까지 도와준 사람들은 '공신'으로 남겨두고 정말 필요한 사람을 찾아 적재적소에 배치할 줄 알아야 한다. 높은 광대뼈 때문에 눈앞의 체면과 명예를 다치지 않으려 적당히 넘어간 것이 오히려 명예를 해치는 일이 되었음을 경험한 시장 선거의 교훈도 늘 가슴에 새겨야 할 것이다.

그렇게 할 때 박원순 시장은 그를 선택한 시민들에게 진정으로 '희망을 제작해주는 아름다운' 시장으로 존경받게 될 것이다. 이제 자신의 인상에 딱 어울리는 길을 찾아냈으니 앞으로도 훌륭한 행정가요 정치인으로서 탄탄대로를 열어가게 될 박원순 서울 시장의 모습을 기대한다.

진세훈　선한 얼굴에 연륜이 쌓인 주름

손석희 교수가 2009년 11월 마지막으로 『100분 토론』 진행을 맡았을 때의 일이다. 여기 출연했던 노회찬 전 의원, 박원순 변호사는 손 교수와 같은 1956년생 동갑내기라서 화제가 됐다. 당시 박 변호사가 손 교수에게 젊은 얼굴, 즉 동안의 비결을 묻자 손 교수는 자신이 젊은 게 아니라 박 변호사가 노안이라고 대답했다.

박원순 서울 시장은 왜 동갑내기들보다 나이가 들어 보일까. 주름 때문이다. 사람은 나이가 들면 피부의 표피와 진피의 접착면이 줄어들면서 주름살이 생긴다. 세월의 흐름이 몸에 나타나는 것이다. 박 시장은 시골에서 어린 시절을 보내면서 햇볕을 많이 쬐었을 것이다. 사회에 나와서는 '참여연대', '아름다운 가게', '희망제작소' 등을 운영하면서 신경을 쓰고 걱정할 일이 많았을 것이다. 이렇게 해서 이마와 눈가에 새겨진 주름은 삶의 나이테라고 할 수 있다. 그리고 이처럼 연륜이 쌓인 얼굴은 이번 시장 선거에서도 유권자에게 신뢰를 주는 데 도움이 됐을 것이다. 나경원 후보가 뽀얗게 잘 관리된 피부를 지니고 있는 것과 대조적이다. 박 시장의 주름은 유권자들에게 서민적이라는 인상과 함께 현실적인 문제를 구체적으로 고민하며 살아왔다는 인상을 함께 주었을 것이다.

박 시장은 피부가 두꺼운 편이라 잔주름이 덜 생기는 혜택을 받았으나 이마의 주름은 나이에 비해 깊어 보인다. 이는 눈을 뜨게 하는 근육의 힘이 약간 모자란 탓에 생긴 것일 가능성이 있다. 이마 근육을 움직여서 눈을 크게 뜨려고 하는 습관 때문에 생긴 주름이라는 말이다.

이때는 이마 근육을 움직이는 원인을 해결해 주면 주름을 근원적으로 개선할 수 있다. 우선 처진 위 눈꺼풀에서 속눈썹 바로 윗부분의 피부 일부를 제거한다. 그다음엔 눈꺼풀을 들어 올리는 근육을 안쪽에서 접어서 꿰매준다. 수술을 받고 나면 눈을 쉽게 뜰 수 있어서 이마에 주름을 만들 필요가 없어진다.

얼굴의 골격 구조는 가로 길이가 짧고 얼굴의 세로 폭이 길어 균형을 이루고 있다. 눈은 꼬리가 처져 있어서 인상이 선해 보이지만 나이가 들면 실제보다 더 늙어 보이는 원인이 되기도 한다. 코는 크고 긴 편이며 높이도 한국인의 평균치를 넘어서서 얼굴을 입체적으로 두드러지게 보이도록 하고 있다.

그러나 콧방울 폭이 눈의 가로 길이보다 더 넓어서 미학적 황금분할에는 미치지 못한다. 입은 약간 튀어나와 보이는데 턱이 작고 콧방울 부분을 중심으로 하는 가운데 얼굴이 낮은 탓에 상대적으로 더 그렇게 보인다. 그러나 턱은 둥글고 잘 발달되어 있어 성숙한 모습을 지니고 있다.

가운데 얼굴은 잘 발달된 편이지만 콧방울 옆이 깊어서 입가의 팔자주름이 두드러져 보인다. 이는 얼굴을 어두워 보이게 만드는 요소다. 특히 콧방울에서 입꼬리 쪽으로 내려오는 깊은 팔자주름은 성형외과 전문의로서 시급히 해결할 것을 권하고 싶다. 웃을 때면 팔자주름 바깥쪽으로 평상시에는 드러나지 않던 깊은 주름이 하나 더 생기면서 더욱 심하게 나이 들어 보이게 된다. 이런 주름이 생기는 원인은 볼에 살이 없어서 피하지방이 부족한 때문이기도 하다.

이렇게 깊은 주름은 보톡스나 리프트 시술을 하더라도 한계가 있다. 대책으로는 피하지방의 양을 보충해 주는 자가지방이식술이 있다. 하지만 시간이 지나면 지방이 체내에 흡수돼버리기 때문에 다시 보충해줘야 하는 부담이 있다. 이를 피하고 싶다면 자가진피회생술이 좋다.

박 시장의 얼굴을 노안으로 보이게 하는 또 다른 이유는 피부에 있다. 한마디로 즉각 피부 관리에 나서라고 권하고 싶다. 이는 얼굴색이 희거나 검은 것과는 별개의 문제다. 얼굴이 좀 검은 편이라도 피부의 안쪽에 전등이 켜진 듯 맑고 밝아 보이는 피부가 있는가 하면 겉은 하얗지만 탁하고 어두워 보이는 피부가 있다. 피부색이야 타고난 것이니 어쩔 수 없다고 해도 맑고 밝아 보이게 만드는 것은 후천적인 노력으로 충분히 이룰 수 있는 일이다.

피부 관리를 전문적으로 받는다면 좋겠지만 경비와 시간이 문제다. 그리고 반드시 피부 관리실에 가야만 하는 것도 아니다. 스스로 관리를 하려면 무엇보다 피부 노화의 주범인 자외선을 차단해야 한다. 차단제의 효과는 4시간 정도밖에 가지 않으므로 하루에 세 차례는 발라야 한다. 그리고 밤에 자기 전에 따뜻한 물로 얼굴을 깨끗이 씻어야 한다. 평소 레몬을 4조각으로 잘라 냉장고에 두고 있다가 세수 뒤에 한 조각의 즙을 짜서 오트밀 가루를 조금 섞어 얼굴에 바른다. 20분쯤 지난 뒤 물로 씻어내면 피부관리실에 다녀온 것 못지않은 효과를 얻을 수 있다. 레몬즙 속의 비타민C는 몸속 세포의 산화를 방지하며 약한 산성액은 각질을 제거하는 필링 효과를 낸다. 여기에 오트밀의 유지방 성분이 더해지면 만족스러운 변화를 느낄 수 있다.

이제 천만 서울 시민의 살림을 챙겨야 할 막대한 임무를 지니게 된 박원순 시장. 그가 지나온 세월의 연륜을 보여주는 넉넉한 웃음을 띠고, 밝고 맑은 얼굴로 지치지 않고 전진해 나갈 것을 기대한다.

버락 오바마

○○○

미국 최초의 흑인 대통령

주 선 희 미국이 요구하는 바로 그 지도자상

버락 오바마 대통령은 1961년 8월 4일생으로 '소띠'에 '사자자리'다. 소띠의 성실하고 원만한 두령급 특성에, 사자자리의 탁월한 리더십과 정열의 소유자다. 2009년 44대 대통령으로 취임, 미국 최초의 흑인 대통령이 되었고 같은 해 노벨 평화상을 수상했으며, 2012년 재선에 성공했다.

오바마 대통령의 인상을 읽어보는 것은 그에게 두 번이나 당선을 안겨준 인상학적 특징이 무엇인지 가늠하는 기회가 될 수 있다.

오바마 대통령은 진한 눈썹과 꽉 다문 입, 잘생긴 코 등 세계 최강국의 대통령이 될 만큼 강한 에너지를 지닌 인물이다. 48세에 해당되는 인상학적 포인트는 특히 잘생긴 코끝에 있다. 49~50세에 해당하는 양쪽 콧방울은 태평성대라면 좋은 모양이지만 어려운 시대라면 결단력 있게 교통정리를 하지 못하고 그 어려움을 지켜봐야 하는 콧방울이다. 어려움을 헤쳐 나갈 지도자라면 콧방울이 좀 더 빵빵해야 밀어붙이는 힘이 있다. 부시 전前 대통령의 힘 있는 콧방울은 전쟁을 결단하는 데 알맞고, 오바마 대통령의 부드러운 콧방울은 평화를 선택하는 데 어울린다. 전쟁에 지쳐 평화를 원했던 미국인의 심리는 오바마 대통령 같은 '평화의 상像'을 원했던 것이다.

오바마 대통령의 얼굴을 보면 피부는 흑인의 특성이 드러나지만 전체적으로는 백인의 인상적 특성이 더 강하다. 갸름한 얼굴과 얇은 입술, 뚜렷한 법령(입가 미소선)과 좁은 눈과 눈썹 사이 등이 그렇다. 그래서 기질도 백인에 가깝다.

이마에 다섯 손가락을 펴서 대 보면 손가락이 닿는 부위의 뼈대가 모두 살아 있다. 이런 이마를 가지면 사막에 가서도 살아남을 수 있는 문제해결력을 지닌다. 양쪽 눈썹 위 이마 부위가 둥글게 잘 발달되어 매우 총명하다. 이마 앞부분이 혹처럼 약간 튀어나와 있는 것은 엄마 배 속에 있을 당시 집안은 좋았다 하더라도 부모의 상황이 편치 않았음을 보여준다. 자랄 때도 남들이 보는 것과는 달리 본인은 마음고생이 있었을 것이다. 미간 주름이 수직으로 쭉 올라가고 있는데, 이럴 경우 매우 예민하며 점점 더 철학적인 성향을 갖게 된다. 당리당략黨利黨略보다는 국민을 더 생각하는 지도자의 성향이 여기서 나온다. 산적된 국가적 사안에 대해 심사숙고를 거듭하면서 더욱 위로 올라간 주름이다.

귀를 보면 귓바퀴가 동그스름하지 않고 구겨진 듯하다. 힘들었던 부모의 심경이나, 축복 속에 태어나지 못했던 상황이 귀에 그려져 있다. 가운데 연골이 들린 듯 뒤집힌 모습에는 어려운 초년 시절과 튀는 기질이 담겨 있다. 하지만 법령이 뚜렷하기에 원칙 안에서 튀는 사람이다. 젊은 시절 어렵고 소외된 이웃을 위해 앞장서는 인권변호사로서 활약한 배경이다. 정면에서 볼 때 적당한 크기가 노출되는 귀는 경청할 줄 아는 귀다. 국민의 소리를 귀담아 들을 줄 아는 리더로서의 면모가 보인다. 귓불 위쪽에서 귓구멍에 이르는 홈이 넓은 편으로 통이 큰 사람이다. 큰 콧구멍 역시 '통 큰' 기질을 더한다.

진한 눈썹은 건강한 에너지와 강한 추진력을 보여준다. 시간 끌지 않고 '예스'와 '노'를 즉각 얘기하는 사람이며 순발력 또한 뛰어나다. 미국 경제의 어려운 상황을 신속하게 해결하기 위해 대책을 마련하려는 그의 노력을 국민들도 잘 알고 있을 것이다. 이런 눈썹을 가지면 인재를 발탁할 때도 과거의 경력을 보기보다는 지금 현재의 실력이나 성과를 본다. 좁은 눈두덩을 보면 매우 치밀한 사람으로 한 치 오차 없이 분명한 걸 좋아한다. 하지만 인중이 넉넉하여 봐줘야 할 때는 봐줄 줄도 아는 융통성이 있다. 눈두덩이 좁으면 인정이 박한 편인데, 이마가 좋아서 치밀하게 따져가면서 좋은 일을 할 줄 아는 여유가 있다.

커다란 갈색 눈동자를 보면 인문학적 소양도 깊은 편이며 매우 감성적임을 알 수 있지만 눈매가 길어서 멀리 내다보는 거시적 안목도 갖추고 있다. 눈의 선에 각이 있어 매사 살피면서 스스로 걱정거리를 만드는 심사숙고형이다. 눈 밑이 볼록하여 스태미나와 자녀운이 좋으며, 볼록한 눈 밑에 담긴 열정으로 세상에 필요한 도움을 주러 나서기도 한다.

법령이 뚜렷하여 원칙주의자이며 자기 관리와 일 관리를 분명히 한다. 법령 밖으로 코 옆쪽 뺨에도 사선이 보이는데 이는 자존심이 강한 사람임을 보여준다. 좋은 결과를 얻기 위해 깊은 생각에 잠기는 표정에서 이런 주름이 생기게 되는 것이다. 사람을 사랑하는 정 많은 둥근 코와 원칙주의의 입이 갈등을 하겠지만 일은 원칙대로 처리한다. 하지만 냉정하게 자르지 못하는 성품이 때론 장점으로, 때론 단점으로 보일 것이다. 비록 비판을 받더라도 크게 원칙에서 벗어나지 않는 한 돈을 푸는 사람이다. 부시 전 대통령이 물려준 경제상황 때문에 계속 어려움을 겪고 있긴 하지만, 그래도 오바마 대통령 재임 시절은 경제적으로 전보다 따뜻한 시기가 될 것이다.

왼쪽 콧방울 옆에 보이는 점은 주변 사람에게 자신의 재물을 나누어주어야 하는 점이다. 봉사하는 점이라고도 할 수 있다. 건강으로 보면 무리할 때 허리에 고통이 온다.

인중과 식록(인중의 양옆)은 지금 나이인 51~53세에 해당한다. 인중과 식록의 길이가 긴 편으로 그런대로 경제적인 여유는 있겠지만 둥그스름하게 살이 붙어 있지 않아 돈을 쌓아둘 정도로 넉넉하지는 않다. 더구나 이 부분을 감싸고 있는 뺨에 살이 없어 식록과 균형과 조화를 이루지 못하고 있다. 입술이 갈매기 모양으로 화술이 뛰어나며, 입꼬리가 뚜렷하여 성격도 치밀하고 깐깐하다. 날씬한 뺨과 턱 등을 보면 내년 이후도 많이 신경을 쓰면서 살 것이다. 경제적으로 신경을 써야 하는 시기에 대통령이 될 수밖에 없는 이유가 인상에 담겨 있는 것이다.

전체적으로 오바마 대통령의 인상을 정리하면 재임 기간 동안 미국 경제가 크게 나아지지는 않겠지만 경제를 일으키기 위해서 발 빠르게 움직이면서 적확한 대책을 마련해내는 대통령으로는 적합한 상이다. 국민들의 성원으로 재선에 성공한 만큼 미국 경제의 부흥에 앞장서는 모습을 기대해본다.

진세훈 선한 눈매와 명품 웃음, 뛰어난 소통력

미국의 제44대, 45대 대통령 버락 후세인 오바마 주니어. 미국 최초의 흑인 대통령으로서 역사의 큰 물굽이를 돌린 인물이다. 케냐 출신의 아버지와 미국인 어머니 사이에서 태어나 두 살 때 부모의 이혼으로 어머니와 함께 살았다. 그런 성장 배경으로 온갖 인종이 뒤섞

여 사는 미국에서 화합을 가장 잘 실현할 수 있는 인물로 꼽혀 대통령의 자리에 올랐다. 아울러 링컨, 케네디와 함께 국민과 가장 잘 소통하는 대통령으로 인정받고 있다. 어려운 시절을 극복하고 전 세계를 이끄는 지도자로 부상한 오바마의 얼굴을 미학적으로 살펴보고자 한다.

오바마는 아프리카계 아버지와 백인 어머니를 둔 까닭에 얼굴에서도 흑인과 백인의 특징을 고르게 가지고 있다. 우선 얼굴 상하 삼등분의 비율이 정확하고, 좌우 대 상하 길이의 비율도 대부분의 서양인들처럼 1:1.5에 가깝다. 이마는 곧게 서 있고 머리 앞쪽이 발달했다. 또한 이마는 좌우로 넓어서 수리적인 능력을 갖추고 논리적이기도 하지만 감성도 상당히 발달한 것으로 보인다. 눈썹은 짧지만 짙으며 눈썹 부위 뼈가 다소 나온 편이라 의지력을 가진 강인한 인상을 남긴다. 눈썹 꼬리 부분이 아래로 내려와 있어서 선한 눈매를 이루며 눈썹과 눈 사이의 거리는 짧다. 이는 대부분의 서양인이나 아프리카인에게 공통된 모습이어서 오바마 대통령만의 특징이라고 보기는 어렵다.

코는 높지만 콧날과 코끝이 둥글고 아래로 내려와 있어서 전체적으로 코는 길고 부드러운 느낌이다. 콧방울은 옆으로 넓어서 얼굴 전체에서 두드러져 보이는데, 이 부분은 아버지의 유전적인 영향이라 생각된다. 그러나 이런 콧방울을 일부러 줄일 필요는 없다. 콧방울이 좁으면 차갑고 이성적으로 보이는데 이것이 요즘 한국에서 미남으로 꼽히는 트렌드다. 미국 대통령이 이를 추구할 이유는 없다.

하지만 굳이 줄이는 수술을 한다면, 콧방울과 뺨의 경계면을 절개하고 여유 있는 콧방울의 피부와 연골을 제거해야 한다. 이 수술에서 가장 중요한 것은 콧방울의 조직을 제거하는 부분은 최소로 하고 벌어진 콧방울의 연골을 안쪽으로 모아주는 데 있다. 콧방울의 연골을 안쪽으로 걸고 바깥쪽으로 당겨서 봉합하면 콧방울 조직을 최소한으로 제거하면서 벌어진 콧방울의 연골을 안으로 모아줄 수 있다.

얼굴에 광대뼈가 거의 드러나지 않아 평평한 것은 앵글로색슨 족의 특징이다. 윗입술도 길지 않고 인중은 넓고 깊지 않아서 까다롭거나 결벽증을 가진 인상으로 보이지 않는다. 입술은 다소 두껍지만 상하의 비율이 4:6으로 미학적으로 조화를 이루고 있다. 치조골(이가 나는 부위의 뼈)이 발달된 편이어서 입이 다소 나와 보이지만, 치아는 아주 고르고 길이도 긴 편이다. 웃을 때 모든 치아가 드러나는 밝은 모습으로 '명품 웃음'이라고 하겠다. 이렇게 밝은 웃음은 심각하거나 진지한 표정들과 함께 강력한 카리스마를 만들어낸다.

콧방울의 왼쪽에 있는 점이나 볼에 흩어져 있는 점들은 정상적인 피부 노화의 과정이지만 아마도 농구나 야구를 좋아하는 까닭에 햇빛에 많이 노출되어 생긴 듯하다. 입가의 팔자 주름은 50대라는 것을 알 수 있는 유일한 표시이다. 이 주름은 자가진피회생술로 없앨 수 있다.

많은 국민들의 지지를 얻어 재선에 성공한 오바마 대통령. 아직 오지 않은 최고의 순간을 위해 앞으로 계속 전진해나가길 바란다.

○○○

한국 여자골프 군단의
계보를 잇는 미녀 골퍼

주 선 희 에이스의 에너지를 지닌 얼짱 골퍼

미국 LPGA에서 차세대 글로벌 스타로 주목받고 있는 '얼짱 골퍼' 최나연. 그녀는 말레이시아 쿠알라룸푸르에서 열린 사임다비 LPGA대회에서 라이벌 청야니를 물리치고 우승, 자신의 LPGA 통산 5번째이자 한국여자골프 군단의 100번째 우승컵을 안았다.

지난해 '상금왕'과 '최저타수 상'을 수상했다는 그녀의 얼굴에는 '상금'과 '최저타수'의 비밀이 확실히 담겨 있다. '얼굴이 말한다'는 말을 증명하고 있는 최나연. 그녀가 오늘날 세계 여성골프계의 에이스로 떠오를 수밖에 없는 인상학적 이유를 탐구해보자.

최나연 선수의 운기는 이마에서부터 훤히 열려 있다. 앞뒤, 양옆까지 골고루 둥근 머리 모양을 보면 엄마의 뱃속에서부터 좋은 태교를 받았으며 부모의 사랑을 많이 받았을 것이다. 둥글게 잘 발달된 이마를 가진 사람은 머리가 좋은 것은 물론 순발력과 기지가 있고 눈치도 빠르며 다른 사람을 이해하는 능력도 뛰어나다. 이마가 양옆까지 널찍하면 흔히 해외운이 좋다고 하는데, 바로 이런 특성을 가졌기 때문에 국내뿐 아니라 외국에서도 잘 적응한다는 의미가 된다. LPGA에서 보여주는 '어디서도 기죽지 않는' 당당한 모습은 바로 이마의 기운에서 온다.

양 눈썹 사이는 눈썹의 잔털이 잠식하여 좁아 보이는데, 이런 경우 순발력이 매우 좋다. 눈썹 앞쪽 털이 곤두서 있는데, 이는 늘 긴장하는 탓도 있지만 스스로 자기만족을 하지 못해서이다. 50세가 되어서도 '공부 좀 더 해야겠다'고 생각하는 사람들을 보면 눈썹 앞쪽 털이 서 있다. 최 선수는 운동을 시작하면서 허리까지 길렀던 머리카락이 방해가 된다고 싹둑 자르기도 했고, 해가 져서 골프장 문이 닫힐 때까지 골프채를 손에서 놓지 않을 만큼 성실하고 승부욕이 남달랐다고 한다.

임팩트에서 마무리까지 가장 깨끗하다는 평가를 받고 있는 스윙, 군더더기 없는 자세, 빠른 스피드. 최 선수의 이런 자질은 누가 시키지 않아도 스스로 챙겨 하고, 늘 자신을 채찍질하는 눈썹에 담긴 에너지가 만들어낸 것이다.

눈썹 전체는 매우 가지런하여 대인 관계도 매끄러울 것이다. 사랑해주는 사람도 많지만 자신도 남들을 배려하고 사랑할 줄 아는 사람이다. 처신을 잘못해서 다른 사람과 갈등을 만드는 일이 없으며, 오히려 갈등을 풀어나가는 타입이다.

비행기에서 막 내려 입국하는 최 선수의 사진을 보니 미간 부분에 볼록하게 세로 줄이 있는 것이 보였다. 늘 집중해야 하고 예민할 수밖에 없는 골프선수 생활이 미간에 '핏대' 같은 근육을 만들어낸 것이다.

최 선수의 눈을 보면 약간 튀어나온 듯한 '출안'이다. 이런 경우 해야 할 말도 잘 표현하며 하고 싶은 일도 잘 하는 사람이다. 출안인 삼성그룹의 이건희 회장처럼 최 선수도 아이디어가 번뜩일 것이다. 한 개를 가르치면 두세 개를 알아내며 다른 사람이 느끼지 못하는 것도 족집게처럼 집어낸다. 눈썹 앞쪽 털이 선 데다 출안에 이가 가지런하면 공부든 일이든 뭘 해도 잘 해서 자기 분야에서 일인자가 될 수 있다.

눈두덩의 지방층이 얇아 쌍꺼풀이 아닌 주름이 약하게 잡혀 있는데, 이는 매우 치밀한 성격임을 보여준다. '잘 보는' 출안에 '또 보고 거듭 보는' 주름까지 있어 최 선수는 먼 것도 가까운 것도 잘 봐야 하는 골프선수로서는 매우 좋은 눈을 지니고 있다.

큰 눈동자는 풍부한 감성을, 갈색 눈동자는 근성을 보여준다. 눈동자가 까만 사람은 매우 현실적인데 갈색 눈동자는 현실적이거나 계산적이지 않다. 돈 때문에 열심히 일하기보다는 일이 좋아서 열심히 일하는 사람이다. 눈 밑 불룩한 애교살은 튼튼한 건강을 말해준다. 결혼

하면 좋은 자녀를 두게 되는 상이다.

둥근 귓바퀴 속 튀어나온 연골이 튀는 성격을 드러낸다. 최 선수의 얼굴은 전체적으로는 편안해 보인다. 하지만 상세히 들여다보면 둥근 코와 통통한 뺨 말고는 튀는 부분이 많은 얼굴이다. 마냥 둥글둥글 편안하기만 해서 오늘의 자리에 올 수 있겠는가. 앞서 나가려는 근성이 오늘의 최나연을 만든 것이다.

최 선수의 얼굴에서 가장 돋보이는 것은 코다. 길지도 끝이 들려 있지도 않은 매우 재물운이 좋은 코로, 사업가도 탐낼 만한 코다. 한국에서의 높은 인지도와 미국 LPGA 투어에서 뛰고 있는 한국 선수 중 가장 많은 후원을 받고 있는 그녀의 위상은 이 코에 담겨 있다.

산근(콧마루와 두 눈썹 사이)이 나지막해 겸손한 사람이다. 어느 팬은 "미국 무대의 첫 승을 따낼 때도 그랬고 100승의 감격스런 순간에도 그랬고 우승 확정 순간의 최나연 선수에게서는 환호가 없다"고 했었다. 이처럼 우승을 하고서도 수줍은 듯 겸손한 모습을 보인 이유가 산근에 있다. 한 번 나가기 위해 천 번 낮출 줄 아는 지혜가 있는 사람으로 무리한 고집을 피우지 않으며 얼른 자신을 바꿀 줄 아는 융통성과 유연함을 지니고 있다.

오른쪽 콧방울에 있는 점은 보통 사람의 경우는 '재물 창고에 쥐가 들었다'고 표현할 정도로 돈이 나가는 점이다. 한데 만약 창고가 비었다면 쥐가 들겠는가. 이 점은 많이 벌어서 나누어주라는 의미가 있다. 그녀가 다양한 기부 활동으로 미국 내에서도 높은 평가를 받고 있는 이유가 이 콧방울 점에 있다.

얼굴은 살아가면서 변해간다. 지금은 법령(입가 미소선)이 뚜렷하지 않지만 앞으로 법령이 옆으로 넓게 생길 얼굴이다. 법령이 넓어지면서 인중도 두둑해질 것으로 보인다. 50대쯤 이 부분이 넓어지면서 만년이 매우 안정될 것이다.

입꼬리가 적당하게 잘 짜여 있고 입술도 알맞게 도톰하여 말을 잘하고 예쁘게 한다. 남을 아프게 하는 말을 하지 않는 입이다. 이가 잘 생겨서 성격이 무난하고 편안할 것이다. 자신이 있어야 할 자리에 반드시 있는 '필요한 사람'의 대표적 예다.

뺨이 통통하여 앞에서 보면 잘 드러나지 않지만 옆에서 보면 귀 밑 시골(턱 위의 뼈)이 잘 발달되어 있다. 골프선수에게 필요한 지구력을 타고났으며 만년에도 다복을 누릴 것이다. 최 선수의 손을 보면 가늘거나 여리지 않고 뼈에 힘이 느껴지는 '일하는 손'이다. 건강이 매우 좋고, 몸을 아끼지 않으면서 '힘차게 힘을 쓰는' 손이다.

최근 열린 LPGA투어 시즌 마지막 대회에서 개인 통산 6승의 꿈은 이루지 못했지만 '최고보다 최선'을 향하는 최나연 선수의 '얼굴'에는 '최선이 가져올 최고'의 순간이 앞으로 더 많이 다가올 것으로 기대된다.

진세훈 시원하고 푸근한 눈, 부드럽고 입체적인 얼굴

　　최나연 선수는 예쁜 외모 때문에 '얼짱 골퍼'라는 별명을 가지고 있지만 정작 얼굴을 보면 여성스러움보다는 보이시한 매력이 돋보이는 독특한 느낌을 받게 된다. 만화 영화 『달려라 하니』에 나오는 주인공 하니를 그대로 닮은 듯하다.

　　최나연은 사람들이 자기를 알아보고 예쁘다고 해줘서 좋다며 나름대로 관리에 신경을 쓴다고 말한다. 여성미와 남성미가 묘하게 공존하는 최나연의 얼굴을 살펴보자.

　　미모를 결정하는 것은 무엇보다 시원한 눈이다. 최나연의 눈은 크고 시원해 보여 외모를 결정하는 핵심 요소다. 눈썹은 짙고 굵으며 끝이 내려와 둥글게 보인다. 눈썹과 눈 사이의 거리가 넓은 편이어서 푸근한 느낌을 갖게 해준다.

　　눈은 가로 폭도 크지만 세로 폭도 넓어서 시원해 보인다. 거기에 눈동자가 크고 뚜렷해 보여 누가 봐도 아름다운 외모로 인정하게끔 만들고 있다. 또한 눈 밑에는 애교살까지 있어서 많은 여성들이 닮고 싶어 하는 눈을 갖고 있다. 특히 요즘에는 젊은 여성들이 이런 눈을 가지려고 성형외과를 찾고 있어 여러 가지 수술이 시행되고 있다. 눈매교정수술(눈을 위로 더 크게 뜰 수 있게 하여 눈동자가 더 많이 보이게 하는 수술)은 이미 유행했던 것이고 최근에는 앞트임, 뒤트임, 아래트임 수술까지 하고 있다. 수술은 그다지 위험하지 않고 간단하게 시술할 수 있

으며 회복기간도 길지 않아서 일상에 별다른 지장을 주지 않는다.

앞트임 수술은 방법에 따라 다소 다르지만 수술 시간은 20~30분 정도 걸린다. 시술 방법은 몽고주름을 없애는 것으로 몽고주름 안쪽의 섬유질 밴드를 잘라서 제거하게 된다. 이는 몽고주름 부분의 피부가 모자라 눈이 답답하게 보이는 것이므로 모자라는 피부를 성형술로 늘려주는 것이다. 뒤트임은 이보다 더 간단하다. 눈꼬리의 모양에 따라 눈꼬리 부분을 필요한 만큼 절개한 뒤 눈의 바깥쪽 뼈 부분에 고정시켜 주기만 하면 된다. 뒤트임을 하면 절개한 부분이 다시 붙어버리지 않을까 걱정하는 사람도 적지 않다. 하지만 개인적인 경험에 비춰보면 눈꼬리 모양을 정확하게 만들고 피부와 점막이 어긋나지 않게 모서리를 꼭 맞추어 봉합하면 다시 붙어버리지 않을까 걱정할 필요는 없다. 다음으로 아래트임은 결막 안에서 절개하여 안검판과 안검근막을 필요한 만큼 당겨서 줄여주는 수술인데 시술 과정에서 특히 출혈을 조심해야 한다.

한편 눈매교정술은 눈을 뜨게 하는 안검거근과 뮬러근을 필요한 만큼 당겨서 수술하는 방법이다. 쌍꺼풀 수술과 같이 하면 한층 효과적이어서 대부분 같이 하는 경우가 많다. 하지만 눈매를 교정하기 위해 어떤 수술이든지 선택할 경우 최대한 신중해야 한다. 왜냐하면 누구나 한번 시술하고 나면 원래대로 되돌리기란 거의 불가능하다고 봐야 하기 때문이다. 성형외과를 찾는 이들의 90% 이상은 자신의 얼굴에 대한 미학적 분석을 정확히 하고 있지 못하다. 다만 막연히 지금보다 예뻐졌으면 좋겠다는 생각만으로 요즘 유행하는 수술을 해달라는 경우가 많다. 더욱이 평소에 성형수술에 대한 관심과 지식도 별로 없는 상태에서 주변 사람이나 연예인이 수술을 받고 예뻐졌다는 사실만으로 자신도 그렇게 되리라는 생각으로 시술을 받는다. 이는 대단히 잘못된 행동이다.

최나연의 코는 약간 짧은 듯하나 높이가 충분하여 얼굴이 입체적으로 선명하게 보인다. 콧방울 부분은 약간 넓은 편이지만 다소 강하게 보이는 것이 나약해 보이는 이미지를 극복할 수 있어 오히려 장점으로 보인다. 그렇지만 콧방울 부분 자체는 둥근 모양이어서 역시 부드러운 이미지를 연출하는 데 도움이 되고 있다.

얼굴을 삼등분했을 때 가운데 얼굴이 길어서 얼굴의 폭보다 전체 길이가 길어진다. 그 결과 얼굴이 넓어 보이지 않고 광대뼈도 두드러지게 발달하지 않아 부드러운 느낌을 만들어주고 있다. 아래 얼굴도 인중이 길고 턱이 발달되어 있는데 특히 측면에서 보는 코와 입, 턱을 잇는 선이 이상적인 미용선에 일치하여 미학적 기준에 잘 들어맞는다.

입술은 얇고 위쪽 치아와 아래 치아가 맞물리는 교합 상태가 다소 가지런하지 못해 입을 다물고 있는 모습은 안정적으로 보이지 않는다. 입술이 얇은 것은 자가지방이식이나 필러로 쉽게 해결할 수 있어 요새는 문제로 여기지도 않는다.

최나연의 피부는 맑고 하얗게 보인다. 그런데 항상 강렬한 햇빛이 내리쬐는 날에 잔디 위에서 운동을 하는 골프선수로서 어떻게 그런 피부를 유지할 수 있는 걸까. 최나연 선수의 말에 의하면 경기할 때 귀가 많이 타는 편이어서 특히 귀에 선크림을 자주 바르며, 왼손에 장갑을 끼고 경기하는 탓에 오른손과 색이 달라 오른손에만 선크림을 바르기도 한다고 말한다. 그만큼 피부에 신경을 많이 쓰고 있는 것이다.

태양빛의 자외선은 피부 노화의 가장 큰 원인으로 알려져 있다. 자외선에 의한 피부세포 손상은 곧바로 드러나는 것이 아니라 오랜 시간 축적된 뒤 그 영향이 나타나는 것이다. 꾸준히 피부를 관리하는 것 외에 다른 방법이 없다. 자외선은 피부에서 활성산소를 발생시키고, 그 활성산소가 피부의 세포와 핵을 직접 공격하여 세포를 파괴한다. 그 결과 점이나 기미, 주름 등의 노화현상이 생긴다.

무엇보다 자외선 차단이 중요하다. 특히 햇빛 강한 교외 골프장에서 선크림과 모자 하나에 의지해 자외선을 피해야 하는 골프선수들에게는 두말할 필요도 없다. 선크림은 햇빛 차단지수를 감안한 제품을 선택해 3~4시간 간격으로 자주 바르고 자기 전에 충분한 수분과 영양분을 공급하도록 한다.

골프 기량을 향상시키기 위해 항상 연습을 게을리하지 않듯이 피부 관리도 꾸준히 해나가면 항상 발전하는 '얼짱 골퍼'의 이미지를 계속 유지할 수 있을 것이다.

○○○

신비주의에서 벗어나
배우로 돌아온 그녀

주 선 희 청순과 도발의 고혹적 여인

2002년 영화 『엽기적인 그녀』에서 청순미와 튀는 매력으로 강한 존재감을 부각, 시대의 아이콘으로 떠올랐던 최고의 스타 전지현. 그 후 활동이 뜸한 데도 불구하고 각종 CF에서 변함없는 상종가를 누리고 있다. 은둔의 사생활이 오히려 신비로운 매력으로 작용하는 그녀가 올 초 갑작스런 결혼 소식으로 수많은 팬들을 깜짝 놀라게 했다. 상대는 우리나라 최고의 한복디자이너 이영희 씨의 외손자이자 패션디자이너인 이정우 씨의 둘째 아들 최준혁 씨. 언제까지나 '국민여

자친구'로 남아 있을 것만 같던 그녀의 겹겹매력을 얼굴에서 읽어보기로 하자.

전지현은 눈썹이 특별히 잘생겼다. 눈썹털도 차분하게 잘 누워 있어 대인 관계가 좋다. 누구든 만나보면 그녀를 좋아하지 않을 수 없을 것이다. 이마는 그런대로 예쁘게 생긴 편이다. 남다른 미모와 몸매를 타고 난 것은 부모에게 잘 받은 것이고 이것이 이마에 나타난다. 변지역마(이마의 양옆 머리카락이 자라는 부분)에 잔털이 많이 나 있어 양옆이 좁아 보이는데, 이런 이마는 매우 감각적이고 감성적이라 학문 쪽과는 인연이 적다. 일찌감치 연예인으로 나선 것은 본인의 길을 잘 찾아간 것이다. 만약 연예계 진출이 아니었다면 『엽기적인 그녀』에서 보여준 캐릭터처럼 교복 입고 클럽에 가는 모습이 현실이 되었을 수도 있다.

측면에서 보면 이마가 약간 들어갔다 나온 듯 굴곡이 보이는데, 26~27세에는 뭔가 신상에 변화가 있었을 것이다. 2009년에 있었던 휴대전화 불법 복제 사건이 그 변화의 연장선상에서 일어난 것일 수도 있겠다.

미간이 시원하게 넓어 마음씨가 좋아 보인다. 미간은 복이 들어오는 대문인데 이 문이 널찍하니 복도 잘 들어오겠다. 이곳이 넓으면 매사 치밀하지 않고 계획 없이 즉흥적으로 처리하기도 한다. 일할 때 일하고 쉴 때는 확실히 쉬는 연예인이 적성이다. 어떤 사진을 보면 미간에 미세한 주름이 보인다. 이는 그녀의 성격에 예민한 구석이 있음을 일러준다.

눈두덩이 불룩하여 육감적으로 보일만큼 스태미나가 좋고 남에게
잘 베풀기도 한다. 눈을 내리깔면 눈두덩이 눈 세 개는 들어갈 정도로
넓어 보인다. 따지지 않고 사람을 잘 믿어주며 좋고 싫음을 감추지 않
는다. 그래서 마음 좋은 사람으로 보이기도 하지만 때론 어리숙해 보
이기도 한다. 이런 사람은 따지지 않는 대신 거저 굴러오는 것도 많은
사람이다. 남편이든 누구든 가까운 사람이 옆에서 따져주는 역할을 해
주면 보완이 될 것이다.

눈이 약간 튀어나온 듯한 출안인데다 귀까지 각이 져서 튀는 것을
좋아한다. 이런 기질이 그녀를 연예계로 이끈 것이다. 어디로 튈지 모
르는 짜릿한 매력도 이 출안에 담겨 있다. 눈동자가 포도알처럼 큰데,
이런 눈을 가지면 외로울 시간이 없다. 항상 주위에 그녀를 즐겁게 해
줄 사람들이 포진해 있다.

전지현의 얼굴에서 특징적인 것 하나가 바짝 올라붙은 광대뼈이다.
인상학에서 사생활에 해당하는 옆모습을 보면 올라간 광대뼈가 더 잘
보인다. 공적인 모습인 정면에서 보면 순한 인상이지만 사적으로는 은
근히 적극적이면서 반항아적인 기질도 있다. 성격도 화끈하며 일을 빨
리 해치우기도 한다.

코가 두툼하여 매우 건강하며 신랑은 물론 자신의 위상도 탄탄하
다. 그녀의 코에는 아래쪽에 점이 있다. 이 점을 인상학에서는 '재물
창고에 쥐 한 마리'라고 표현한다. 쥐가 야금야금 돈을 바깥으로 빼나

간다는 의미다. 결국 돈이 나가는데, 이는 돈을 쌓아두지만 않고 잘 쓸 줄 안다는 의미도 된다. 누군가는 '돈 나가는 점'이라고 하여 자신의 점을 뺐다고 한다. 그런데 오히려 그게 흉이 되어서 돈이 다 나가버렸다. 이 점은 뭔가 다른 매력으로 작용하기도 하니 굳이 뺄 필요는 없겠다. 좀 더 어린 시절엔 콧방울이 없었지만 요즘 콧방울이 생긴 걸 보면 자기 생각과 주장을 펼칠 시기가 되었다. 콧구멍이 크지 않아 큰 목소리로 자기주장을 하지는 않는다.

전지현의 사진을 보면 대부분 입을 약간 벌린 모습이다. 입술이 두둑하면서 입술선이 분명치 않다. 이런 입술은 돈이든 일이든 매사 분명히 매듭하지 못하는 성격이 있다. 까다롭게 따지지 않으니 깍쟁이가 아니고 마음씨가 좋아 보이며 한편으론 섹시미가 될 수도 있다. 입이 커서 배포도 크겠다. 옆모습을 보면 인중 아래 입술이 약간 말려 올라간 듯하여 인중이 짧아 보이는데 이는 급한 성격을 말해준다.

뺨이 통통하고, 아직 젖살이 빠지지 않은 것처럼 턱 밑 살이 볼록하다. 자기 속이 편안하고 긍정적인 사람이다. 이런 성격은 두툼한 눈두덩에도 함께 담겨 있다. 눈도 매섭지 않고 동그스름하여 까다로운 데가 없다. 귀밑으로 보이는 시골(턱 위의 뼈)이 적당히 좋아 지구력이 있으며 주변에서도 잘 받쳐주고 만년도 좋다. 정면에서 바라보이는 턱 끝부분이 세로로 약간 들어간 듯한데, 이런 사람은 끈질기며 자기와의 싸움에서 이기는 타입이다. 가까운 사람에게도 자신처럼 자기와의 싸움을 이겨내는 강한 의지와 집념을 기대하기도 한다. 얼굴은 전체적으로 긴 편인데, 긴 얼굴은 보수적이다. 재빠른 순발력과 애교는 부족하지만 그 대신 격이 있고 점잖다.

전지현에게 붙은 별칭 중에 '생머리 종결자'라는 것이 있다. '연인이 생머리를 좋아해서'라는 이유가 아니라면 긴 생머리는 개성을 중요시하는 사람이 선택하는 헤어스타일이다. 유행을 쫓기보다는 나름의 멋을 즐기는 고집이 있으며 자기만의 세계가 있다. 머릿결이 두껍거나 가늘지 않은 중간 정도인 것을 보면 성격도 무난하다.

목 아래 쇄골이 곡선을 그리며 부드러워 사랑하는 사람 앞에서는 수줍은 모습을 보여 사랑을 받는다. 목뼈와 어깨가 튀어 올라와 있는 것을 보면 한편으로 강한 기질도 있다. 하지만 어깨에 힘이 들어가 있지 않아 강한 걸 내보이지 않는 착한 여자다.

전지현의 손은 상당히 큰 편이다. 손이 크다는 것은 소위 말하는 '큰손' 기질이 있다는 것이다. 결혼 후 연예계를 떠나면 로비스트로 활약해도 능력을 잘 발휘하게 될 것이다.

전신을 보면 배 근육이 매우 좋고 피부도 까무잡잡하여 몸을 사용하는 운동이 체질에 맞다. 타의 추종을 불허하는 육감적 몸매로 일찌감치 스타덤에 오른 이유는 바로 그녀의 체상에 그 운기가 담겨 있기 때문이다.

남성적 느낌에 여성적 정서, 다양한 표현이 가능한 배우

전지현은 연예계에서 활동한 지 오래되었기 때문에 상당히 친숙하다는 느낌을 불러일으킨다. 영화나 드라마, 광고 등의 화면에 나타나는 전지현의 아름다움을 성형외과 의사의 눈으로 살펴보고자 한다.

얼굴에서 이마는 동그랗고 매끈하게 보이지는 않지만 반듯하다. 굴곡진 모습은 드러나지 않는다. 눈두덩이 약간 수북하고 넓어서 관대하고 여유로운 성격을 가졌을 것으로 짐작된다. 눈은 좌우의 길이가 길고 상하 폭도 시원하여 얼굴의 미모를 결정짓는 요소로 눈길을 끌고 있다. 윗눈썹 부분도 튀어나와 있지 않아 보기가 좋다.

특히 코는 동양적으로 멋있게 보이는 이상적인 코라고 하겠다. 서양인의 코는 대개 양쪽 눈썹 사이에서 시작되어 코가 길고 강해 보인다. 그에 반해 동양인은 양쪽 눈의 안쪽 끝에서 시작되므로 짧고 낮아 보이게 마련이다. 그러나 전지현의 코는 양쪽 눈썹 사이와 양쪽 눈의 안쪽 꼬리 부분의 중간에서, 시작되고 있어 동양적인 코의 모습을 지키면서도 높고 멋있는 모양을 이루었다.

또한 코끝이 날카롭지 않고 둥글며, 콧방울 부분이 넓지 않아 눈의 가로 폭을 넘어서지 않으므로 전체 얼굴의 날렵함을 훼손하지도 않는다. 코 위의 점은 일부러 찍은 것이 아닐까 하는 의심이 들 정도로 미적인 포인트가 된다. 만약 코 위의 점이 없었다면 크고 시원한 눈에 동

양인으로서 멋진 코, 게다가 반듯한 이마, 도도해 보일 수 있는 눈매 등을 고려할 때 얼굴 전체가 너무 차갑고 건조한 아름다움을 지녔다는 인상을 갖게 했을 것이다.

광대뼈가 크게 돌출되어 있지 않고 얼굴은 V라인을 이루지만 턱이 둥글고 피하지방이 많지 않아 턱의 골격선이 자연스레 드러난다. 윗입술이 길고 인중이 뚜렷하여 아래 얼굴의 아름다움이 두드러진다. 또한 윗입술과 아랫입술의 비율이 4:6 정도로 균형이 잡혀 있고, 입술도 도톰하여 아기 같은 귀여운 모습을 표현하고 있다.

입술의 경계와 입술에 잔주름이 많아 단아해 보이지는 않으나 입술의 풍부함에서 육감적 매력을 느낄 수 있다. 천진난만한 여대생이나 단아한 숙녀의 모습에서부터 흐트러진 듯한 야성미, 귀족스러운 중년 부인에 이르는 다양한 역할을 자연스럽게 표현해낼 수 있는 무기는 크고 호수 같은 눈과 감정을 웅변적으로 드러낼 수 있는 입술이라고 생각된다.

얼굴의 크기는 미인의 그것으로는 결코 작지 않다. 하지만 동양인으로는 큰 편에 속하는 172cm의 키가 이를 덮어준다. 이 덕분에 팔등신에 가까운 몸매가 전체적인 균형을 이루며 얼굴도 작게 느껴져 아름다운 미모를 연출하고 있는 것이다.

전지현의 얼굴을 보고 있으면 남성적인 느낌을 갖게 된다. 강한 인상을 주는 숱이 많은 눈썹, 넓은 눈두덩, 크고 시원한 눈, 크고 강한 이미지의 코, 넓지 않은 콧방울 부분, 코끝이 아래를 향한 무게감, 두꺼운 듯한 입술, 그리고 말괄량이같이 내민 입술과 턱 아래의 하악각에서 시원스럽고도 강하게 뻗어 내린 목 근육 등 이 모든 것들이 남성적인 느낌의 아름다움이라고 할 수 있다.

여성적인 분위기는 피하지방층이 두꺼워 얼굴이 둥글어 보이고 근육이 드러나지 않는다는 점과 윗눈썹 부분의 뼈가 돌출되지 않아 강하게 보이지 않는다는 데서 나온다. 또한 표정과 연기를 통해 풍기는 분위기가 정서적으로 완전히 여성스러움을 표현하고 있다. 이는 배우 전지현만이 가진 강점이다. 다이내믹한 표정 변화나 다양한 감정의 기복을 드러내지 않고도 여성스러움을 표현해내는 특별한 능력이 있는 것이다.

그러나 전지현의 진정한 매력으로 꼽을 수 있는 것은 큰 키와 긴 팔다리에서 퍼져 나오는 다이내믹한 율동감이다. 시원한 바람에 긴 머리카락을 휘날리면서 비트 음악이 심장을 때릴 듯이 울리는 그 순간 무아지경의 동작으로 화면을 가득 채우는 모습을 보면 엔터테이너로서의 자질을 실감할 수 있다. 이처럼 동적인 매력이 강한 배우에게 정적인 미적 기준을 적용하는 것은 산속을 휘젓고 다니는 호랑이를 박제해 놓고서 맹수의 멋을 논하는 것처럼 맞지 않는 일이다.

전지현은 야생에 있어야 한다. 그녀는 움직여야 한다. 하늘을 향해 포효할 때, 짐작할 수도 없는 그 무엇을 향해 무아의 경지로 자신을 쏟아 부을 때 최고의 매력을 발산한다. 호랑이는 서울대공원에 있으면 고양이와 별반 다를 것이 없다. 호랑이는 울타리를 벗어나야 한다. 성형외과 의사의 미학적 기준을 넘어서는 매력이 호랑이의 멋이고 힘이다.

그녀에게는 의사의 미학적 기준을 넘어서는, 계량화할 수 없는 아름다움의 힘이 있다. 앞으로 연기자로서의 능력을 마음껏 펼치기만 한다면 수많은 사람들로부터 오래도록 사랑 받는 매력적인 배우가 되리라 믿는다.

이 외 수

○○○

젊은이들이 더 열광하는
귀여운 기인

주 선 희 한국을 대표하는 작가에서 트위터 대통령으로

트위터 팔로어 숫자가 150만 명에 육박, '대한민국 트위터 대통령'으로 불리는 작가 이외수. 이 시대 최고의 언어의 연금술사로서 글로, 트위터로, 요즘은 방송에서까지, 특히 젊은이들로부터 뜨거운 인기를 얻고 있는 그는 자칭 '꽃노털(꽃미남으로 사랑받을 만한 노인)'이다. 내 자신 80년대부터 오랜 광팬이기도 하지만, 인상학자로서도 그는 참으로 알아보고 싶고 들여다보고 싶은 사람이다.

그런대로 잘생긴 귀와 이마를 보면 재정적 도움은 아니더라도 부모로부터 타고난 재능을 받은 얼굴이다. 이마뼈가 눈썹 양 끝부분에서 위로 올라가면서 솟아 있는 것을 보면 머리가 매우 좋은 사람이다. 꾀와 적응력이 뛰어나 언제 어느 장소에 가도 뛰어난 적응력을 발휘한다. 인터넷 시대에 젊은이 못지않은 감각과 감성을 발휘하는 것도, 방송에 나와서도 특급 엔터테이너 못지않은 즐거움을 주는 이유도, 어디에서도 마치 언제나 있었던 붙박이장처럼 자연스럽게 어울리는 것도 바로 이 '자가발전형' 이마의 힘이다.

수년 전 사진을 보면 이마의 주름이 난문(이마의 끊어진 주름)을 그리고 있다. 주름이 이어지지 않고 어지러운 것은 삶이 편안치 않았음을, 글을 쓰는 데도 고뇌가 많았음을 표현해준다. 그런데 요즘 사진을 보면 이마의 주름이 연결이 되어 있다. 편한 삶에서 우러나오는 밝은 표정이 주름을 정리해준 것이다.

눈썹은 산을 그리고 있어 자기주장이 뚜렷하며 자신이 하고 싶은 대로 하는 사람이다. 하지만 눈썹털이 잘 누워 있기에 무리하지는 않는다. 이 눈썹에 눈꼬리도 내려가 있어 '나는 나'라고 마냥 목소리를 높이기보다는 상대방을 봐주고 기다려주기도 한다. 두꺼운 강철보다 긴 철사가 되어, 시간이 걸리더라도 풀어가면서 마침내는 자신이 원하는 걸 얻어내고야 만다.

그의 트레이드 마크인 긴 머리 묶음만 봐도 그렇다. 사무라이처럼 당겨서 묶은 게 아니라 아래로 내려묶은 걸 보면 기인이지만 세월을 낚으면서 가는 기인이다.

잡지사 기자를 지낸 필자의 친구는 젊은 시절 이외수 작가의 연재 글을 받으려면 춘천 집에 가서 밤새워 기다려야 했다고 한다. 얼른 듣기에는 기자가 집에 당도해서 지키고 있으면 그제야 원고를 후닥닥 써준 것 같지만 그의 눈을 보면 오랜 시간 많은 고뇌 후에 나온 글일 것이다. 긴 눈은 오래, 멀리 생각에 생각을 거듭하는 눈이기 때문이다.

한편 생각을 많이 하는 대개의 작가들이 눈동자가 작은데 비해 그의 눈동자는 연예인 못지않게 크다. 대외적으로 표현도 많이 하며 자신을 드러내고자 하는 욕구가 있는 눈동자다. 눈이 작아 쉽게 드러나진 않지만 약간 튀어나온 출안은 대담한 글의 원천이다. 젊은 시절에는 몸소 다양한 체험을 시도, 그것을 글로 표현했었다. 그런데 요즘은 나이 탓인지 탄력이 떨어져 눈두덩이 들어가 보이는데 이렇게 되면 직접 몸으로 겪지는 않지만 한결 치밀한 기질이 더해져 하나도 놓치지 않으면서도 여전히 글 속에 대담함이 있어 사람들을 놀라게 한다.

눈두덩이 넓어 상대를 배려하고 베풀 줄도 안다. 젊은 시절에는 눈이 두 개 정도 들어갈 만한 넓이였는데 요즘은 세 개 정도로 넓어져 있다. 후학을 키우게 되고, 글도 더 따뜻해진 이유다. 눈 밑이 볼록하여 자녀궁이 좋다. 이 부분이 눈 크기만큼 큰데다 피부도 가무잡잡하여 스태미나를 타고난 사람이다.

계란처럼 볼록한 광대뼈를 보면 주변 사람들이 인정하는 위상을 지녔으며, 46~47세부터 본격적으로 '웃으면서' 살았을 것이다. 광대뼈 옆 눈꼬리까지 잘 이어져 있어 부부궁도 살아 있다. 기인처럼 살면서도 가정과 명예까지 가질 건 다 가지는 상이 이 부위에 있다.

코가 커서 자신의 위상이 높고 콧구멍이 커서 통이 큰 편이다. 콧방울이 콧대에 비해 약간 옆으로 퍼져 있어 '퍼주는 코'다. 젊은 시절에는 퍼주고 싶어도 줄 돈이 없었기에 '돈이 나가는 코'였다면 지금은 돈이 들어오면 혼자 챙기지 않고 처지가 어려운 사람을 도와줄 줄 아는 코다. 콧방울이 두둑하고 인중 부분이 넓어 50대 이후에는 돈지갑이 넉넉하다. 사람들과 가까이 지내고 하루 8갑 피운다는 담배도 끊으면서 피부색이 좋아지고 뺨에 살이 늘어 재물운도 좋아진 것이다.

법령(입가 미소선)이 널찍하게 자리 잡고 코 밑 수염도 많아 에너지가 넘치며 은퇴가 없는 사람이다. 법령이 이렇게 넓으면 명성과 돈은 물론, 함께할 사람이 확보되는 것이다. 뺨에 살이 없어서 법령이 뚜렷해지면 자신의 원칙과 다른 사람과는 확실히 선을 긋고 잘잘못을 따지고 드는 성격이 된다. 그런데 이외수의 경우는 주변 사람들로부터 인기와 존경을 받고 많이 웃으며 살게 되면서 뺨에 살이 올라 법령이 옅어져 있다. 자신과 다르더라도 심하게 따지지 않고 여러 사람과 함께 재미있게 내 갈 길을 가는 얼굴이다.

웃을 때 끝이 올라가는 입에 내려간 눈, 조직에 잘 어울리는 귀가 더해져 친근한 느낌이 물씬한 '귀여운 도인'의 모습이 된다. 과거 힘든 시절이 있긴 했지만 이가 잘생겨서 요즘은 룰루랄라 노래 부르며 산다. 윗입술이 얇으면서 입꼬리가 뚜렷하여 이성적이며 천상유수의 언변을 지닌다. 이런 갈매기 입술이 주가를 올리는 시대에 살고 있기에 얼굴 살이 더 빠지지만 않는다면 앞으로도 계속 그의 인기는 상종가다.

귀쪽으로 돌출된 시골(턱 위의 뼈) 부분에는 어금니를 깨물고 살아온 시절이 담겨 있다. 눈 밑 볼록한 애교살과 더불어 강한 지구력을 보여주며 까무잡잡한 피부가 더해져 롱런하는 힘이 된다.

전체적으로 살이 별로 없어 얼굴이 길어 보인다. 살이 없다는 것은 군더더기가 없다는 것으로 솔직담백하다. 이런 얼굴에 코가 뾰족하면 글로든 말로든 상대를 찌르게 되는데, 눈이 내려오고 코가 둥글어서 바로 대놓고 아프게 하기보다는 에둘러서 한다. 측면에서 본 얼굴이 약간 볼록렌즈형이어서 나서는 것을 마다하지 않는다.

작가의 작품 속에는 빙의된 것처럼 자신의 삶이 녹아 있다. 인상학자이기에 앞서 그의 오랜 팬의 입장으로 당부하고 싶은 말이 있다. 앞으로도 계속 '따뜻한 글'로 수많은 독자들에게 행복을 전하고 아울러 얼굴의 탄력 또한 유지하기 바란다.

진세훈 | 얼굴 가득한 주름에 물씬 풍기는 인생의 원숙미

작가 이외수는 '트위터 대통령'으로 불린다. 추종자를 150만 명 가까이 거느렸다느니, 말 한마디에 오디 제품이 수없이 팔려 나가고 배추 8천 포기가 완판됐다는 등 그를 둘러싼 화제가 인터넷에서 끊이지 않는다.

이외수의 공개적으로 드러난 겉모습만을 성형미학의 기준에서 바라보면 남다른 특징으로 한눈에 들어오는 주름을 들 수 있다. 혹시 점을 뺀 적이 있는지는 모르겠으나 성형의 흔적은 찾아볼 수 없으며, 외모는 무척 야윈 편이다.

옛날에는 이런 주름을 나이가 들어서 생기는 계급장으로 여겼던 시절도 있었고, 이외수처럼 하나의 특징이 되어 개인이 살아온 인생의 발자취로 보는 경우도 있다. 하지만 성형외과의의 입장에서는 얼굴의 미학적인 면을 놓고 볼 때, 과감히 몰아내야 할 대상일 뿐이다.

장노년층의 주름 수술은 젊은 사람들의 성형과 같은 미용 목적의 수술과 다른 측면이 있다. 고령화시대를 맞아 노후 준비를 제대로 하지 못한 장노년층이 젊은 사람들과 경쟁을 하며 경제 활동을 더해야 하는 현실에 비춰볼 때, 주름 수술은 미용 성형을 위한 것이라기보다 사회 활동을 도와주는 재활 수술이라고 하면 너무 심한 말일까.

얼굴은 상하 길이가 좌우 넓이에 비해 상당히 길어 요새 말하는 미학적인 기준에 잘 맞는 편이다. 얼굴의 아랫부분도 V라인을 이룬다. 이마는 둥글고 반듯하며 얼굴의 위쪽 3분의 1에 맞게 균형감이 있다. 눈썹은 짙고 풍성하며 눈썹 부분의 이마뼈도 높지 않아서 거칠어 보이지 않고 차분하게 느껴진다. 눈꼬리가 아래로 향해 눈이 초승달같이 선해 보이나 생각이 많은 사연 깊은 눈동자의 모습이다. 눈동자가 위 눈꺼풀에 의해 살짝 덮인 듯한 것으로 봐서는 눈 뜨는 근육의 힘이 약간 약한 듯하다. 이는 쌍꺼풀 수술을 하면서 눈을 더 크게 뜨는 기준에 맞춰 눈 뜨는 근육을 줄여주는 수술을 하면 좋아질 수 있다.

코는 미간과 각 눈의 안쪽에서 시작하여 이상적인 길이로 보인다. 코의 높이도 균형이 맞고 코끝 방향이나 크기도 미학적으로 적당하지만 콧방울 부분이 위로 들려서 앞에서 살짝 콧구멍이 보이는 게 단점이다. 이런 경우는 양쪽 귀의 귓구멍 주위에서 연골을 얻은 뒤, 들려 있는 콧구멍의 바로 아래 가장자리를 절개하고 주변 피부를 늘려서 연골을 이식해주면 된다. 들려 보이는 콧구멍이 흉터 없이 자연스럽게 해결된다.

광대뼈는 돌출되어 있지 않고 가운데 얼굴을 구성하고 있는 부분이 잘 발달되어 얼굴의 세로 길이가 충분히 조화롭게 보인다. 입도 크지 않고 입술의 볼륨감도 위아래 비율이 4:6으로 적당하고 편안하다. 그러나 옆모습을 보면 이상적인 미용선의 기준에 맞춰볼 때, 아래턱이 약간 작아서 입이 나와 보이는 단점이 있다. 이 부분은 얼굴의 옆모습에서 아주 중요한 역할을 하므로 젊은 나이의 이외수라면 아래턱 수술을 권했겠지만 지금 손 댈 필요는 없어 보인다.

이외수 작가의 젊었을 때와 지금의 모습을 미학적으로 비교해 봤을 때, 형태학적인 면에서 주름을 제외하고는 성형미학적인 차이를 발견할 수가 없다. 그런데도 젊은 시절의 각종 문제들을 잘 극복하고 편안한 일상을 지내고 있다. 눈에 보이는 가득한 주름에 보이지 않는 인생의 내공이 축적되어 있기 때문이 아닐까.

리 오 넬 메 시

○○○

신이 선택한 축구 천재

주 선 희　자유로운 영혼을 지닌 그라운드의 왕

　　지난 4월, FC바르셀로나는 스페인 바르셀로나의 누캄
프에서 열린 챔피언스리그 8강 2차전에서 AC밀란을 3-1로 누르면
서 4강에 진출했다. 팀을 5년 연속 유럽축구연맹(UEFA) 챔피언스리
그 4강에 올려놓은 리오넬 메시는 이날 두 골을 몰아넣으며 올 시즌
14골을 기록했다. 이는 1962~1963년 시즌 AC밀란의 호세 알타파니
가 세운 최다골 기록과 같은 것인데, 메시는 곧 이 기록도 깰 것으로
예상되고 있다.

22세의 나이에 최연소이자 최다득표로 발롱도르와 FIFA 올해의 선수에 선정되고, 2011년까지 FIFA 발롱도르를 3년 연속 수상하는 등 각종 기록을 갈아치우면서 세계 축구의 새로운 전설이 되고 있는 메시. 그가 왜 '축구의, 축구에 의한, 축구를 위한' 스타인지 얼굴에서 그 이유를 찾아보기로 하자.

　　메시의 나이 14세까지를 알아보는 인상학적인 포인트는 귀다. 귀 가운데 연골이 전체적으로 튀어나와 아예 뒤집힌 듯한 형상인데, 이는 초년 시절이 결코 평탄치 않았음을 보여준다. 언제나 가장 작은 아이였던 메시는 11세 때 성장호르몬 결핍증을 선고받고 이후 7년여를 희귀병과 싸웠다고 한다. 그 어려운 시절이 고스란히 귀에 담겨 있다. 단신임에도 불구하고 타고난 축구 재능이 돋보였던 그는 14세가 되던 해 스페인 바르셀로나로 가면서 인생의 전환점을 맞았다.

　　15세 이후 메시의 삶은 이마에 드러난다. 동양인에 비해 서양인은 얼굴이 좁은 편이다. 서양 인상학에서는 좁은 얼굴에 이마가 넓으면 머리가 나쁜 것으로 보는데, 메시의 경우는 광대뼈가 매우 발달하였기 때문에 그렇지 않은 것으로 본다. 전체적으로 머리의 뼈대가 잘 발달하여 머리는 좋은 편이다.

　　메시의 원래 이마는 흔히 최상의 이마라고 일컫는 '간을 엎어놓은 모양의 둥근 이마'는 아니다. 약간 납작한 편인데 그 위에 살이 잘 붙으면서 좋은 이마로 발달한 것이다. 납작한 이마는 행동파의 이마다. 타고난 직관을 지녔다기보다는 몸으로 뛰면서 직관이 발달하게 된 것이다. 감독이나 코치의 지시를 받기보다 자신의 감感으로 축구를 하는 그의 천재성은 무수한 실전을 바탕으로 생겨난 것이다.

이마에서 눈썹까지 굴곡이 없이 잘 이어져 있어 이마에 해당하는 그의 20대가 이렇듯 화려하다. 지금 메시의 나이는 26세다. 흔히 눈썹 뼈가 발달하면 눈썹 위 이마 부분이 들어가기 때문에 이 부분에 해당하는 26~27세가 대부분의 사람들에게는 변화의 시기다. 그런데 메시의 경우는 이 굴곡도 보이지 않아 지금 매우 자연스럽게 잘나가고 있는 것이다.

눈썹은 잘 누워 있는 편으로, 운동선수들에게서는 보기 드문 눈썹이다. 그래서 대인 관계가 좋아 주변 사람들에게 인기도 있을 것이다. 미간이 넓어 자유로운 영혼을 가진 사람이다. 귀와 미간을 보면 조직에 순응하기보다는 자기 재량껏 사는 사람이다. 아마 감독이나 코치도 그에게 재량을 많이 주었을 것이다. 골도 팀 동료에게 패스해서 넣는 것보다 자신이 직접 넣는 것을 선호한다. 그의 전설적인 골 결정력에는 이런 배경이 있다.

눈두덩이 보통 서양인들보다 좁은 편으로, 매우 치밀한 기질을 보여준다. 메시의 최고 강점으로 꼽히는 밸런스를 이용한 드리블은 바로 이 기질에서 비롯되었다 할 수 있다.

눈동자가 커서 감성적이며 넓게 보는 시야가 발달했다. 산근(콧마루와 두 눈썹 사이) 부분이 꺼져 있으며 여기에 짧은 인중까지 더해져 성격이 다급한 사람이다. 이 성격이 메시의 특기인 반 박자 빠른 슈팅과 방향 전환 같은 스피드로 승화된 것이다.

메시의 얼굴에서 가장 돋보이는 것은 튼실한 코와 대단히 좋은 광대뼈이다. 코가 두꺼워 건강이 매우 좋고 자기 위상도 높다. 특히 광대뼈가 좋아 주변에서도 인정해주는 높은 명예를 지니게 된다. 보통 사람이 이런 광대뼈를 지니면 욕심이 너무 많아 자신이 다 가져야 직성이 풀리는 성격인데, 다행히 승부욕이 필요한 운동선수라 오히려 긍정적으로 작용하고 있다.

달리면서 산소를 빨리, 많이 들이마셔야 하는 축구선수의 특성상 콧방울이 들어올려지고 콧구멍이 매우 커져 있다. 콧구멍이 크면 성격이 대범하다. 코끝이 살짝 인중을 잠식하는 듯하고 입술이 약간 말려 올라가 있어 역시 급한 성격을 말해준다. 이런 경우는 말실수를 하기가 쉽다. 갈매기 입술로 언변이 좋고, 꽉 다물어진 입술에는 늘 집중하며 살아온 세월이 담겨 있다.

턱이 넓으면 수비에 강한데, 메시의 경우는 턱이 날씬하여 전형적인 공격수의 상이다. 옆모습을 봐도 오목렌즈형으로 역시 적극적이며 튀어나가는 스타일이다. 좋은 코와 광대뼈에 비해 뺨과 턱이 약해 보이긴 하지만 목뼈 부분까지 난 수염이 만년의 그를 어느 정도 보완해 줄 것이다.

메시의 얼굴에서 특이한 것은 얼굴 가운데의 자오선(눈썹 사이와 코, 배꼽, 생식기를 잇는 선)이다. 눈썹 사이에 성격이 예민해서 생긴 수직선이 보이며, 코끝이 갈라졌고 거기에 턱 중앙도 갈라졌다. 자기 자신에게 매우 철저하여 완벽을 기하는 사람이며 또한 남에게도 그런 기질을 요구할 것이다.

메시의 목을 보면 얼굴의 광대뼈 부분과 그대로 이어진다. 목이 그만큼 두껍다는 것은 건강이 더 할 수 없이 좋다는 뜻이다. 상의를 들어 올려 가슴을 드러낸 사진을 보면 갈비뼈가 흡사 한 판처럼 이어진 모양이다. 예로부터 눈이 호랑이처럼 부리부리하고 갈비뼈가 이런 모양이면 '왕의 상'이라고 했다. 머리로 왕이 되는 상이 아니라 몸으로 왕이 되는 상이다. 메시가 오늘날 축구의 제왕이 된 이유가 이 갈비뼈에도 나타난다고 할 수 있다. 배꼽 모양이 동그란 것을 보면 장기도 무척 튼튼하다. 어머니가 임신했을 때 섭생도 아주 좋았을 것이다.

무엇보다 메시의 요즘 얼굴을 보면 얼굴 전체에 분홍빛 화색이 감돈다. 바로 세계 최고의 자리를 구가하는 사람에게 나타나는 '왕의 찰색'이다. 메시의 얼굴에 나타난 일생의 운기를 시기별로 살펴보면 이마에 해당하는 15세부터 시작해 29세까지는 매우 좋다. 나이가 들어가면서 이마의 살이 내려와 산근을 높이면서 중년까지 별 굴곡 없는 인생을 살게 될 것이다. 눈꺼풀에 해당하는 35세가 되면 선수 생활은 은퇴를 하지 않을까 예상해보기도 한다. 하지만 산근의 나이를 넘어선 44~48세까지는 명예와 부로 인생의 황금기를 누리게 될 것이다.

히딩크가 우리에게 최고의 감독이었던 것은 그의 얼굴에서 인상학적으로 전성기의 나이에 우리 팀을 맡았기 때문이고 본프레레 감독이 빛을 보지 못한 것은 그의 인상에서 운기가 나쁜 시기에 우리 팀에 왔기 때문이다. 만약 메시가 40대 중반이 되었을 때 우리나라 감독으로 온다면 우리나라 축구는 세계 최고의 수준으로 거듭나게 될 수도 있 겠다는 생각을 해본다.

진세훈　짙은 눈썹에 화살코, 강인한 인상

　　세계 최고의 축구선수로 리오넬 메시를 꼽는 것에 이의를 제기하는 사람은 드물 것이다. 아르헨티나 출신으로 13세 때부터 스 페인 바르셀로나의 유소년팀에 스카웃되어 현재까지 뛰어난 활약을 펼치고 있다. 1년 수입 491억 원으로 하루에 1억 3천만 원, 잠자는 시 간을 포함해서 시간당 570만 원을 벌고 있는 그가 경기장 안팎으로 움직일 때마다 축구의 역사는 다시 쓰여진다.

　　축구에서 펼치는 그만의 멋을 얼굴에서도 찾아보고자 한다. 그는 축구선수로서는 키가 작은 편인 167cm이다. 11세 때 성장호르몬 분 비에 이상이 생기는 왜소 증을 앓아서 그렇게 됐다고 한다. 얼굴은 키 에 비해 큰 편이다. 상하로 삼등분하면 아래 얼굴이 차지하는 비율이 가장 넓다. 하지만 입이나 턱이 크게 발달하지 않았고, V자 모양으로 날씬하므로 아래 얼굴 자체도 그다지 커 보이지는 않는다.

　　이마는 높고 넓으면서 굴곡이 많다. 눈썹이 짙고 눈썹 부분의 뼈가 돌출되어 있어 강인한 인상을 주지만, 미간 부분은 좁아서 섬세하고 예민해 보이기도 한다. 눈이 깊고 눈썹과 눈의 거리가 아주 짧아 여유 있고 느긋해 보이지는 않는다.

눈썹이 아래로 내려와 차분하고 선한 인상을 주며, 긴 눈썹은 눈을 더욱 신비하게 만들어 준다. 쌍꺼풀은 앞이 열려 있어 시원하고 크기도 해서 깊은 눈과 함께 매력적이다. 당연히 앞뒤 트임 같은 교정 수술을 받을 필요는 전혀 없다. 웃을 때 생기는 눈가 주름도 선하고 부드러우며 인자한 느낌까지 준다. 그러나 이 눈에서 메시가 상대 수비를 무력화시키는 패스와 오프사이드 라인을 이용해 수비를 단숨에 무너트리는 돌파력, 위치 선정의 혜안이 나온다고 하겠다.

코는 얼굴에 비해 크고 끝이 아래로 향하고 높은데다 코끝이나 콧등은 둥글고 넓다. 더구나 코끝이 강하게 아래로 나와서 화살코 같은 모양이다. 얼굴에서 코가 너무 강해 보이므로 다소 부드럽게 만든다면 인상이 더 좋아질 것 같다. 메시의 코는 코끝을 이루고 있는 비익연골이 지나치게 발육하여 아래로 내려와서 생긴 것이다.

따라서 수술을 할 경우, 코끝의 피부를 나비 모양으로 절개하고 중앙의 비주연골을 줄이면서 여기에 맞춰 비익연골을 같이 줄여주면 코의 길이가 짧아지게 된다. 그러면 얼굴에서 코의 미학적인 균형이 맞을 것으로 생각된다. 이때 여유가 생긴 피부를 보이지 않는 안쪽에서 줄여 주면 코끝 모양도 변하지 않으면서 흉터도 보이지 않게 할 수 있을 것이다.

광대뼈는 서양인으로서는 상당히 발달되어 있고 옆으로도 넓어 왜소한 체구라도 강인하다는 인상을 풍긴다. 웃을 때 생기는 볼의 보조개는 여성스러운 섬세한 성품의 부드러움을 느끼게 해주기도 한다.

윗입술은 짧은 편이고 인중이 깊어서 단정하고 깔끔해 보인다. 코의 끝부분을 교정하면 짧아 보이는 입술이 다소 길어 보이면서 균형을 이룰 것이다. 입술 두께는 얇아 보여 부드러운 느낌을 주진 않으나 붉은 입술과 하얀 경계선은 명확해서 보기에 좋다. 그러나 윗입술이 아랫입술보다 앞으로 나와 있어 다소 거슬린다. 코와 입과 턱을 잇는 측면의 미용선을 따르면 아래턱 작은 것이 그대로 드러난다.

아랫입술은 약간 앞으로 나오는 것이 균형상 아름다운데, 턱이 작아서 아랫입술도 덜 발달되고 윗입술이 아랫입술을 덮는 듯한 모양이 되어 있다. 이는 아마 어릴 때 앓았던 왜소증의 흔적이 아닌가 생각되지만 굳이 수술은 권하고 싶지 않다. 왜냐하면 얼굴이 지금도 큰 편이어서 다소 부담스러운데 아래턱을 교정하여 위턱에 균형을 맞추려고 더 키우면 지금보다 얼굴이 더 커 보이게 되기 때문이다. 차라리 그대로 두는 편이 옳다고 생각된다. 반대로 위 얼굴을 줄여서 아래 얼굴에 맞추는 수술도, 위의 광대뼈뿐 아니라 이마 등 모든 부분을 교정해야 하므로 고려하지 않는 것이 낫다. 다행히 턱의 하악각(귀 아래쪽에 위치하는 아래턱의 꺾이는 부분)이 작아서 큰 얼굴을 조화롭게 하는 역할을 하고 있다고 여겨진다. 웃을 때 입가에 생기는 주름도 위와 가운데 얼굴에 비해 아래 얼굴이 상대적으로 작은 데서 오는 것이라 생각된다.

어린 시절 왜소증을 극복하고 오늘날 세계 축구 역사를 다시 쓰는 위대한 선수로 등장한 메시. 그가 외모의 불편함을 내면의 훌륭한 성형수술로 극복했다고 하면 지나친 말일까.

4

매력을 발산하는 입
편안한 노후를 책임지는 턱

하안下顔에 해당하는 입과 턱은 인생의 말년운을 보여준다. 야무진 입은 화술이 뛰어남을 나타내고,
두둑한 턱은 평화로운 만년을 예고한다. 마지막 4장에서는 잘생긴 입 또는 턱을 가진 유명인들의
인상을 살펴본다.

○○○

연기파 배우로 거듭난
진정한 대세남

주 선 희 고운 얼굴선과 야누스적 눈동자의 끼

요즘 가장 핫한 남자 스타를 꼽으라면 단연 배우 송중기다. 드라마 『산부인과』의 얼렁뚱땅 레지던트, 『성균관 스캔들』의 잘금 4인방 중 멋쟁이 한량 꽃도령, 『뿌리 깊은 나무』의 집요한 근성을 지닌 세종, 그리고 영화 『티끌 모아 로맨스』의 코믹 연애박사……. 송중기가 소화해 내는 배역 속에는 그가 지닌 인상학적 키워드가 담겨 있다.

송중기의 전체적 인상은 근육질과는 거리가 먼 갸름한 형이다. 『산부인과』의 레지던트 배역처럼 인생을 심각하게 살지 않는 타입처럼 보인다. 껍질을 벗긴 달걀처럼 매끄러운 계란형 얼굴은 강한 근육형 캐릭터보다는 경쾌하고 여린 캐릭터가 어울린다. 심각하거나 진지하기보다는 즐겁게 잘 놀아주고 불편한 일이 있어도 머리 긁적이며 넘어가주는 경쾌한 남자, 동성 친구보다 더 편안하고 말이 잘 통하는 이성 친구. 송중기는 '시대에 딱 맞는' 이상적 남성상이다.

『성균관 스캔들』에서는 조금 다른 모습을 보여주었다. 자신이 좋아하는 남자에게 속마음을 표현하지 못한 채 그가 다른 여자를 사랑하는 걸 지켜보고 심지어 도와주기까지 한다. 배역처럼 겉으로는 빠질거리지만 속은 깊은 남성, 이런 송중기의 모습은 선이 고운 그의 얼굴 안에 있다. 하지만 마냥 속이 깊은 것만은 아닐 것이다. 겉으로는 드러내지 않지만 속으로는 자신의 기회를 기다리는 것이다.

송중기의 이마는 널찍하게 잘생긴 편이 아니다. 이마 가운데 머리털 부분이 M자형을 그리고 있는 걸 보면 가벼운 듯 보이지만 실제는 진지하고 철학적인 면이 있는 사람이다. 측면에서 보면 비스듬히 경사진 이마를 가지고 있어 초년에는 원하는 바를 얻지 못했을 것이다. 소년 시절 쇼트트랙 선수로 뛰다가 부상으로 그 꿈을 접게 된 이유가 이마에 있다.

이마 아래 눈썹뼈 위로 약간 솟아 있는 근육은 적극적인 성격과 함께 지금 나이인 20대 후반에 해당하는 운기를 보여준다. 이곳 미골이 잘 발달되어 있기 때문에 특히 이 시기에 새로운 변화를 가져온 것이다. 눈썹이 고와 매사를 매끄럽게 넘길 줄 아는 유연성을 지니고 있다.

쌍꺼풀 없이 큰 눈이 만들어낸 적당한 눈두덩과 부드러운 눈매는 다정다감한 인상을 준다. 인상학적으로 눈두덩이 얇으면 시시콜콜 따지는 사람이고 두꺼우면 무신경한 사람인데 송중기는 적당한 두께를 갖추고 있다. 얼굴의 넓이에 비해 눈이 길어 상대를 배려하며 기분 좋게 해주는 사람이다.

영화 『티끌 모아 로맨스』에서 송중기는 '아무리 돈 없고 힘들어도 사람은 연애를 하며 살아야 한다'는 연애론을 가진 백수다. 그는 인상학적으로도 능수능란한 연애박사다. 팔과 다리가 몸과 함께 휘영청 움직이는 체상이 그러하고 무엇보다 물기가 도는 눈 또한 그렇다. 촉촉한 눈 속엔 천일야화가 담겨 있어 연기 연습 없이도 배역에 쉽게 몰입할 수 있는 타고난 연기자다. 그 눈은 사람에게 몰입을 잘 하기 때문에 연애도 잘할 것이다.

까맣고 큰 눈동자에는 야누스적인 면이 담겨 있다. 먼 데를 볼 때는 사슴의 눈처럼 몹시 순수하고 맑아 보인다. 눈에 힘을 빼면 고운 얼굴선과 어울려 여리고 착한 모습이 된다. 하지만 눈에 힘을 주고 앞을 똑바로 바라볼 때는 냉정하고 현실적이며 카리스마 있는 얼굴로 변한다. 제복을 입을 때는 카리스마가 넘치고, 단아한 캐주얼을 입으면 맑은 청년으로, 터프한 캐주얼을 입으면 반항아처럼 보이는 송중기의 팔색조 변신은 눈동자에서 나오는 것이다.

눈동자가 중앙에 자리 잡기보다는 약간 들려 있는 듯한데 이는 마음의 상태가 늘 약간 들떠 있다는 것을 의미하며, 때로 건방지게 보이는 이유가 되기도 한다. 살짝 내려간 눈꼬리를 보면 겉으로 표현하진 않지만 욕심이 많은 사람이다. 볼록한 눈밑 살은 도톰한 입술과 어울려 건강한 스태미나를 보여준다.

코가 길게 잘 뻗어 있어 하는 일에서도 일취월장하게 된다. 보통 때는 콧방울이 그리 두드러지지 않지만 눈에 힘을 주고 코에 힘을 줄 때는 약간 들려지면서 탱탱한 느낌이 나온다. 여기에 이마까지 드러낸다면 상당히 강한 역에 어울리는 얼굴이 되는 것이다.

코만 오똑하고 광대뼈가 없으면 혼자만 잘난 독불장군인데 송중기의 경우는 계란 크기의 광대뼈가 잘 받쳐주고 있어 남에게도 인정을 받는다. 계란형 광대뼈를 가진 사람은 튀는 걸 선호하며 빨리 무엇인가를 성취하려고 앞으로 나아가는 공격형이다. 명문인 성균관대 경영학과에 재학 중이던 그가 연기학원에 다니고 영화『쌍화점』오디션에 응모하여 새롭고 빠른 길을 모색한 것은 바로 이 광대뼈의 에너지 때문이다. 눈썹 근육과 콧방울에서 언뜻 나타나는 적극성을 보면 어쩌면 진즉부터 연예계로 나갈 생각을 하고 있었을 것이다.

입이 크고 입술이 두꺼워 사람이든 일이든 많이 받아주는 성격이다. 송중기의 얼굴에서 가장 눈에 띄는 부분이 야무지게 마무리되면서 살짝 올라간 입꼬리이다. 표정 없이 가만히 있을 때도 입꼬리가 올라가는 것은 고뇌하는 시간보다는 즐거운 시간을 많이 보냈다는 의미다. 잘 짜인 입꼬리에는 억척스러운 적극성과 자신감이 담겨 있다. 말을 할 때는 인중과 법령 사이에 있는 입꼬리 옆 근육이 옆으로 당겨지며 윗입술이 약간 들려 올라가기도 한다. 이는 성격이 급한 경우나 발음을 정확하게 하려는 노력이 만들어낸 것으로 말로는 누구에게도 지지 않을 사람이다.

재치와 순발력이 뛰어난 입담가의 입을 가졌기 때문에 사회자나 앵커 등 말로 승부를 거는 분야의 일을 하면 대성할 것이다. 하지만 말을 너무 앞서 잘하다 보면 말 한마디에 코를 빠트릴 수도 있다. 2010 멜론뮤직어워드에서 반말 진행으로 네티즌들로부터 '모태건방'이라는 원성을 사게 된 경우처럼 말이다. 이는 살아가면서 늘 스스로 경계해야 할 부분이다.

전체적인 얼굴은 정면보다 측면에서 볼 때 더 탄력이 있어 보인다. 이는 공적인 생활보다 사생활을 더 재미있게 산다는 것을 의미한다. 정면 얼굴을 반으로 나누어 보면 왼쪽보다 오른쪽이 더 잘생겼다. 그래서 사진을 찾아보면 오른쪽에서 찍은 사진이 대부분이다. 남자에게 왼쪽은 선천이며 오른쪽은 후천이기 때문에 앞으로 살아가면서 더 멋진 인생을 그려나갈 것이다.

'꽃미모'로 젊은 여성팬들을 사로잡다가 『뿌리 깊은 나무』에서 한석규와의 연기 대결로 남성팬까지 확보한 송중기. 눈썹과 눈이 매우 잘생겼기 때문에 그 부분에 해당하는 나이인 30대가 특별히 기대된다. 그때가 되면 더욱 넓은 계층의 팬들에게 지지를 받으면서 더 휘황한 빛을 발하는 스타 중의 스타로 우뚝 서게 될 것이다.

동서양의 얼굴과 남녀 이미지를 두루 갖춘 엄친아

한때 온라인에서는 '잘금 4인방'이 걸핏하면 인기 검색어 상단을 차지했다. '잘금 4인방'은 드라마 『성균관 스캔들』에 나오는 유생 네 명을 가리키는 말이다. 당대의 최고 '훈남들'이어서 뭇 여인들이 '잘금잘금' 오줌을 지렸다고 해서 나온 말이다. 이들 중에서 '최고의 카사노바'를 꼽으라고 한다면 백짓장 같은 얼굴에 온갖 표정을 능청스럽게 담은 송중기가 아닐까? 송중기는 성균관대 경영학과에 재학 중인 수재다. 그것도 '특기생'이 아니라 재수 끝에 당당히 시험으로 들어갔다. 『성균관 스캔들』에 출연함으로써 모교를 단단히 홍보한 셈이다. 그는 연극영화과에 진학하고 싶었지만 부모의 뜻대로 경영학과에 진학했다. 그것도 세계적 기업 삼성이 밀고 있는 성균관대 경영학과에 말이다. 부모 말 잘 듣고, 공부 잘하고, 잘생겼고, 운동에 연기까지 잘하니 대한민국에서 그보다 더한 '엄친아'가 있을까? '세계 엄친아 선수권대회'를 열면 금메달감이 아닐까?

송중기의 얼굴은 뽀얗다. 우윳빛 맑은 피부이지만 아이스링크의 얼음이 연상되기도 한다. 그는 초등학교 1학년 때부터 쇼트트랙 선수로 활약했다. 대전 대표로 전국대회에 참가하기도 한 실력파였지만 중학교 2학년 때 발목 부상으로 선수 생활을 접어야 했다. 그리고 열심히 공부해서 대학에 진학했다. 운동을 할 때나 공부를 할 때나 노력이 몸에 밴 '똑똑 송중기'인 셈이다. 연기에도 노력의 흔적이 드러난다. 『뿌리 깊은 나무』에서 젊은 세종 역을 강렬하게 소화해 다시금 '연기 잘하는 송중기'로 인정받았다. 영화 『티끌 모아 로맨스』에서는 영화 평론가들로부터 '88만원 세대'의 청년 백수 캐릭터를 생생하게 그려냈다는 평을 받았다.

미남은 거리감을 주는 일이 흔한데 송중기는 그렇지 않다. 한쪽으로 완벽하기보다는 음陰과 양陽, 서양과 동양 등 대척적인 요소가 절묘하게 어울리는 '화이부동和而不同'이 구현됐기 때문이 아닐까? 얼굴 전체를 본다면 이마는 둥글고 가로 폭이 좁아 얼굴이 갸름해 보인다. 그렇지만 완벽하지는 않다. 이마의 세로 길이는 얼굴 전체의 3분의 1에 약간 못 미치는 듯해서 좁아 보일 수가 있는데 이것이 '모자람의 미학'을 창출하고 있다. 가운데 얼굴이 길어 성숙해 보이지만 가로 폭이 좁은 데다 피하지방층이 잘 발달되어 있고 아래턱이 작아서 여성스럽고 귀여운 매력도 풍기고 있다.

윗눈썹은 풍부한 편이어서 남성적 매력을 드러내고 있지만 눈썹뼈가 튀어나오지 않아서 부드러운 느낌을 준다. 속쌍꺼풀은 거의 보이지 않을 정도로 작아서 없는 듯 보이는데, 이때문에 친근한 동양적 인상을 풍긴다. 눈꼬리가 아래로 약간 처져서 선하고 착한 이미지를 풍기면서도 전체적으로 눈이 크고 시원해 미남의 매력을 충분히 발산하고 있다.

코는 곧고 길면서 콧방울이 넓지 않아 미학적으로 균형을 이루고 있다. 코의 높이는 보통 한국인보다 높은 편이어서 서구적인 느낌을

송중기

주지만 코끝이 둥글어 부드럽고 너그러운 인상을 만든다. 광대뼈는 그다지 넓지 않고 앞으로 튀어나오지도 않아서 세련된 서구미를 풍긴다. 이 덕에 둥근 코끝이 만드는 부드러운 인상과 달리 다소 차가워 보이는 표정 연출도 가능해졌다. 연기의 스펙트럼을 넓히는 데 도움을 주는 요소다.

입술은 다소 두꺼운 편이지만 천진스런 동안에 육감적인 매력을 주는 요소로 작용하는 듯하다. 윗입술이 약간 짧고 들려 있어서 해맑고 귀여운 아기 입술의 느낌을 준다. 하지만 웃을 때 윗입술이 약간 들리면서 잇몸이 드러나고 있어 미학적으로는 마이너스 요소가 될 수 있다. 이 부분이 계속 거슬린다면 간단한 수술로 해결할 수 있다. 국소마취를 한 뒤 입안으로 점막을 절개하여 윗입술을 들어 올리는 근육과 콧속 근육을 줄이면 된다. 그러나 입술이 약간 올라가는 모습이 순수하고 천진스런 웃음을 만들고 있으므로 지금 수술하는 것보다는 30세를 넘긴 뒤에나 고려해 보면 좋겠다.

송중기의 옆얼굴은 '이상적 미용선'에 약간 못 미치기 때문에 더욱 매력적이다. 이상적 미용선이란 옆에서 봤을 때 코끝과 입술, 아래턱을 연결하는 선이 일직선이거나 아래턱이 아주 약간 나와 있는 것을 말한다. 송중기는 이런 기준에 다소 미치지 못하고 있지만 이 덕분에 어려 보이는 장점을 누리고 있다. 약간의 모자람은 턱의 이상적 V라인이 커버해주고 있다.

뭐니뭐니해도 송중기의 최고 매력은 우윳빛 피부가 아닐까? 얼굴은 맑고 밝은 데다 피부 안쪽에 전등을 켜둔 듯이 광채가 난다. 맑고 밝은 피부는 귀공자의 이미지와 함께 깊이를 갖춘 지성파 배우라는 인상을 준다. 그는 자신의 피부 관리 비법을 담은 《피부미남 프로젝트》라는 책을 내기도 했다. 책에 따르면 그는 늘 세안을 꼼꼼하고 정성스럽게 한다. 연기를 하느라 얼굴에 한 화장을 깨끗하게 지우는 클렌징 과정에도 신경을 써 불순물이 남아 있지 않도록 한다. 밤에 자기 전에는 레몬즙 등을 이용해 비타민 C를 얼굴에 공급하여 자외선에 의해 생긴 활성산소의 부작용을 없애주고 있다.

누구나 자기 나름의 피부 관리 비법이 있을 것이다. 하지만 아무리 뛰어난 비법이라도 꾸준히 실행하지 않으면 아무 소용이 없다. 그런 면에서 눈코 뜰 새 없이 바쁜 일상에서도 피부까지 철저하게 관리하는 송중기가 대단하다는 생각이 든다. 이토록 자기 관리를 잘하는 연예인이라면 인기 상승세가 쉽게 꺾이지는 않을 것 같다.

김 기 덕

○○○

베니스를 빛내고 돌아온
최고의 영화감독

주 선 희 아웃사이더의 화려한 귀환

영화계의 이단아로 불리던 김기덕 감독. 그가 2012년 제
69회 베니스영화제에서 그의 18번째 작품, 『피에타』로 '황금사자상(
최고작품상)'을 수상하였다. 한국 영화가 세계 3대 영화제에서 대상을
받은 것은 『피에타』가 처음이다.

1996년 『악어』로 감독 데뷔한 이래 한국형 블록버스터와는 거리
가 먼, 독특한 메시지와 의미 있는 반항이 담긴 저예산 영화들을 뚝심
있게 밀어붙인 그는 국내보다는 해외영화제에서 더 인정을 받아왔다.

2004년 영화 『사마리아』로 베를린영화제에서 감독상을, 『빈 집』으로 베니스 영화제 감독상을 수상, 세계 3대 영화제 중 2개 영화제 연거푸 감독상을 수상하는 이례적인 기록을 세우는 등 각종 국제 영화제에서 수상을 이어왔지만 그는 여전히 국내에서는 흥행에서 외면되는 아웃사이더이더였다. 개인사는 물론, 영화감독으로서도 결코 순탄치 않았던 그의 인생 역정, 그리고 그만의 특별한 기질을 얼굴에서 읽어보기로 하자.

김기덕 감독에게는 몇 개의 얼굴이 있다. 다채다양한 영화처럼 그 역시 영화 같은 삶을 살아온 탓일 것이다. 요즘 황금사자상 수상으로 인생의 절정에 이른 그의 얼굴에서는 순진무구한 소년의 모습이 보인다. 얼굴에 탄력이 넘쳐 눈썹과 입꼬리가 올라가 있기 때문이다. 한편 한국 영화의 흥행 트렌드에 쓴 소리를 쏟아내던 때의 얼굴을 보면 얼굴에 탄력이 떨어져 있어 콧구멍도 느슨하고 입도 처져 있다. 이때는 세상에 적응하지 못하고 모든 걸 다 내려놓고 사는 듯한 쓸쓸한 도인의 모습이 보인다. 그런가 하면 영화촬영에 몰두한 감독으로서의 얼굴을 보면 전의戰意를 불사르는 장수將帥의 얼굴이 된다.

김 감독의 경우 정면과 측면의 얼굴이 상당히 다르기도 하다. 인상학에서 정면은 사회를 향한 얼굴이고 측면은 사생활에 해당하는 얼굴이다. 정면의 얼굴을 보면 남을 의식하지 않고 '내 스타일'로 사는 사람이며 측면의 탄력을 보면 재미를 추구하는 얼굴이다. 자기만의 재미를 위해 선택한 것이 영화가 아니겠는가.

황금사자상 시상식에 나타난 그의 헤어스타일은 늘 모자를 눌러쓰던 모습과 사뭇 달랐다. 깔끔하게 뒤로 묶고 머리 앞부분을 살짝 올려 볼륨을 준 헤어스타일은 세상을 향해 나를 존중해달라고 요구하는 것이라 볼 수 있다. 머리에 이렇게 힘을 주는 것은 왕관을 쓰는 것과 마찬가지다. 관을 쓰게 되었음을 과시하면서 '나는 나다'라고 웅변하는 것이다.

이마 위에 혹처럼 두 군데가 둥글게 튀어나와 있는 부분이 보이는데, 이런 사람은 머리는 매우 좋지만 그 혹이 상징하는 것처럼 10대에는 굴곡이 많다. 초등학교를 졸업한 뒤 공장에서 일하는 등 어린 나이에 현실적인 삶에 뛰어들 수밖에 없었던 그의 운명이 바로 이 이마에 담겨 있다.

이마가 둥글면서 머리카락과의 경계가 M자형을 그리고 있어 철학적 사고를 깊게 하는 사람이다. 그의 최종 학력에 독특하게도 '총회신학교'라 쓰여 있음은 이와 무관치 않다. 젊은 시절 종교적 고민을 많이 했을 것이며 그의 영화 곳곳에 담겨 있는 종교적·철학적 배경도 바로 M자형 이마에 담겨 있다.

눈썹산에서 이마 위쪽으로 올라가는 선을 그리면서 변지역마(이마 양옆 머리카락이 자라는 부분)가 발달해 있어 해외운이 매우 좋은 편이다.

이마에 보이는 세 주름 중 맨 위 주름은 조상, 가운데는 자신이며 맨 아래는 자식 농사를 보는 자리이다. 맨 위 주름은 희미하지만 가운데와 아래는 선이 분명하여 자기 대에서 일가를 이루며 자식까지 잘 이어지게 될 것이다.

귀는 소위 말하는 칼귀다. 귀 연골이 튀어나왔고 만져보면 아마 딱딱할 것이다. 귀 연골만큼이나 매우 강한 성격을 지니고 있으며 자기 자신과도 싸우는 사람이다. 자신에게 혹독한 만큼 배우에게도 그만큼의 요구를 하는 감독이다. 귀 가운데가 이렇게 발달한 사람은 정신적으로 튀는 기질을 가져 기발한 생각을 많이 한다. 인간의 보편적 문제와 가치, 고민을 새롭고 독창적인 방식으로 다루는 그의 영화 색깔이 이 귀에 담겨 있다.

눈썹은 앞부분은 올라가면서 분명하지만 뒤로 가면서 흐려졌다. 이런 눈썹은 적극성은 띠지만 사람들과 어울리기보다는 고독을 즐긴다. 30세에 무작정 파리로 떠나 거리의 화가로 살았던 시절이 이 눈썹 부분이다. 어느 인터뷰에서 그는 이때가 '자신에 대해 가장 깊이 생각한 시기'였다고 했다.

미간이 사다리꼴로 널찍한데, 이렇게 미간이 넓으면 규칙에 얽매이기 싫어하며 가정에 충실하거나 조직에 순응하기를 거부하는 자유로운 성격을 가진다. 직업에 있어서도 후계자를 만드는 데 관심이 별로 없고 남의 도움도 별로 바라지 않는다. 그저 자기 스스로 최선을 다할 뿐이다. 이를 이해해주는 배우자를 만나면 결혼생활을 잘 이어갈 수 있다. 미간 가운데로 보이는 갈라진 주름에는 예민하면서도 고뇌한 흔적이 나타난다.

눈의 선이 각지고 눈썹이 치켜 올라가 있어 사무라이 같은 기질이 있다. 하지만 눈의 각이 날카롭지 않고 그런대로 편안한 걸 보면 공격적이고 거친 듯해도 알고 보면 진중한 성격이다.

눈두덩이 매우 두둑한데, 이런 경우 시작했다 하면 멧돼지처럼 일한다. 시간을 정해 놓고 규칙적이기보다는 온힘을 다해 하는 데까지 하고 지치면 그때야 쉰다. 한마디로 끝장을 본다. 눈꼬리가 내려가 집념이 매우 강한 사람이다. 하고 싶은 일이 있으면 언젠가 반드시 해내고야 만다. 눈 밑이 불룩하여 자녀와 건강이 좋다.

광대뼈 부분이 45도 각도로 솟아 있어 성격이 매우 급하고 판단이 빠르며 자존심도 강하다. 짧은 코와 어울려 어떤 상황이든 순발력 있게 대처하는 재주가 남다르다. 그러나 광대뼈가 둥글어서 부드럽고 원만하게 마무리할 것이다.

이마에서 코로 이어지는 산근(콧마루와 두 눈썹 사이)이 급격히 낮아지는데, 이런 코를 가지면 저항을 잘 견딘다. 낮추는 게 좋다고 판단할 때는 잘 엎드릴 줄도 안다. 이 부분에 해당하는 40대 초반부터 변화의 운이 와서 암울했던 시기를 이때 벗어나게 된다. 영화 『섬』으로 베니스영화제에 진출하기 시작하고, 첫 흥행작 『나쁜 남자』를 선보였으며, 『봄 여름 가을 겨울 그리고 봄』으로 청룡영화제 작품상을 수상하는 등 스포트라이트를 받기 시작한 시기와 맞물린다.

콧구멍이 크고 약간 들려 있으며 콧방울까지 빵빵하여 자신이 하고 싶은 것은 기어이 한다. 눈과 코에 멧돼지 기질이 담겨 있어 세상에 겁

나는 게 없는 사람이다.

코 밑 인중이 두둑하여 배짱이 있으면서 재물운도 있다. 그래서 인중에 해당하는 53세에 황금사자상 수상이라는 빛나는 운기를 맞게 된 것이다.

얼마나 이를 악물고 살았는지 이가 뒤틀리고 턱의 균형도 살짝 틀어졌다. 폭발적 감정을 표현하는 그의 성정이 이 부분에 담겨 있다. 얼굴을 보면 살보다 뼈가 강해서 역동적인 변화 에너지가 있다. 큰일을 내고야마는 기질을 가진 사람이므로 이렇듯 영화에서 큰일을 낸 것이다. 많이 베풀고 후학을 양성하며 더 즐겁게 웃으며 산다면 입꼬리가 올라가고 턱이 균형을 찾으면서 지금보다 더 탄탄한 말년이 기다리고 있을 것이다.

진세훈 세계가 주목하는 영화인

1960년생으로 깊고 깊은 산골인 경북 봉화 출신이다. 그는 초등학교를 졸업한 뒤 청계천에서 막노동 5년, 해병대에 입대하여 군 하사관 근무 5년, 이후 신학교를 다니며 남산 장애인 보호시설에서 전도사 생활을 했고, 그림을 그리기 위해 3년 동안 프랑스 파리에서 거리 화가 생활을 했다. 그리고 거기서 세계적인 영화들을 보며 감독의 꿈을 키웠다. 그가 거쳐 온 지난 삶이 세계적인 영화감독이 되기 위한 필수 과정처럼 느껴지면서 그의 인생 자체가 갑자기 빛이 나는 듯하다.

삼애실업전수학교가 최종학력이니 교육의 혜택은 세종대왕께서 창제하신 한글 해득의 혜택 그 이상을 넘어서지 못한 것으로 생각된다. 지식이라는 것이 어차피 자신이 아닌 다른 사람들이 경험하고 느낀 걸 정형화해서 만들어 놓은 것이다 보니 남을 뒤따라가는 것이 목적이라면 꼭 필요한 것이지만, 나만의 것을 만들려는 사람에게는 꼭 그렇지만도 않다. 자기만의 것을 만드는 행위를 '창작'이라고 한다면 그의 창작물은 그가 이제껏 흘린 땀과 눈물로 인한 것이지 일반적 의미의 교육을 통한 지식 습득의 결과는 아닌 것이다. 오히려 그것으로는 불가능하다. 따라서 교육이라는 것이 적어도 그에게 있어서는 필수가 아니었음이 증명되었다고 할 수 있겠다.

제69회 베니스영화제에서 『피에타』로 최우수작품상인 '황금사자상'을 받으며 감독으로서 최고의 영광을 얻은 그는 이미 칸 국제영화제에서 『아리랑』으로 '주목할 만한 시선상'을, 베를린 국제영화제에서 『빈 집』으로 은사자상을 수상한 바 있다. 이로써 김기덕 감독은 대한민국 영화 사상 최초로 세계 3대 국제영화제에서 모두 상을 받은, 세계가 주목하는 영화인으로 자리매김했다.

그의 얼굴에는 그의 인생 역경이 마치 영화 속 장면들처럼 연속으로 흐른다. 차돌 같은 이마와 딱 벌어진 어깨, 전체적으로 단단해 보이는 체격에서 해병대 하사관 시절의 모습이 느껴지고, 부드러운 피부와 선하고 깊은 눈빛에서는 장애인 보호시설에서 전도하던 모습이 보인다. 거친 손과 팔에서는 청계천 공장 노동자 시절의 풍경이 그려지고, 신발을 꺾어 신은 모습에서는 지금껏 달려온 힘의 원천인 기존 체제를 거부하고자 하는 태도를 읽어낼 수 있다. 또한 그는 베니스영화제 시상식에서 감물을 들인 옷에 먹물을 더한 개량 한복을 입음으로써 전 세계에 그만의 이미지를 각인시켰는데, 이러한 패션에서는 깊이 있는 미적 감각이 엿보인다.

이제부터 그에게서 미남의 모습을 만들어 내겠다는 성형외과 의사의 오만이 아닌 김기덕만의 미학을 새롭게 발견하는 기회를 갖고자 한다.

얼굴은 전체적으로 둥글고 상하 길이가 짧으며 좌우가 넓다. 동양인의 전형인 1:1.3을 넘지 않는 비율이다. 가운데 얼굴이 짧은 편이고 눈, 코, 입이 모여 있어서 답답해 보이는 얼굴이다. 이마가 그리 넓은 편은 아니나 헤어라인이 M자형으로 파여 있어서 시원해 보이고 동그스름한 이마이지만 경사지게 뒤쪽으로 누워 있다. 눈썹 부위의 근육과 뼈가 돌출되지 않아서 거칠지 않고 섬세해 보인다. 미간이 넓지만 미간에 주름이 드러나지 않아서 목표를 향한 마음이 확실하고 긍정적이었을 것으로 생각된다.

눈썹이 짧고 꼬리가 위로 치켜 올라가 있어서 강함과 단호함이 느껴지고 흐린 눈썹은 과거나 막연한 미래에 연연하지 않을 것 같은 현실주의자의 느낌을 준다.

쌍꺼풀이 없고 눈의 좌우, 상하 길이가 다소 짧아 날카로워 보이나, 눈꼬리가 아래로 편안히 내려와 인자함과 섬세함도 보인다. 웃을 때 보이는 눈가의 주름과 아래 눈꺼풀에서의 애교살이 전체적으로 단단하고 강해 보이는 그에게서 부드러움과 따뜻함을 느끼게 해준다.

양 눈의 안쪽 눈꼬리 부분에서 시작하는 코를 살펴보면 코끝이 둥글고 길이도 그리 짧지 않으나 코가 낮아 보인다. 김기덕 감독이 아니라 일반인이라면 미학적으로 코 수술은 권할 만하겠다. 요즘은 미스코 미스주 수술(비늘이 달린 실을 넣어서 코를 올리는 수술)이나 자가지방이식 혹은 필러 등의 방법이 있다. 이들은 코 모양을 조금만 고칠 경우에 간단하게 이용할 수 있지만 실을 이용한 시술은 효과가 그리 오래 가지 않고, 지방이식은 흡수가 많이 되어 반복 시술을 해야 하는 불편함이 있으며, 필러는 조직 괴사 등의 불안감 때문에 마음 놓고 시술 받기가 어렵다. 코를 많이 높여야 한다면 인조뼈를 넣는 융비술이 차라리 편리한 방법이다. 부작용이 적고, 만에 하나 부작용이 생겨도 제대로 된 수술을 받았다면 인조뼈를 빼내 수술 전의 상태로 되돌릴 수 있다는 것이 고전적 융비술의 장점이라고 할 수 있다.

인조뼈를 넣으면 움직이지도 않고 요즘 인조뼈는 부드러운 재질로 만들어서 만져도 수술한 느낌이 거의 나지 않는다. 코를 높이면 코도 길어지고 이렇게 높아진 코가 얼굴을 입체적으로 만들어주기 때문에 얼굴의 상하 길이가 짧아 보이는 부분도 시각적인 면에서 상당히 개선될 것이다.

눈 아래가 다소 깊어서 다크서클이 보이지만 광대뼈가 두드러지지 않아서 원만해 보인다. 입술 부분도 인중이 길지 않고 균형적이며 인중과 윗입술 사이의 경계가 명확하여 단정하고 깔끔해 보인다. 또한 입술이 동그랗게 앞으로 나와 있어서 어린아이의 입술 같은 귀여움이 있다. 입술의 볼륨감은 상하 대비 4:6으로 미학적이지만 전체적으로 얇은 편이어서 풍부해 보이지는 않는다.

웃을 때 생기는 입가의 팔자주름은 웃는 습관에 의해 어쩔 수 없다 하더라도, 입가에 접히는 주름은 주름제거수술이나 보톡스 등으로 해결할 수 없으니 주름져 접히는 부분의 진피층을 두껍게 만들어주는 자가진피회생술을 권하고 싶다. 주사를 이용해 간편히 주름을 펴는 자가진피회생술은 단순히 미남, 미녀가 되는 수술이 아니라 품위 있게 늙어가자는 중년이나 노년층의 최소한의 자존심에서 비롯된 것이어서 일반적인 미용수술이라고 간단히 치부할 수만은 없는 절박함 같은 것이 있다. 더욱이 50대에 은퇴해도 크게 문제될 게 없는 분들보다는 노후의 생계를 위해 창업 또는 재취업하여 젊은 사람들과 경쟁해야 하는 분들이 점점 많아지고 있으니 최근 이런 분들의 주름제거수술은 흉터제거수술처럼 대수롭지 않게 여기는 추세다.

남들과 똑같은 교육을 통한 배움이 아니라 자신의 고된 삶에서 홀로 깨우친 그에게서 대한민국 영화계의 영광과 본받을만한 점을 함께 느낄 수 있다. 그가 주는 교훈은 이렇다. 지난 인생이 거칠고 보잘 것 없을지라도 우리가 삶의 목표만 잃지 않는다면 그것들이 결국 우리의 목표 달성에 피가 되고 살이 되리라는 것. 현실에 충실하지 못한 내 자신의 어리석음을 꾸짖는 것 같아 참 부끄럽다.

○○○

어느새 성숙한 여인이 된
아시아의 별

주 선 희   끝을 보는 의지와 믿음으로 정상에 서다

오늘날 K-POP 한류 열풍의 선두주자는 단연 가수 보아다. 1998년 6월, 12세에 SM엔터테인먼트의 이수만 사장에게 발탁, 3년간 30억 원의 '신비 프로젝트'를 거쳐 '세계 시장을 겨냥한 여가수'로 키워진 보아. 일본·중국·미국 등지에서 수천억 원의 가치를 창출하면서 한류의 문을 연 글로벌 스타다.

얼마 전 '20대 신흥 부동산 재벌 스타' 2위로 선정된 그녀는 '보아의 땅을 밟지 않고는 청담동을 지날 수 없다'는 말이 있을 정도로 부

와 명성을 쟁취한 당대 최고의 스타이다. 그녀가 어떻게 '걸어 다니는 보물'이 될 수 있었을까. 얼굴에서 그 광맥을 찾아보기로 하자.

보아의 10대 사진을 보면 젖살이 남아 있어 한결 통통하다. 눈두덩과 코, 뺨, 입술의 두둑한 살집을 보면 한눈에 재물운이 느껴진다. 소위 말하는 '복스러운 상'이다. 무엇보다 10대에 해당하는 귀와 이마가 잘생겼다. 이마와 코가 매끄럽게 연결되어 초년에서 중년까지 운기도 잘 연결된다.

이마가 잘생겼다는 것은 이미 부모로부터 받은 토양이 좋았다는 얘기다. 좋은 토양이 기본이 되었기에 대풍人豐을 맞이하기가 더 쉬워진 것이다. 이마의 양옆 발제(머리카락이 자라는 경계)부분에 잔털이 많은 걸 보면 공부보다는 바깥 활동을 좋아하는 얼굴이다. 일찌감치 연예계로 나선 이유가 거기 있다. 한 인터뷰에서 "초등학교 때 나의 꿈은 가수가 되는 것이었어요. 어릴 적부터 무대에서 노래하고 춤추는 것을 무척 좋아했거든요"라고 말한 것처럼 보아는 운명적으로 타고난 길을 스스로 잘 찾아 나갔다.

보아를 선택한 SM은 그녀를 팔방미인형 엘리트로 만들어냈다. 노래와 춤은 물론이고 어학, 무대 매너, 심지어 연기에 이르는 다채로운 교육으로 그녀를 진정한 프로페셔널로 성장시켰다. 이마가 좋기에 머리도 좋은 보아는 그 트레이닝을 누구보다 잘 습득해냈을 것이다. 보아가 회사의 프로젝트에 잘 따라준 데는 잘생긴 귀도 한몫을 했다. 조직에 적응을 잘 하는 귀다.

어릴 적 사진을 보면 코끝이 살짝 내려와 있다. 여기에 특별한 예술적 감성이 담겨 있다. 이가 가지런해서 성격이 좋아 낙천적이며 부지런한 성품을 지니고 있다. 뭐든 열심히 즐겁게 잘하는 사람이다. 치아옆 부분에 뾰족한 송곳니가 보이는데, 이런 치아를 가진 사람은 마음먹은 일은 끝까지 해내고야 마는 기질이 있다. "노래를 좋아하는 것만으로 무대에 설 수는 없었습니다. 가수가 되기 위해 3년 동안 피나는 훈련을 참아냈습니다"라는 말이 이를 대변한다. 그녀의 지독한 끈기와 의지는 이 송곳니에 담겨 있다. 어린 시절 경매로 넘어간 남양주의 목장 집을 가수가 된 후 되찾은 것도 이 송곳니의 근성 때문이다.

눈썹 선이 곱고 눈썹털이 차분하게 잘 누워 있어 순리대로 받아들이는 성격이며 대인 관계도 원만하다. 눈이 길어서 계획을 세워 놓고 실천을 즐기는 성격으로 멀리 내다볼 줄도 안다. 눈앞의 일에 급급하거나 조급하게 서두르지 않으므로 마음이 편안하고, 누구랑 다투어 속상해도 혼자 울고 말뿐 따지고 들거나 연연하지도 않는다. 남을 배려할 줄 아는 긴 눈이다.

눈두덩이 넓어 스태미나가 매우 좋으며 조목조목 따지는 까다로운 성격과는 거리가 멀다. 한번 믿으면 끝까지 믿어주며 쉽게 배반하지 않는 의리가 있다. 유상증자에 참여, 주식을 확보하면서 보아는 SM과 소속 연예인으로서의 관계뿐만 아니라 사업의 동반자로서 굳건히 자리하고 있다. 10년 넘게 한 회사와 이렇게 오랜 관계를 유지하는 인상학적 이유는 이 눈두덩에 있다. 절에 통 크게 집 한 채를 선뜻 시주하는 사람들을 보면 대개 눈두덩 자리가 이렇게 넓다.

코가 높아 자신의 위상도 높다. 코가 갸름하면서 이마와 잘 연결되어 있는데 이럴 때는 동료나 동년배와의 수평적 관계보다는 상사와 부하, 선후배 같은 수직적 관계에서 인기가 높다. 법령(입가 미소선)이 적당히 있어 재물이 마르지 않으며 자기 관리를 매우 잘해서 안정적으로 안착한다. 원칙이나 질서에서 크게 벗어나지 않으며 남에게도 규칙을 지켜주기를 요구한다. 입이 시원스레 커서 평소 잘 웃고 살았으며 통도 크다. 윗사람이 까다로운 지시를 해도 그냥 웃어넘기며 잘 따르는 사람이다. 분명한 입꼬리를 보면 뭐든 야무지게 잘 해낼 것이다.

광대뼈가 위로 올라붙지 않아 얼굴형이 갸름한데, 무대에서의 적극적 모습과는 달리 평소에는 자기표현을 잘 하지 않는다. 고고한 얼굴형으로 그 느낌처럼 외로울 수가 있다. 외로움에서 벗어나려면 자신보다 못한 사람들과도 스스럼없이 어울릴 줄 알아야 한다.

오디션 프로그램 『K-POP STAR』에서 YG의 양현석, JYP의 박진영과 함께 심사위원으로 출연할 때의 얼굴을 보면 어디 매인 데가 없는 듯, 자유롭고 도통한 표정이다. 앳되고 발랄했던 요정은 이제 그만, 지금은 성숙한 여인의 향기가 물씬하다. 주름이 생겼거나 탄력이 떨어진 것도 아닌데 20대 중반이라는 나이보다 성숙한 느낌이 드는 것은 그윽한 눈빛과 부드러운 눈길, 느린 듯한 말투, 그리고 날씬해진 뺨에 있다.

그 눈빛과 눈길은 스타로서 10년을 넘긴 경륜과 '이루어낸' 사람의 여유에서 비롯된 것이며 느린 말투는 신중함과 상대에 대한 배려에서 나왔을 것이다. 이런 표정과 말투는 좀 더 나이가 지긋한 사람이라면 너무나 이상적인 것이지만 아직 20대인 보아에게는 좀 이른 듯하다. 인상학자로서 보아에게 조언해주고 싶은 얘기는 '최연소 급제'에 안주하지 말고 다시금 경연장에 나서달라는 것이다. 꽃다운 20대에 걸맞은 발랄함을 추구해야 얼굴의 탄력이 유지될 것이기 때문이다. 오디션 프로그램에 출연하는 새내기들과 언제든 경합할 수 있다는 호기를 부려보는 것도 필요하다. 그녀의 긴 코와 날렵한 뺨이 스스로에게 '이젠 격이 높아져서 그렇게는 못 한다'는 신호를 보낼 수도 있겠다. 하지만 그 어마어마한 끼를 팬들을 향해 풀어야 뺨이 더 통통해지면서 더욱 탄탄한 젊음과 인기까지 따라오게 된다.

한 조사에서 보아는 '후배 가수들과 연습생들 사이에서 본받고 싶은 역할 모델' 1위로 뽑혔다고 한다. 앞으로도 자신이 지닌 재능과 부를 후학양성을 위해 투자하고 통 큰 기부를 하는 등 사회 환원 활동에 적극적인 사람이 되어주길 기대해본다. 그렇게 되면 '모든 사람들에게 본받을 만한 역할 모델'이 될 것이며, 보다 넉넉하고 자애로운 모습으로 만년의 행운을 누리게 될 것이다.

진 세 훈 시원하고 큰 눈, 풍부한 감성 전달

15세의 앳된 나이로 연예계에 데뷔한 보아. 지금 나이는 27세지만 데뷔 12년째를 맞는 중고참이다. 그동안 흐른 세월만큼 최근에는 부쩍 달라진 모습으로 팬들을 만났다. 오디션 프로그램 『K-POP STAR』에서 YG, JYP라는 한국의 대표적인 두 기획사의 쟁쟁한 대표와 함께 앉아 연습생들을 캐스팅하는 심사위원으로 등장한 것이다. 기획사 SM을 대표하여 활동하고 있는 보아를 보면서 자신의 목표만을 향해 한눈팔지 않고 달려온 진정한 프로페셔널의 모습을 확인할 수 있다.

이제 한국의 연예계를 대표하는 가수로 우뚝 선 보아. 누구도 쉽게 따라오지 못할 경지에 오른 프로의 얼굴은 어떨까. 보아와 같은 프로의 경지를 동경만 하고 실천은 하지 못하고 있는 성형외과 의사가 미학적 분석을 해보고자 한다.

우선 이마가 높지만 동그랗고 매끈하진 않다. 그러나 이마 넓이가 균형에 맞아서 얼굴을 삼등분했을 때 위 얼굴은 시원해 보인다. 미간이 넓고 눈썹은 가늘다. 이 부분이 보아의 단아하고 청초한 이미지를 만드는 핵심이다. 눈썹과 눈 사이가 좁은 편이라 여유 있어 보이진 않는다. 쌍꺼풀이 얇아서 동양적으로 보이고, 가로 길이가 길어서 눈이 커 보인다. 눈 밑 애교살이 발달하여 눈으로 풍부한 감성을 전달하기도 쉽다.

코는 뿌리 부분이 높고 넓어서 강한 이미지를 형성하고 있다. 하지만 콧방울이 넓지 않고 아래로 향한 덕분에 코가 길어 보이고 투박한 코라는 이미지도 피할 수 있었다. 코끝이 아래를 향하고 있어 강한 카리스마를 표현할 수 있으나 여성스러움을 더하기 위해서는 약간의 교정이 필요하다.

코끝을 약간만 올려 위로 향하게 하고 일자형 코에서 코끝을 약간 높여서 들어주면 훨씬 부드럽고 여성스러운 이미지를 연출하는 데 도움이 될 듯하다. 그냥 코끝을 높이는 수술은 코끝의 피부가 부족하고 연골에 자극을 주게 되어 무리가 생길 수도 있으므로 자가진피이식술이 가장 좋겠다. 만약 몸에 맹장수술을 한 흉터라도 있다면 그 흉터를 줄이는 수술을 겸해 흉터에서 진피를 얻고, 아니라면 엉덩이와 허벅지 안쪽 깊은 곳에서 진피를 얻어 봉합하면 수영복 모델을 하더라도 흉터가 보이지 않게 할 수 있다.

코는 연골 주변을 따라 한쪽만 절개하고 올리고자 하는 부분만 최소한으로 떼내어 작은 공간을 만든 뒤, 층층이 쌓인 진피를 그 공간에 집어넣고 고정시키면 수술은 끝난다. 진피층은 지방층과 다르게 흡수가 적게 되고 압력에 견디는 힘이 있어서 코끝을 올리기에 용이하다.

윗입술은 넓지는 않으나 인중이 깊지 않아 좁아 보이지도 않는다. 광대뼈도 넓지 않아서 얼굴의 좌우 대 상하 길이의 비율이 1:1.3을 넘어서므로 갸름한 얼굴을 이루고 있다. 치아는 가지런하나 윗니를 품고 있는 치조골(이가 나는 부위의 뼈) 자체가 앞으로 약간 돌출되어, 옆모습이나 웃을 때와 말하지 않을 때는 입이 돌출되어 보이는 동양인 특유의 핸디캡이 보인다. 위쪽 치조골의 치아궁(치아의 배열 형태)이 크고 넓은 것이 입이 다소 돌출되어 보이는 이유가 될 수도 있다. 그러나 보아는 이 같은 단점을 자신의 노래와 완전한 춤 솜씨로 완벽하게 상쇄하고 있다고 생각한다.

양쪽 볼에 있는 보조개는 아주 고전적인 모양이다. 웃을 때 깊게 파이는 모습이 그렇고, 양쪽 볼에 다 있는 것도 그렇다. 아래 얼굴 부분은 턱이 잘 발달되어 있어서 가운데 얼굴과 균형을 이루고 있는데, 특히 아래 얼굴에서는 V라인 턱이 잘 돌출되어 있어서 조화롭다. 입술은 위아래의 비율이 이상적이며, 입술 자체도 단정해 보여서 청초하고 단아한 모습을 이루고 있다. 또한 입술을 내밀게 되면 육감적인 모습도 보이고 있어 폭넓은 연기력이 돋보인다.

보아가 프로를 능가하는 존재로 우리에게 다가오는 이유가 있다. 어린 나이에 학교 친구와 어울리지도 못하고, 한창 사랑을 받고 자랄 소녀 시절에 자기 혼자만의 연습에 파묻혀 외로운 시간을 보내면서 노력으로 모든 걸 극복했기 때문이다. 아마추어는 자신이 주된 노력을 쏟는 다른 일이 있기 때문에 아마추어이고, 프로는 이 길이 아니면 먹고살 길이 없기 때문에 목숨을 걸고 이 길에 도전하는 사람들이다. 보아와 같이 프로를 능가하는 사람들은 먹고사는 차원이 아니라 그 길에 자신의 영혼까지 송두리째 던져 넣었기 때문에 오늘의 위치에 올랐다고 말할 수 있을 것이다.

인생에는 '일만 시간의 법칙'이라는 것이 있다고 한다. 누구나 어떤 일에 일만 시간을 투자하면 그 분야에서 뛰어난 사람이 될 수 있다는 것이다. 예를 들어 바이올린 연주가가 일만 시간을 투자하여 연습을 하면 뛰어난 연주가가 될 수 있고, 8천 시간을 투자하면 평범한 연주가가 되며, 4천 시간을 투자하면 바이올린을 남에게 가르쳐주는 레슨을 할 수 있는 정도가 된다고 한다.

보아의 경우 연습생으로 지낸 3년 동안 학교 공부를 하면서 노래와 춤 연습을 평일에는 하루 5시간, 휴일에는 10시간씩 계속했다고 한다. 이 시간을 더하면 거의 7천 시간에 가깝다. 물론 천부적으로 뛰어난 자질을 타고 났겠지만 초등학교 5학년인 11세에 시작하여 7천 시간의 연습을 거쳐 만 13세에 첫 무대에 올랐다. 이처럼 수많은 연습을 바탕으로 하여 어린 나이에도 스스로 완벽한 확신을 갖고 무대에 오른 것이다. 이런 데서 그만의 카리스마가 느껴지고 한국도 아닌 일본에서 최고의 위치에 오를 수 있었던 힘이 나왔다고 생각한다.

성형외과 의사로서 보아의 얼굴에 보이는 미학적 모습을 분석한다는 것은 형태학적인 미학만 논하는 것에 불과하다. 오늘의 보아가 있기까지 그의 마음과 의지의 깊이와 폭, 그리고 그 영혼의 가치는 성형외과 의사가 분석할 수 있는 것이 아니라 오로지 그의 노래와 춤을 진정으로 사랑하는 팬들만이 이해하고 느낄 수 있는 것이라 믿는다.

이 대 호

○○○

도전을 두려워하지 않는
영원한 4번 타자

주선희 부드러운 성품에 치열한 승부사 기질

2011년 한국 갤럽에서 실시한 한국프로야구 인기선수 여론 조사에서 13.5%의 응답률로 최고 인기선수로 뽑힌 야구 스타 이대호. 2010년 세계 야구 역사상 처음으로 9경기 연속 홈런이라는 기록을 세웠고, 2001~2010년 11시즌 동안 한국 프로야구 롯데 자이언츠에서 간판선수로 활약했다. 지난해 12월 일본 프로야구단 오릭스 버팔로스에 입단하면서 일본 프로야구에 진출한 한국 선수 중 역대 최고 연봉인 2년간 최대 7억 6천만 엔의 대박을 터뜨리기도 했다. 팀의

이 대 호

중심인 4번 타자로 오릭스 벤치의 확고한 신뢰를 획득하며 일본에서도 야구 스타의 길을 새롭게 열어가고 있는 그의 얼굴에 담긴 성공 지도를 읽어보기로 하자.

이대호의 얼굴을 보면 뼈보다 살이 많다. 이렇게 살이 잘 감싼 얼굴은 성격이 밝고 긍정적이다. 한국 야구를 방망이로 평정할 정도로 '힘센' 선수지만 방망이를 잡은 손은 부드럽다. 발제(머리카락이 자라는 경계) 부분의 선도 둥글다. 성정이 곱고 선생님 말씀을 잘 따르는 모범생 타입이다. 말을 잘 듣는 순한 선수였기에 감독들로부터 사랑을 많이 받았을 것이다.

14세까지의 초년운을 나타내는 귀는 그다지 예쁘지 않다. 가운데 연골이 튀어나와 있어 초년이 유복하지 못했다. 기록을 보면 일찍 부친을 여의고 할머니 손에서 자랐다고 되어 있다. 내려온 눈썹은 아마 그 시절 늘 조심하고 살았기 때문일 것이다. 하지만 귓불이 두둑해서 조직에 잘 적응한다.

이마가 잘생긴걸 보면 부모로부터 좋은 유전자를 받았다. 어른을 잘 모시고 어른 말씀을 잘 받아들이는, 머리가 좋은 이마다. 오릭스의 오가와 코치가 그의 선구안을 칭찬하며 '머리가 좋다'고 한 이유가 이 이마에 있다. 이마가 잘생겨서 20대 야구선수 생활이 그야말로 탄탄대로였고 좋은 배우자를 만나 결혼도 했다. 눈썹 바로 윗부분 뼈가 29~30세인데, 이 부분이 잘생긴데다 얼굴 살의 탄력과 좋은 얼굴빛이 더해졌다. 그 덕분에 2010년 정규시즌 MVP, 2011년 타격 3개 부문

1위에 2연패, 오릭스 버팔로스 거액 입단 등의 황금기를 누린 것이다.

미간은 넓고 도독하다. 소년 시절엔 할머니가, 선수 시절엔 감독이 그에게 재량을 많이 주었음을 알 수 있다. 어떤 말이든 잘 소화하기 때문에 크게 간섭하지 않았을 것이다. 눈썹털이 잘 누워 있긴 하지만 색이 연한 편이다. 대인 관계는 원만하지만 혼자 있는 시간을 즐기는 조용한 사람이라는 말이다. 눈썹에 해당하는 나이는 31~34세인데, 일본이라는 객지에서 외롭게 적응해가는 시간과 맞물린다.

눈이 작은 홑꺼풀이라 혼자 있는 시간에 생각을 많이 한다. 연습할 때도 남들보다 배로 생각해가면서 하는 타입이다. 좋은 머리로 거듭 연구하여 나오는 타구이기 때문에 탄탄한 실력이 되는 것이다. 눈이 약간 안으로 들어가 있어 상당히 꼼꼼하고, 들어간 눈이지만 눈두덩에 살이 있어 평소 성격은 수더분하되 일을 할 때 치밀한 사람이다. 눈두덩에 살이 있으면서 이마가 잘생긴 사람은 좋은 일을 많이 한다. 독거노인 봉사, 불우어린이 장학금 등 그의 조용한 선행은 얼굴 안에 이미 씌어 있다. 이런 사람은 계산하지 않고 아낌없이 베풀면서 복을 짓는다.

눈꺼풀에 쌍꺼풀이 아닌 주름이 하나 있는데, 실수하지 않으려 따져보는 성격이 여기에도 담겨 있다. 평소에는 눈매가 매섭지 않지만 연습이나 시합 등 집중할 때는 눈에 힘이 들어가면서 주름이 더 깊어진다. 부부궁(눈꼬리와 귀 사이)에 살이 도톰하여 부부 사이가 좋다.

광대뼈를 살이 둥글게 잘 감싸고 있는 것을 보면 자기를 내세우지 않는 사람이다. 코와 광대뼈의 균형이 잘 맞아 주변 사람들과 무리 없이 어울리며 중년 운기도 왕성하다. 코가 길어 한 우물을 파게 된다. 코 끝이 둥글어 재복이 많지만 긴 코는 사업보다는 교육자, 지도자의 길에 더 어울린다. 산근(콧마루와 두 눈썹 사이)이 들어가 있기 때문에 이 부분에 해당하는 41~43세에 변화가 있다. 이 시기를 잘 넘기면 44세부터는 매우 '폼 나게' 살아갈 것이다. 코가 길지만 산근이 낮기 때문에 겸손하며 조직에서도 수직적 구조보다 수평적 구조를 좋아한다.

콧구멍이 보이지 않아 돈을 잘 관리한다. 양쪽 콧방울이 빵빵하면 자기 것을 챙기는데, 그렇지 않기에 그리 챙기는 타입은 아니다. 그에게 야구는 좋아서 하는 것이지 돈을 벌기 위해 하는 것이 아니다. 좋아서 열정을 쏟다보니 세상이 그에게 돈을 안겨준 것이다. 측면에서 보면 코끝이 살짝 갈라져 있는데, 이런 사람은 목표를 세우면 절대 포기하지 않고 끝까지 해내고야 만다.

긴 코에 비해 짧은 인중은 급한 성격을 의미한다. 치고 빨리 달려야 하는 야구선수에게는 이 급함이 민첩하다는 장점이 된다. 속도는 인중에, 정확성은 눈꺼풀 주름에, 그리고 강한 힘은 두꺼운 목에 있으니 야구 스타로서의 자질이 얼굴에 다 들어 있는 셈이다. 법령(입가 미소선)이 거의 없는 것 또한 야구가 단순한 직업이 아니라 즐거워서 하는 것임을 보여준다.

동글동글한 코 밑에 꽉 조여진 입은 편안하면서도 치밀한 성격을 함께 가지고 있음을 보여준다. 철저하게 일을 마무리하며 실패한 이유를 세세하게 분석해보는 근성이 야무진 입에 담겨 있다. 하지만 입술이 얇지 않고 도톰하여 역시 편안한 면이 보인다. 입술 모양은 갈매기형이라 화술이 뛰어날 것이다. 지도자의 길을 간다면 명강사로, 혹은 최고의 해설가로 이름을 날릴 수 있다.

광대뼈가 잘 드러나지 않을 정도로 뺨이 통통하다. 운동선수가 아닌 보통 사람이라면 욕심쟁이지만 시합에서 반드시 이겨야 하는 선수이기에 이 뺨은 강한 승부욕으로 작용한다. 살 때문에 드러나지는 않지만 턱이 약간 나와 있는데, 이런 경우 어머니와 인연이 적다. 하지만 살이 잘 감싸준 좋은 턱이기에 후학을 많이 기르며 만년이 유복하다.

이대호의 얼굴을 코를 중심으로 상하로 나누어보면 윗부분보다 아랫부분이 더 편안해 보인다. 43세 이후 몸 관리를 잘해서 지금보다 날씬해진다면 얼굴이 갸름해지면서 상당히 격조 있는 귀격으로 바뀔 것이다. 어린 시절이 힘들었으며, 잘나가는 야구선수로서의 생활도 이면에는 늘 긴장과 피로가 따른다. 그러나 이 무렵이 되면 안정과 평화를 누리며 만년까지 쭉 행복을 구가하게 될 것이다.

진세훈 | 작은 눈에 반듯한 이마, 대범하고 섬세한 성격

이대호는 키 194cm에 몸무게가 115~130kg을 오가는 거대한 체격의 소유자이다. 그러나 타고난 유연성으로 거침없는 행보를 해왔다. 야구팬의 기대를 저버리지 않고, 항상 최고의 성적으로 팬들의 사랑에 보답을 하고 있다. 그의 얼굴에는 어떤 매력이 있는지 한번 살펴보고자 한다.

체격이 크다 보니 얼굴 자체는 커 보이지 않는다. 얼굴을 상하 삼등 분한 비례도 미학적인 기준에 맞는 편이다. 먼저 이마는 둥글고 반듯 하며 거의 수직으로 솟아 있어서 한국인의 이마로서 이상적이다. 이마 가 잘 발달한 것으로 보아 머리가 좋으면서 감성적이고 섬세한 성향 을 지닌 것으로 짐작된다. 부산에서 자라 지역적인 투박함과 털털함을 몸에 지녔겠지만 그 내부에는 섬세함이 들어 있을 것이다.

눈썹은 짙지 않고 가는 편이며 꼬리 부분이 아래로 내려온 반달형 이다. 선하고 부드러워 보인다. 눈썹 부위의 뼈가 돌출되지 않고 눈썹 과 눈의 거리가 길어서 여유 있고 관대해 보인다. 눈이 작아서 섬세하 고 감성적이면서도 큰일을 앞두고 초조해하지 않는 대범함도 함께 갖 추고 있을 것이다.

이대호 선수에게 권하고 싶진 않지만, 작은 눈을 교정하려고 한다 면 눈매교정술이 있다. 뒤트임으로 눈의 가로 길이를 길게 하고 눈을 조금 더 크고 또렷하게 뜰 수 있도록 눈 뜨는 근육을 줄여주는 시술이 다. 조심할 것은 좌우의 눈 뜨는 정도가 달라 한쪽은 거의 정상인데 다 른 쪽만 눈을 작게 뜨는 경우다. 이때 작게 뜨는 쪽 눈꺼풀만 위로 당 겨주면 정상인 쪽의 눈이 내려와서 작아질 위험이 있다. 기존에 이마 근육을 들어 올려 전체적으로 눈을 더 크게 뜨려던 습성이 없어져 버 리는 탓이다. 그러므로 양쪽을 동시에 교정해야 한다. 정상에 가까운 쪽의 눈을 약간 올려 당겨주는 것이 균형을 맞추는 데 가장 필요한 노하우다. 현재 눈이 아래로 내려와 보이는데, 눈꼬리가 내려와 보이지 않도록 해당 부위를 수평 이동시키려면 뒤트임이 필요할 것이다.

코는 길고 둥글며 코끝이 아래로 향하고 있어서 강한 의지가 엿보인다. 코끝은 뭉툭한 편이어서 날카롭게 보이지 않는다. 광대뼈도 돌출되지 않고 코가 아주 높거나 눈이 깊지 않아 입체적인 인상은 주지 않는다. 인중은 깊고 윗입술의 길이도 적당하다. 아래 얼굴 3분의 1은 균형이 잘 맞으며, 옆모습에서 코, 입, 아래턱으로 이어지는 미용선도 이상적이다. 치아도 가지런하고 고르게 자리하고 있어서 성실함과 끈기 있는 의지가 보인다. 입술은 두껍지 않으나 상하의 비율이 알맞고 입술의 경계가 뚜렷해서 깔끔한 인상을 준다.

이 선수에게 꼭 권하고 싶은 것은 앞으로 체지방을 철저하게 관리하라는 것이다. 지금은 젊고 운동을 많이 하는데다가 남성호르몬도 풍부하게 분비되고 있으므로 괜찮지만 운동을 쉬게 되면 체지방은 가장 큰 문제가 될 것이다. 이는 성형외과 차원이 아니라 건강에 관련되는 문제다. 적정체중에서 근육이 느는 것이 아니라 살이 찌면 그만큼 몸에 지방이 붙은 것이다. 지방에 있는 수많은 세포에 혈액을 공급해주려면 심장에 가는 부담이 커지게 된다. 결국 몸에서 지방을 줄여주면 그만큼 심장의 부담을 덜어주므로 건강에 긍정적인 영향을 주게 되는 것이다.

이대호 선수가 일본에서도 이름을 드날리면서 항상 건강한 아름다움을 전 세계에 전파하는 야구선수로 남기를 기대해본다.

○○○○

전 세계 여성들의 롤모델

주 선 희 강인한, 그러나 부드러운 제왕 위의 여제

제42대, 43대 미국 대통령 영부인, 미국 뉴욕주 민주당 상원의원, 제68대 미 국무장관, 그리고 2016년 대선출마설……. 1993년부터 지금까지 힐러리 로댐 클린턴이 누리고 있는 화려한 경력이다. 그녀는 스스로의 이름으로 역사를 써나가고 있다. 2011년 《포브스》 선정 '가장 영향력 있는 여성 100인' 중 2위를 차지한 힐러리 클린턴, 그 강력한 파워의 원천을 그녀의 얼굴에서 찾아보자.

힐러리 클린턴이 영부인이 되기 전 사진을 본 적이 있다. 그때 그녀

는 매우 넓은 검은 머리띠를 하고 있었다. 여성의 머리띠는 누구도 간섭하거나 침범할 수 없는 최고의 권위, 곧 왕관을 의미한다. 그때는 남편의 말이나 누구의 말도 듣지 않고 '내가 알아서 하겠다'는 태도로 살았을 것이다. 갈색인데 거뭇거뭇 검정빛깔이 비치는 머리카락 색깔만 봐도 매우 센 기운이 느껴진다. 그녀의 별명이 '힐hill'이라고 한다. 언제나 더 높은 '언덕' 같은 사람을 뜻하는 것이다.

그런데 영부인이 되면서 머리띠가 사라지고 앞머리가 살짝 이마로 내려오는 헤어스타일로 바뀌었다. 사람들의 말에 귀 기울이고 국민을 모실 줄 아는 진정한 리더의 상으로 거듭나려는 모습이다. 하지만 손으로 얼굴을 괴는 여러 사진들로 미루어보면 아직 '여왕' 기질은 남아 있다. 손을 뺨 옆에 대지 않고 가운데 앞쪽으로 붙여 얼굴을 내미는 동작에서 그것이 드러난다. 귀족적 품위를 상징하는 진주 액세서리를 즐겨 착용하는 것도 같은 맥락이다.

힐러리의 얼굴형은 서양인치고는 넓은 편이다. 얼굴이 넓적하면 지구력이 강하다. 이마 앞쪽이 약간 튀어나와 있는 걸 보면 머리는 영민하다. 하지만 전체적으로 고루 둥근, 잘생긴 이마가 아니므로 부모의 덕보다는 자기 스스로의 힘으로 여기까지 왔다. 중산층 가정의 인색한 아버지 밑에서 그리 유복하게 자라지 못한 어린 시절이 이마와 귀에 담겨 있다. 귀는 가운데 연골이 돌출되어 있어 튀는 기질이 있다. 이 기질이 직업적, 정치적 기질로 오히려 긍정적 작용을 했다고 볼 수 있다.

힐러리의 눈썹은 리즈 테일러의 눈썹과 닮았다. 대부분 사람들의 눈썹은 가운데가 굵은데 이 눈썹은 앞쪽이 진하고 뒤로 가면서 가늘어진 모양이다. '인생을 무대 위에서 영화의 주인공처럼 살겠다'는 의지의 표현이다. 눈두덩은 넓은 편이지만 지방이 많지 않아서 약간 들어가 보이는데, 이 부위에서 치밀한 성격임을 알 수 있다. 광대뼈가 발달하면서 그런대로 살이 올라와 있긴 하지만 부부궁(눈꼬리와 귀 사이)이 좀 부족한 듯하다. 배우자인 클린턴 전 대통령의 바람기는 세상이 다 아는 얘기 아닌가. 하지만 이 자리가 그리 나쁘지 않은 걸 보면 해로는 하게 될 것이다.

눈과 눈동자가 둥글면서 큰 편으로 자기표현에 능하다. 많은 사람들과 사귀면서 로비를 잘 하는 사람이다. 턱과 광대뼈가 좋아 어디서든 앞장서는 타입으로, 어려운 일도 떠맡고 책임질 줄 아는 뚝심이 있다. 눈동자를 잘 살펴보면 동자 안에 선이 하나 더 있는 호랑이 눈이다. 호랑이는 시시한 먹이는 건드리지도 않으며 먹을 만한 것만 잡아먹되 끝장을 본다. 요즘 들어 눈의 라인에 약간 각이 지는데, 이는 국내외 정세를 걱정하면서 생긴 각이다. 이제는 좀 지친 듯한 모습이 이 눈매에 담겨 있다.

한때 힐러리가 매우 나이 들어 보일 때가 있었다. 막 오마바 대통령 내각으로 들어갔을 때다. 영부인에서 국무장관으로 격이 달라지면서 탄력이 떨어진 것이다. 그런데 어느 날 다시 탄력이 살아나 요즘의 얼굴로 회복되었다. 업무에 어느 정도 익숙해지면서 일에도 탄력이 붙었기 때문이다. 요즘은 밀어붙이는 힘이 생겨 콧방울에 더 힘이 실렸다.

맹수처럼 일하는 에너지가 이 콧방울과 호랑이 눈에 실려 있다.

이마와 산근(콧마루와 두 눈썹 사이)이 잘 연결되어 있어 명석한 두 뇌를 바탕으로 한 학업이나 직업의 길이 순탄했다. 매우 두꺼운 콧대, 육쪽 마늘처럼 탱글거리는 코끝과 콧방울에는 세계를 누비며 일을 해도 버틸 수 있는 대단한 정력과 건강이 들어 있다. 소위 '마늘코'라고 불리는 이런 코를 가진 사람은 소매를 걷어부치고 일하는 또순이형이다. 코끝이 살짝 내려와 있어 예술성도 있다.

광대뼈가 매우 잘 발달하여 명예가 드높고 자기주장 또한 강하다. 광대뼈의 강함을 눈썹이 원만하게 마무리해줌으로써 크게 부딪히지 않으면서 자신의 의지를 관철해 온 사람이다. 강인하면서도 부드러운 리더십은 광대뼈와 눈썹의 조화가 이루어낸 산물이다. 광대뼈에 해당하는 46~47세의 운기가 매우 강하다. 클린턴이 대통령으로 당선된 해가 바로 그녀의 나이 47세 때이다.

둥근 코와 인중, 그리고 보조개 자리 앞쪽 뺨까지 탄력이 있는데, 이 부분이 55세까지다. 영부인으로 활약했던 인생의 하이라이트가 이 시기다. 56~57세에 해당하는 뺨 보조개 자리 부분에 주름이 여러 개 생겨 있는데, 이 시기가 무척 힘들었을 것이다. 퍼스트레이디 자리에서 내려와 뉴욕주 민주당 상원의원 선거를 치르고 적응하는 기간이다.

그녀는 지금 우리나이 66세다. 60대에 해당하는 입이 매우 크고 탄력이 있어 통이 크다. 입가에 주름도 없으며 입 끝이 살짝 올라가 있어 60대의 운기도 매우 좋은 편이다. 웃을 때 치아가 14개나 보이는데,

그렇다면 치아가 32개 이상은 된다는 것이다. 32개 치아는 제왕의 치아다. 세계 최대 강국의 퍼스트레이디로서 권좌를 누린 이유가 여기에 있다. 그녀의 전기에 보면 백악관 직원들이 힐러리를 '대법원'이라고 불렀다고 한다. 클린턴이 중요 결정을 내릴 적마다 힐러리의 '비준'을 받았기 때문이라고 한다. 제왕 위의 제후, 바로 치아의 파워다.

짧고 납작한 손톱을 가진 사람은 일을 잘하는 사람이다. 일을 매우 좋아하며 일이 끝나야 엉덩이를 떼는 실무가의 손이다. 연설을 할 때 손동작을 보면 팔을 쭉쭉 뻗던 콘돌리자 라이스 전 국무장관과 달리 팔이 살짝 안으로 휘어진다. 강하지만 부드러운 면도 있음이다.

광대뼈에 비해 약해 보이는 턱이지만 턱 아래 또 하나의 턱이 생겨 있어 이를 보완해준다. 게다가 뺨의 옆쪽까지 살집과 탄력이 좋아 83세까지는 계속 활약을 펼치겠다. 두툼한 엉덩이와 굵은 다리는 어디든 누비고 다니는 체력과 튼실한 말년을 보장해주는 보험에 다름 아니다. 힐러리 클린턴은 이렇게 앞으로도 오래, 그녀만의 '살아있는 역사'를 써내려 갈 것이다.

진세훈　깊은 눈 반듯한 콧날, 서구식 미모

세계 최고의 여성 지도자 중 한 사람으로 꼽히는 힐러리 클린턴. 경쟁자였던 오바마 대통령을 도와 4년 동안 미국 국무장관으로 세계를 누비며 바쁜 시간을 보내고 있다. 자신감이 가득한 그의 얼굴을 성형미학적으로 살펴보기로 한다.

체격과 얼굴 길이의 비율이 현실의 미학 기준에 잘 맞을 뿐 아니라 얼굴의 좌우 폭과 상하 길이의 비율도 1:1.4 정도로 전체적으로 균형이 잘 잡혀 있다. 삼등분한 얼굴도 미학적 분할에 어울리고 옆모습의 이마와 코, 입과 턱의 돌출 정도는 이상적인 미용선에 일치하고 있다.

이마가 둥글고 양쪽 귀 위쪽 머리 부분의 길이가 길다. 이런 사람은 두뇌가 명석하고 감성과 이성이 모두 뛰어나다고 한다. 눈썹 부분의 뼈는 돌출되지 않고 눈썹도 부드럽게 아래로 향하고 있어 온화하고 선한 인상을 준다. 눈썹과 눈의 거리는 짧은 편이어서 관대해 보이지는 않는다. 눈은 좌우 길이나 상하 폭이 커서 눈이 크게 보이므로 시원하고 선해 보인다. 서양인의 특징을 그대로 드러내는 눈이다.

코는 길고 끝이 아래를 향해 강한 이미지를 보이는데다가, 코끝은 둥글고 콧날이 일직선으로 반듯해서 강한 추진력까지 느끼게 한다. 콧방울이 눈의 폭을 넘지 않아 미학적 기준에도 잘 맞는다. 코 옆의 눈이 깊어서 서양인 특유의 입체적인 아름다움도 뚜렷하다. 콧방울 주변의 위턱뼈가 잘 발달하여 가운데 얼굴이 충분히 길고 앞으로 둥글게 발달되어 있다. 광대뼈의 발달도 좋아서 감성적으로 풍부해 보인다.

윗입술은 긴 편이며 인중도 깊고 뚜렷해서 입술이 전체적으로 단정해 보인다. 입술 자체의 너비는 콧방울 너비를 넘어서지 않아서 입이 작아 보인다. 위아래 입술의 비율은 4:6으로 이상적이고 볼륨감도 풍부한 편이다. 양쪽 입꼬리가 아래를 향하고 있어서 의지가 강한 인상을 주기도 한다. 아래턱 돌출 정도도 측면의 이상적 미용선에 일치하고 아래턱도 부드러운 V라인을 이루고 있어 보기에 부족함이 없다.

이처럼 기본 골격과 얼굴형은 미학적으로 나무랄 데가 별로 없지만 세월의 흔적인 피부 노화와 주름은 안타깝게도 감출 수가 없다. 더욱이 미간주름, 입술주름, 입가주름은 피부를 당기는 수술이나 보톡스, 필러로 해결되지 않는 것들이다. 또한 표정을 지을 때 중요한 역할을 하는 부분이기도 하다. 표정도 살리고 주름을 해결하는 방법으로는 자기진피회생술이 가장 적합할 것이다.

클린턴 장관의 미모는 표정에서 완성된다고 말하고 싶다. 미학적으로도 흠 잡을 데 없는 미인형이지만, 확신에 찬 다양한 감정을 보여주는 변화 많은 표정을 보면 거의 완벽하다고 느껴진다. 험난한 정치 세계에서 눈과 눈썹, 입과 입술의 모습으로 기쁨과 희망, 슬픔과 분노에 위엄과 여성스러움까지 나타내고 있다. 나아가 전 세계를 상대로 단호함과 결단력을 전달하는 능력도 맘껏 발휘하고 있다.

그의 아름다움은 외부의 미적 요소가 결합된 것이라기보다는 다양한 표정과 풍부한 감성을 거리낌 없이 전달하는 능력에서 나오는 것이라고 하겠다. 이런 모습은 어떤 뛰어난 성형외과 의사도 만들 수 없는 것이며, 그만이 지닌 것들을 총동원하여 성공해본 사람만이 가질 수 있는 경륜에서 나오는 것이리라.

박 찬 호

○○○

전설의 코리안 특급

주 선 희 뼈의 강強, 살의 복福이 만든 그만의 위력

　　미국 메이저리그에서 아시아 출신 선수로 통산 최다승인 124승을 기록한 신화적인 투수 박찬호.

　한양대 시절 그리 주목받지 못하던 보통 선수에서 22세에 미국 로스앤젤레스 다저스에 입단하면서 메이저리그 선수로 도약한 박찬호. 그는 2002년에는 5년 계약에 6천 500만 달러의 조건으로 텍사스 레인저스에 스카웃되는 등 화려한 스타덤에 올라 한국인의 긍지요 자랑이 되었다. 한편 재일동포 부동산 재벌의 무남독녀와 결혼하면서 화제가 되기도 했던 그의 인생은 참으로 드라마틱하다. 이런 박찬호표 인생 드라마는 그의 얼굴에 그대로 쓰여 있다.

최근 박 선수의 얼굴을 젊은 시절 얼굴과 비교해보면 수염과 눈썹이 더 진하고 무성해졌다. 나이가 들어 몸을 덜 움직이게 되면서 몸 안의 스태미나가 털로 발산된 것이다. 머리카락도 반곱슬이다. 이러한 '털보'는 매우 기가 세며 한편으로는 정이 많다. 표현도 세련되고 매끄럽게 하기보다는 직설적으로 적나라하게 한다. 이 강한 기운을 운동으로 활용하게 되었으니 더없이 인생이 잘 풀린 셈이다. 가운데 연골이 튀어나온 귀에 담긴 기질 또한 일반 조직이라면 그리 환영받지 못하는 것인데, 역시 운동을 했기에 전화위복이 되었다.

이마는 고루 둥글게 잘생긴 것은 아니지만 눈썹산 부분에서 수직으로 이마뼈가 잘 서 있다. 변지역마(이마 양옆 머리카락이 자라는 부분)가 잘 발달하지 않았다 해도 이 뼈가 솟아 있으면 변지역마가 살아 있는 것처럼 해외운이 매우 좋다. 그래서 20대에 해외에 나가면서 운기가 활짝 열린 것이다.

눈썹과 눈 사이는 좁은 편인데 눈썹까지 진해서 더 좁아 보인다. 매우 치밀한 성격인데, 이는 투수로서 대단히 중요한 자질이다. 요즘은 눈썹이 길어지면서 눈두덩을 침범했기 때문에 성격 또한 더 치밀해졌을 것이다. 미간이 좁아 순발력이 뛰어나다.

눈썹이 진하면서도 털이 차분하게 잘 누워 있고 눈썹뼈가 살아 있어 눈썹에 해당하는 나이인 31~34세가 최고의 전성기가 된다. 이는 그가 최고의 연봉을 받는 시기와 맞물린다. 결혼한 나이도 33세였으니 복덩이 아내를 맞이하게 된 것이다.

눈은 잘생긴 편이지만 좁은 눈두덩이 눈의 기운을 약화시키기 때문에 눈에 해당하는 35~40세까지는 운기가 약했다. 대개는 작은 눈일 때 끝이 올라가는 경우가 많은데 박 선수는 눈이 큰 편인데도 끝이 올라갔다. 끝이 올라간 눈은 지기 싫어하는 기질을 담고 있다. 눈이 작으면 그 마음을 숨기고 있는데, 박 선수는 눈이 크므로 다 드러내는 편이다. 기분이 언짢으면 참지 못하고 표출해 버리는 성격이기에 1999년 격투로 퇴장 당한 사건도 겪었다.

산근(콧마루와 두 눈썹 사이)이 들어가 있어 41~43세 사이에는 변화를 맞이하게 될 것이다. 하지만 코가 두껍게 내려가고 광대뼈가 잘생겼기에 40대 중후반에도 인생의 하이라이트가 기다리고 있다. 치솟아 올라간 광대뼈는 산근이 들어가 짧아진 코, 짧은 인중과 더불어 매우 급한 성격을 보여준다. 이 성격이 시속 150km가 넘는 그의 투구 스피드에 반영되었으며 순발력도 뛰어나 위기에 강한 선수가 된 것이다.

콧등도 두꺼워 역시 강한 체력과 자신의 높은 위상을 표현한다. 자존심도 매우 강한 사람이다. 한편 코끝이 살짝 갈라져 있어 끈질기며 무슨 일이든 끝장을 본다. 콧방울도 빵빵하여 자기주장이 강하다. 양 콧방울과 준두(코의 끝)가 1:3:1의 비율을 이루고 있는데, 이렇게 준두가 크면 늘 뭔가 새로운 일을 하고 싶어 하는 성향이 강하다. 준두가 둥글어 정이 많으며 아래로 내려와 있어 예술성이 있다.

인중이 짧아 급하게 말하다 말실수를 하기 쉽다. 입을 다물었을 때 특히 입술이 얇아 보이는데, 그래서 이지적으로 보이며 달변가다. 이가 잘생겨서 자신의 삶에 만족하며 사는 편이고 가정에서도 웃을 일이 많다.

박찬호 선수의 얼굴에서 특징적인 것은 뭐니뭐니해도 턱이다. 듬직한 U자형의 턱은 그가 지닌 남다른 지구력을 보여준다. 이런 턱을 가진 사람은 어떤 어려운 처지에서도 잘 버티며 추진력이 뛰어나고 아랫사람도 잘 따른다. 턱수염이 매우 좋아 아내의 내조가 든든하다.

이렇게 박 선수의 전체 골상을 정리해보면 튀어나온 귀, 올라간 눈꼬리와 광대뼈, 들어간 산근, 짧은 인중에 갈매기 입술, 앞쪽으로 뾰족한 턱 등 매우 강한 기질을 보여준다. 운동선수가 아니었다면 문제아가 되었을 수도 있는 기질이다. 그런데 그 강한 뼈를 살이 잘 감싸고 있어 복이 넉넉한 얼굴이 된 것이다. 박 선수의 경우는 절대로 얼굴살이 빠져서는 안 된다. 살을 유지하는 비법은 사람을 많이 만나고 남에게 베풀면서 즐겁게 사는 것이다.

한편 박 선수의 체상에서 눈에 띄는 것은 두꺼운 손이다. 엄지 쪽은 물론 새끼손가락 쪽 손바닥까지 두툼해서 재물복, 처복이 모두 좋다. 손바닥의 주름을 보아도 손목 가운데를 향해 있는 출세선이 쫙 뻗어 있고, 그 옆 엄지 쪽에 있는 생명선 또한 명료하여 매우 건강하다. 길고 고운 손가락은 내려온 코끝과 함께 예술적 감성을 담고 있어 예술 쪽 비즈니스를 해도 좋겠다.

두툼한 미다스의 손과 튼실한 턱을 보면 지금보다 훨씬 불어난 재산과 명예로 만년의 복을 누리게 될 박찬호 선수. 비록 선수로서는 은퇴했지만 앞으로 또 다른 의미의 '코리안 특급'으로 새로운 전설을 써내려갈 것이다.

진세훈 날카로운 눈매에도 선한 웃음이 매력

미국 메이저리그 사상 최초로 동양인 최다승 투수에 오른 박찬호 선수. 이제 다시 고국에서 팬들의 환호를 얻고 있는 그는 살아 있는 역사이기도 하다. 1990년대 말, 우리나라가 외환위기를 거치면서 전 국민이 힘들어할 때 박세리 선수와 더불어 우리에게 힘과 자부심을 심어주었던 기억도 새롭다. 항상 노력하는 자세로 스포츠의 아름다움을 온몸으로 보여준 박찬호 선수. 그의 얼굴을 성형외과 의사가 만나본다.

키가 185cm나 되지만 키에 대비해 얼굴이 길고 넓은 편이다. 운동선수로서의 힘은 큰 골격에서 나오는 것 같다. 목이 짧진 않지만 굵고 강하게 느껴진다. 많은 부상과 슬럼프, 심한 스트레스에도 꼭 일어나고야 마는 힘을 갖추고 있다고 하겠다.

이마는 곧은 편이고 면적이 넓지만 둥글지 않아서 부드러워 보이진 않는다. 눈썹 부분은 뼈가 발달하여 강인함이 보인다. 눈썹이 짙고 강하며 눈썹의 끝부분이 위로 치켜 올라가 있어서 다소 사나워 보인다. 거기에 눈썹과 눈까지의 거리가 길지 않아서 여유 있어 보이지 않는다. 눈은 상대적으로 깊어서 입체적인 인상을 만들고 있다. 비교적 넓어 보이는 얼굴이 눈의 깊은 입체감 때문에 미학적인 완성도를 높이고 있는 것이다. 눈꼬리가 올라가 있어서 위로 치켜진 듯이 보이며 강인하고 날카로움도 느껴진다. 그 대신 눈은 웃는 모습이 선하고 맑아 보여 그의 심성을 엿보게 한다.

귀가 크고 두꺼워서 후덕한 이미지를 이루고 있는데, 이는 눈썹과 눈꼬리의 날카로움까지 덮어줄 수 있을 정도다. 코는 높고 길이도 알맞으나 코끝이 둥글고 뭉툭하여 다소 투박해 보이고 콧방울이 약간 넓어서 전체적으로 강인한 인상을 주고 있다. 위 얼굴인 이마에 비해 가운데 얼굴인 코 주변 골격은 이마나 아래턱보다 발달이 적어서 아래턱이 돌출돼 보인다. 콧방울 주변과 눈 아래 광대뼈 안쪽 부분이 약간 낮다. 이곳에 그림자가 져서 어두워 보이면서 얼굴이 더욱 넓고 나이 들어 보이므로 이 부분을 자가지방이식이나 필러 시술로 높여주면 얼굴이 훨씬 부드러워 보일 것이다.

광대뼈는 충분히 강하게 발달되어 이마와 강한 이미지의 눈썹과 잘 어울린다. 볼에는 입에 강한 힘을 줄 때 보조개가 생겨서 강하고 넓은 이미지를 상쇄시켜 준다. 매력적인 보조개다. 윗입술은 길이가 균형 잡혀 있고 인중도 깊어서 단정해 보인다. 아랫입술은 아래턱이 돌출한 정도보다 더 나와 보여서 아래 얼굴의 발달이 더욱 두드러져 보인다.

아랫입술이 윗입술보다 조금 더 두꺼웠으면 미학적인 균형이 더 맞았을 것으로 생각된다. 입술은 좌우가 넓지 않아 미학적이고 하악각이 발달하여 얼굴이 사각형으로 커 보인다. 치아가 작고 가지런하며 웃을 때 잇몸이 드러나지 않는 소박한 웃음을 웃는다.

피부는 지방 분비가 많아 보이고 진피층이 두꺼운 편이라 주름은 늦은 시기에 생기고 심하지 않을 것이다. 하지만 그동안 야외 활동으로 워낙 자외선 노출이 많았으므로 피부관리에 관심을 가질 필요가 있다. 자외선 차단제는 하루에 3번 이상 바르고 항산화제 섭취에 신경을 써야 한다. 낮 동안 햇빛에 지친 피부를 진정시키고 활성산소의 유해 작용을 차단하려면 항산화제가 필요하다.

이제 중년에 들어서게 될 박찬호 선수를 사랑하는 팬으로서 은퇴 후에도 지금 그대로의 모습을 오래 지니기를 바라는 마음이다.

박찬호

카를로스 슬림

○○○

세계 최고 부자의 얼굴

주선희 멀리 보되 빠르게 낚아채는 황금알 헌터

미국 경제전문지 《포브스》가 '2012년 세계 최고 부자'로 선정한 순자산 690억 달러의 카를로스 슬림. 우리가 세계 최고의 부자로 알고 있는 빌 게이츠를 밀어내고 그 자리를 차지한 슬림은 멕시코의 기업인이자 통신재벌이며 '경제대통령'이다.

1940년 레바논계 멕시코 이민자 가정에서 태어난 슬림은 아버지로부터 물려받은 40만 달러를 밑천으로 26세 나이에 부동산 사업에 진출했으며, 1990년 유선통신사 '텔맥스'를 인수하면서 부의 기반을 확고히 다졌다고 한다. 텔맥스는 멕시코 유선전화의 92%를 공급하고, 무선이동통신회사인 '텔셀'은 70%의 시장을 점유하고 있다. 슬림은 남미 최대 이동통신회사인 '아메리카 모빌'을 비롯해 금융·방송·타이어·호텔·외식 등 거의 모든 사업 분야에 진출한 카르소 그룹의 명예회장이 됐다. 그가 소유한 기업들의 총 생산량은 멕시코 GDP의 7%나 되어 '슬림 제국'이라는 말까지 생겨났다.

아메리칸 모빌 주식의 가치가 올라 2007년에는 빌 게이츠를 제치고 세계 1위 갑부에 올랐지만 이듬해 빌 게이츠에게 1위를 내주었다. 그 후 재산이 늘어 2010년 3월 다시 세계 갑부 1위로 등극해 3년째 그 자리를 지키고 있다. 그가 세계 최고의 부자가 될 수밖에 없는 인상학적 비밀을 살펴보자.

슬림 회장의 두상은 골고루 둥글어 잘생긴 편이다. 머리가 좋고 직관도 뛰어난 이마를 갖고 있다. 하지만 젊은 시절, 머리가 빠지기 전에는 이마 높이가 지금보다 낮고 평평했을 것이다. 이런 이마는 스스로의 노력으로 자수성가하는 상이다. 아버지에게 약간은 물려받았다 하더라도 본인이 직접 뛰어다니며 땀 흘린 대가로 성공하는 이마다.

머리가 이마 위쪽을 향해 빠지는 것은 스트레스 탓도 있지만 남성호르몬이 왕성하기 때문이다. 철학적 사고를 할 줄 아는 넓은 M자형의 이마가 특별히 발달한 턱과 균형을 이루게 되면서 돈만 많은 부자가 아니라 말년에 존경받을 만한 부자가 될 수 있는 상이 되었다.

잘생긴 귀를 보면 집안도 괜찮았고 잉태했을 때 어머니의 태교도 좋았을 것이다. 어릴 때부터 아들에게 엄격한 경제교육을 시켜온 아버지가 있었다는 걸 미루어보면 귀가 잘생긴 이유가 드러난다. 최근 사진들에서는 피곤한 듯 귀에 어두운 적색이 도는데, 이럴 경우 건강을 조심해야 한다. 귀의 색이 밝으면 일이 많아도 건강하다.

눈썹산이 솟아 있어 매우 강한 성격이다. 하지만 적당한 숱의 잘 누운 눈썹에는 참고 넘어갈 줄 아는 처세의 지혜가 있다. 눈두덩이 불룩하여 스태미나가 매우 좋고 베풀 줄도 아는 사람이다.

눈은 매우 긴 편이어서 멀리 보는 안목이 있다. 약간 처진 눈에는 때를 기다리며 표정관리를 할 줄 아는 지혜가 들어있다. 내려온 눈은 올라간 눈보다 더 욕심이 많다. 욕심을 드러내지 않고 있다가 기회가 올 때 확실하게 챙기는 눈이다. 일 욕심, 사람 욕심이 있었기에 오늘날 세계 최고의 부자가 될 수 있지 않았겠는가.

눈의 선에 각이 있는데, 여기엔 사람들을 많이 껴안고 가야 하는 기업가의 고뇌가 보인다. 세계 최고의 부자가 되는 길이 마냥 즐겁거나 탄탄대로만은 아니었을 것이다. 한편 눈꺼풀 위 가늘게 선이 보이는 걸 보면 매우 치밀한 사람이다. 볼록한 눈 밑도 강한 스태미나를 보여주지만 탄력이 좀 떨어져 있어 아랫사람 때문에 근심이 생길 수도 있다.

산근(콧마루와 두 눈썹 사이)이 끊어진 듯하여 코가 짧아 보인다. 대개 산근이 끊어지면 40대 초반에 변화를 겪게 된다. 슬림 회장의 경우는 35~40세를 나타내는 눈의 상이 매우 좋아 그 시기에 매우 발전적인 변화가 있었을 것이다. 그는 1982년 멕시코 외환 위기 당시 헐값에 매물로 나온 기업들을 부동산 개발과 증권 투자로 모은 자금으로 마구 사들였다고 한다. 지금으로부터 30년 전, 딱 그의 나이 40세 때다.

짧은 코는 순발력이 있으며 변화에 능하다. 경제 위기가 왔을 때 오히려 부의 덩치를 키운 능력은 바로 이 코에서 나온 것이다. 그는 싼값에 사들인 기업을 황금알을 낳는 거위로 바꾸는 데 탁월한 재능이 있었다고 한다. 그 재능이 코에 담겨 있다. 코가 두꺼우면서 코끝이 둥글어 일을 만드는 것을 즐긴다. 하지만 콧방울이 크지 않아 자기주장만 내세우기보다는 남의 말도 경청할 줄 안다.

대단한 직관의 소유자임을 나타내는 둥근 이마를 갖춘데다 코끝이 살짝 내려와 있어 예술적 감각이 매우 뛰어나다. 이를 대변하듯 슬림 회장은 작고한 전처의 이름을 딴 그의 '소우야마 미술관'에 6만 4천여 점의 세계적 미술작품을 소장하고 있을 정도로 미술애호가이다. 로댕 작품은 세계 최대의 개인소장자이기도 하다.

거의 모든 사진을 보면 코 밑에 수염을 기르고 있다. 윗입술이 매우 얇은데, 이럴 경우 성격이 칼 같아 차가워 보인다. 수염은 이런 인상을 커버해준다. 말을 하고 싶지 않을 때 확실히 다무는 냉철한 윗입술이지만 평소 화술은 매우 뛰어날 것이다.

법령(입가 미소선)이 넓고 뚜렷하게 자리 잡았다. 원칙을 중요시하는 사람으로, 최근 방한했을 때 '기업의 존재 목적은 기부가 아니라 고용'이라며 자신의 소신을 거침없이 얘기한 것은 바로 이 법령의 힘이다. 넥타이 값을 깎으려고 가게 주인과 승강이를 벌이는 자린고비로 유명할 정도로 검약한데, 이 또한 그의 원칙이기 때문일 것이다. 이런 법령을 가지면 자신의 재량이 확실하고 넉넉하며 특히 말년이 편안하다.

턱이 특히 잘생겨서 70대를 최고의 부자로 보내고 있다. 하지만 사진 속에 나타난 턱 앞쪽 찰색이 약간 붉은 걸 보면 요즘은 마음이 썩 편치만은 않은 것 같다. 하긴 그만한 규모의 사업을 펼쳐나가려면 바람 잘 날이 없지 않겠는가. 턱 아래 살이 붙어 또 하나의 턱이 널찍하게 자리 잡고 있는데, 이런 사람은 턱이 탄력을 잃을 때 성인병을 조심해야 한다. 건강관리를 철저히 한다면 앞으로도 오랫동안 세계 최고 부자로서 만년의 영화를 누릴 수 있을 것이다.

진세훈 둥근 이마, 반달 눈썹, 이지적인 코

세계 최고의 부자 카를로스 슬림 회장. '멕시코인은 카를로스의 병원에서 태어나 카를로스의 회사에서 만든 제품을 평생 쓰다가 늙어 죽는다'는 농담이 있을 정도다. 상대적으로 빈곤층이 많은 멕시코에서 세계 최고의 부를 일군 얼굴을 살펴보자.

이마가 넓고 이마 옆 부분의 높이가 높은 것은 해당 부위의 뇌가 잘 발달됐다는 말이다. 이마에 굴곡이 없고 눈썹 부위의 뼈도 돌출되지 않아서 거칠어 보이지 않는다. 눈썹은 풍성하고 반달같이 생겨 부드러운 인상을 만들고 있다. 눈썹과 눈 사이 간격이 넓어서 너그러운 이미지를 주면서도 골격은 서양인의 특징을 갖고 있다. 미간에 주름이 없는 것은 항상 긍정적으로 생각하고 밝은 마음으로 살아온 결과로 느껴진다.

아래 눈꺼풀에는 나이가 들면서 생긴 주름이 두드러지게 자리 잡고 있다. 수술을 적극 권하고 싶다. 눈꺼풀 주름만 수술해도 10년은 젊어 보일 것이다. 수술 방법은 눈썹 아래 1mm를 절개하고 피부의 진피층만 들어 올린 뒤 안륜근을 10mm 정도 잘 유지시킨다. 이는 수술한 뒤에 애교살이 남아 있게 하기 위해서다. 애교살이 없어지면 깍쟁이같이 보일 수 있으므로 조심해서 시술해야 할 부분이다. 그리고 10mm 아래 근육층을 열어 늘어난 지방 주머니를 찾아서 지방을 필요한 만큼 줄여 주고 지혈을 철저하게 해야 한다. 만일 출혈이 생기면 치료도 힘들지만 만일 깊은 곳에서 출혈이 생길 경우 그 압력으로 안구가 눌려서 시력 장애를 일으킬 수도 있기 때문이다. 그다음 처진 안륜근을 외안각(눈꼬리) 주위의 골막에 고정시켜 줌으로써 팽팽하게 당겨준다. 노화가 아주 많이 진행된 분들의 경우는 외안각을 바깥쪽으로 당겨서 고정하는 시술을 동시에 시행하기도 하고 더 심한 경우는 외안각 부분의 검판을 줄여 주는 성형수술을 시행하기도 한다.

슬림 회장의 코는 끝이 아래로 향하고 콧날은 둥글고 넓어서 이지적으로 보이고 상대적으로 눈이 깊어서 더욱 입체적인 모습을 연출하고 있다. 얼굴의 세 부분 중에서 가운데 얼굴이 가장 잘 발달하여 길고 앞으로 돌출해 있다. 얼굴 전체를 보면 앞뒤로 길면서 상하도 길어 보이며 좌우는 짧아 보이는 골격이다. 광대뼈가 덜 발달된 편이라 뼈 주위 조직이 아래로 내려와서 입가에 팔자주름이 깊게 생기게 되었다.

윗입술이 길고 인중은 뚜렷한데, 위쪽 붉은 입술이 다소 얇은 것은 아쉬운 점이다. 아랫입술은 충분히 두껍고 특히 아래턱 발달이 이상적이다. 아래턱이 약간 앞으로 돌출한 덕분에 길어 보이는 아래 얼굴에서 미학적인 균형을 이루고 있다.

슬림 회장은 입 모양으로 자신의 감정이나 생각을 명확하게 드러낸다. 특히 웃는 모습이 밝고 천진하며 맑아 보인다. 표정의 변화가 거의 없는 편인데도 입을 통해 섬세한 감성을 전달하고 있다. 그에게는 입꼬리의 넓이나 방향, 윗입술과 아랫입술의 비율, 치아의 노출 정도 등이 인간으로서 감정을 드러내는 거의 유일한 수단같이 느껴진다.

목이 굵어서 강인한 힘이 느끼게 한다. 그러나 목 아래 펠리컨처럼 늘어난 피부와 지방은 해결해야 한다. 아래턱에서 목으로 내려가는 가려진 부분에서 1cm 정도만 절개하고 미세지방흡입기로 지방을 제거하면 훨씬 멋진 모습을 찾을 수 있겠다. 이 수술은 국소 마취로 가능하다. 지방흡입 후 체액이 고이지 않게 잘 빼주고 지혈만 잘한다면 비교적 안전하다. 그리고 체중을 약간만 줄이면 성형미학적으로 더 멋있는 얼굴이 될 수 있을 뿐 아니라 노년의 건강에도 크게 도움이 될 것이다. 사업을 번창시켜 일자리를 더욱 늘려 사회에 지속적으로 기여하기 위해서도 주름 수술과 체지방 관리는 꼭 권하고 싶다.

얼굴 읽어주는 여자
인상 바꿔주는 남자

초판 1쇄 인쇄 2013년 1월 3일
초판 1쇄 발행 2013년 1월 9일

지은이 | 주선희 · 진세훈 공저
발행인 | 정상우
기획 | 김영훈
편집 | 이민정 정희정
마케팅 | 김영란
관리 | 김정숙

발행처 | 오픈하우스 @openhousebooks
출판등록 | 2007년 11월 29일(제13-237호)
주소 | 서울시 마포구 서교동 465-18(121-842)
전화 | 02-333-3705 팩스 | 02-333-3745
홈페이지 | www.openhousebooks.com

ISBN 978-89-93824-72-8 (03320)